LOS TRES ÓRDENES

UNA GUÍA DE LA PSICOLOGÍA LACANIANA

TABLA DE CONTENIDO

INTRODUCCIÓN A LAS TEORÍAS DE JACQUES LACAN

Consideraciones preliminares

Jacques Marie Émile Lacan, reconocido psicoanalista francés, nació el 13 de abril de 1901 en París, Francia. Tras completar su formación inicial, Lacan se matriculó en la facultad de medicina de la Universidad de París, donde desarrolló un interés por la psiquiatría y el psicoanálisis. Durante su formación, Lacan recibió una gran influencia de la obra de Sigmund Freud, lo que lo llevó a profundizar en los discursos de la teoría y la práctica psicoanalíticas. Esta etapa crucial marcó el inicio de la dedicación de toda una vida de Lacan a revolucionar el campo del psicoanálisis.

La trayectoria intelectual de Lacan alcanzó un hito significativo al encontrarse con las enseñanzas de la lingüística estructural y la obra de Ferdinand de Saussure. Estos encuentros moldearon profundamente la conceptualización de Lacan sobre la psique humana y sentaron las bases para su revolucionaria reinterpretación de las teorías freudianas. Su integración de los principios lingüísticos en el discurso psicoanalítico se convertiría posteriormente en un rasgo definitorio de su marco teórico.

Tras someterse a un análisis personal con el renombrado psicoanalista Rudolph Loewenstein, Lacan se integró a la floreciente comunidad psicoanalítica. Su creciente reputación como figura carismática e intelectualmente formidable dentro de este ámbito finalmente lo llevó a ser reconocido como una figura clave en la evolución del psicoanálisis.

En 1932, Lacan obtuvo su título de psiquiatra y posteriormente comenzó su práctica clínica. Durante este período, también participó en las infames Discusiones Controvertidas de la Sociedad Psicoanalítica Británica, donde sus perspectivas sobre el psicoanálisis comenzaron a cristalizar y madurar. A lo largo de su carrera, Lacan demostró un ferviente compromiso con el avance del alcance interpretativo del psicoanálisis, trascendiendo los límites convencionales de la disciplina.

En 1953, Lacan introdujo su concepto fundamental del «Estadio del Espejo», que obtuvo gran atención y reconocimiento en la comunidad psicoanalítica. Este concepto fundamental dilucidó la formación del Yo en relación con la imagen idealizada, logrando avances significativos en la comprensión de las complejidades de la identidad y la subjetividad humanas.

Posteriormente, la creciente desilusión de Lacan con el sistema psicoanalítico institucionalizado culminó en su separación de la Asociación Psicoanalítica Internacional (API), lo que lo impulsó a fundar la Société Française de Psychanalyse. Esta decisión marcó el inicio de los apasionantes seminarios de Lacan, donde sus enigmáticas conferencias cautivaron al público e iniciaron un cambio paradigmático en el pensamiento psicoanalítico.

Como orador cautivador y pensador profundo, los discursos de Lacan abarcaron diversas disciplinas, atrayendo a una amplia gama de intelectuales, filósofos y estudiantes. Su obra de escritos teóricos y perspectivas innovadoras consolidaron su prominencia como figura visionaria en el ámbito del psicoanálisis y la teoría crítica. Gracias a su inquebrantable compromiso con el desafío a las convenciones y la reformulación de los diálogos psicoanalíticos tradicionales, Jacques Lacan ha dejado un legado indeleble como una de las figuras más influyentes de la historia del psicoanálisis.

Conceptos fundamentales del psicoanálisis lacaniano

El marco psicoanalítico de Jacques Lacan se sustenta en varios conceptos fundamentales que resultan cruciales para comprender sus teorías. Uno de los conceptos más cruciales es la idea del inconsciente como estructurado como un lenguaje, originalmente formulado como *l'inconscient est structuré comme un langage*. Según Lacan, el inconsciente no es un depósito de pensamientos y deseos reprimidos, sino un sistema de significantes que configura la subjetividad y la experiencia del individuo. Este marco lingüístico postula que nuestros deseos y experiencias inconscientes están mediados por el lenguaje, lo que revela la naturaleza profundamente simbólica de la psicología humana. Además, Lacan introdujo el concepto del estadio del espejo, que explora la formación del Yo y su relación con el mundo exterior. El estadio del espejo destaca el papel fundamental de la identificación y la formación del Yo a través de la imagen del otro, arrojando luz sobre los procesos de desarrollo de la identidad y la subjetividad. Asimismo, el modelo tripartito de la psique de Lacan, que abarca lo imaginario, lo simbólico y lo real, proporciona un marco integral para comprender la subjetividad humana. El orden imaginario encapsula imágenes, ilusiones e identificaciones, mientras que el orden simbólico representa la estructura del lenguaje y los sistemas culturales que rigen las interacciones sociales y la construcción de significado. Finalmente, el verdadero punto hacia los aspectos insondables e inefables de la existencia que exceden la representación simbólica, abarcando experiencias traumáticas y los límites del lenguaje. Central para la teoría lacaniana es el concepto del *objet petit a*, que significa el objeto-causa elusivo del deseo que impulsa la vida psíquica y permanece perpetuamente inalcanzable. Este concepto subraya la carencia inherente y la incompletitud dentro de la subjetividad humana, dando forma a la búsqueda incesante de satisfacción y plenitud. Además, el énfasis de Lacan en el complejo de Edipo y el papel de las dinámicas familiares en la configuración del inconsciente subraya la importancia de las influencias intergeneracionales y culturales en la experiencia subjetiva.

La relevancia del lenguaje en las teorías de Lacan

En el psicoanálisis lacaniano, el lenguaje ocupa un lugar central, sirviendo como el medio principal a través del cual se forma y se transmite la subjetividad humana. Para Lacan, el lenguaje no es simplemente una herramienta de comunicación, sino un sistema que estructura la forma en que los individuos perciben e interpretan la realidad. Esta creencia subraya la importancia de los símbolos lingüísticos en la configuración de la mente inconsciente y consciente. Al reimaginar los conceptos freudianos, Lacan introdujo la idea de que el inconsciente se estructura como un lenguaje, con su propia gramática y sintaxis. Esta perspectiva replantea la comprensión de los deseos e impulsos inconscientes, anclándolos en marcos lingüísticos. Como tal, el estudio del lenguaje se vuelve fundamental para descubrir los mecanismos subyacentes de la psique humana. Además, Lacan enfatizó el papel fundamental de los significantes, o unidades lingüísticas, en la mediación de las interacciones de los individuos con el mundo. Según su teoría, la subjetividad se constituye mediante la interacción de significantes que otorgan significado a las experiencias y emociones. En consecuencia, nuestra percepción de nosotros mismos y de los demás se entrelaza con los constructos lingüísticos mediante los cuales articulamos nuestros pensamientos y sentimientos. Más allá de la psicología individual, el lenguaje también influye en la naturaleza de la dinámica social humana. Lacan propuso que el lenguaje moldea las relaciones sociales y las estructuras de poder, atribuyendo significado simbólico a las normas e instituciones sociales. Al destacar las formas en que el lenguaje media en las interacciones interpersonales, las teorías de Lacan ofrecen perspectivas sobre los matices del comportamiento humano en contextos culturales más amplios. Además, el énfasis de Lacan en el lenguaje se extiende a la esfera terapéutica, donde la expresión verbal se convierte en un conducto para analizar y desentrañar procesos inconscientes. A través del discurso lingüístico, los pacientes participan en la introspección y la construcción narrativa, lo que permite la exploración de significados ocultos y patrones subconscientes. En consecuencia, los terapeutas utilizan el lenguaje como herramienta para deconstruir y reconstruir las narrativas que moldean las realidades de sus pacientes. De esta manera, el lenguaje funciona como una puerta de entrada para descubrir y abordar las complejidades psicológicas en el ámbito clínico. En general, la centralidad del lenguaje en las teorías lacanianas subraya su papel multifacético en la configuración de la subjetividad individual, la dinámica interpersonal y las intervenciones terapéuticas.

El regreso de Lacan a Freud

Partiendo de las obras fundacionales de Sigmund Freud, Jacques Lacan emprendió una iniciativa pionera para reinterpretar y revitalizar la teoría psicoanalítica. Su regreso a Freud representa un cambio significativo respecto del pensamiento psicoanalítico dominante, ya que buscó revitalizar la disciplina reexaminando y reenfocándose en las ideas originales de Freud. La reinvención de los conceptos freudianos por parte de Lacan no fue una mera réplica, sino un proceso de reinvención que buscaba descubrir capas más profundas de significado y trascendencia. A través de su perspectiva innovadora, Lacan introdujo una nueva comprensión del inconsciente, enfatizando su naturaleza lingüística y simbólica. En esencia, el regreso de Lacan a Freud puede verse como un viaje transformador que revitalizó y reconfiguró el discurso psicoanalítico, sentando las bases para una nueva era de compromiso teórico y práctica clínica.

Principios fundamentales y su importancia

Como se mencionó anteriormente, uno de los principios centrales de la teoría lacaniana es el concepto del inconsciente como estructurado como un lenguaje. Esta desviación de las visiones tradicionales del inconsciente como depósito de deseos reprimidos o recuerdos traumáticos representa un cambio de paradigma en el pensamiento psicoanalítico. Al enfatizar la naturaleza simbólica del inconsciente, Lacan postula que nuestros impulsos y fantasías más profundos no son simplemente impulsos caóticos, sino que se organizan según estructuras lingüísticas y simbólicas. Esta perspectiva tiene profundas implicaciones para la práctica del psicoanálisis, transformando el enfoque terapéutico desde la búsqueda de contenido oculto hasta la interpretación del lenguaje y sus estructuras subyacentes. Otro pilar de la teoría lacaniana es la noción del "estadio del espejo", que dilucida la formación del Yo y la relación del individuo con su sentido del Yo. Según Lacan, durante el estadio del espejo, el bebé se reconoce a sí mismo como una entidad unificada y coherente mediante un proceso de identificación con su imagen reflejada.

Este momento crucial no solo marca el surgimiento del ego, sino que también genera una alienación fundamental a medida que el individuo internaliza una imagen idealizada que nunca podrá alcanzar plenamente. La importancia del estadio del espejo se extiende más allá del desarrollo individual, arrojando luz sobre la naturaleza de la subjetividad y la búsqueda perpetua de plenitud y reconocimiento. El énfasis de Lacan en el papel de los significantes y sus efectos sobre la subjetividad y el deseo constituye otro aspecto clave de su obra. En el ámbito del lenguaje, los significantes prevalecen sobre los significados, lo que conduce a una constante postergación del significado y a la naturaleza elusiva de la verdad. Esta comprensión de la naturaleza escurridiza del lenguaje tiene profundas implicaciones para la comprensión de la comunicación humana, la formación de la identidad y la construcción de la realidad. Además, la reconsideración de Lacan del deseo como algo fundamentalmente entrelazado con la carencia y perpetuamente insatisfecho aborda la condición existencial de los seres humanos, ofreciendo un marco convincente para examinar las complejidades de la motivación y la realización. Estos principios centrales de la teoría lacaniana iluminan las intersecciones del lenguaje, la subjetividad y el deseo, invitando a académicos y profesionales a abordar preguntas profundas sobre el Yo, la sociedad y la experiencia humana.

La influencia del estructuralismo

El estructuralismo ha desempeñado un papel fundamental en la trayectoria de las teorías y la práctica psicoanalítica de Jacques Lacan. Partiendo de las bases establecidas por estructuralistas notables como Ferdinand de Saussure y Claude Lévi-Strauss, Lacan integró hábilmente los principios estructuralistas en su marco conceptual, impulsando posteriormente un cambio de paradigma en el campo del psicoanálisis. En la base del estructuralismo se encuentra el énfasis en los sistemas, las relaciones y las estructuras subyacentes que determinan el significado y la conducta. Esta profunda orientación hacia el estudio de las estructuras subyacentes ha resonado profundamente con el esfuerzo de Lacan por dilucidar el funcionamiento de la psique y el lenguaje humanos. Central para el pensamiento lacaniano es la noción del inconsciente como estructurado como un lenguaje, intrínsecamente entrelazada con las premisas del estructuralismo. Al considerar el inconsciente como un sistema estructurado regido por la interacción de significantes y significados, Lacan alineó eficazmente el psicoanálisis con el discurso estructuralista predominante de su época. El compromiso de Lacan con el estructuralismo trascendió las intersecciones teóricas, permeando sus técnicas terapéuticas y enfoques clínicos. Su utilización de estructuras lingüísticas y simbólicas para decodificar y abordar el inconsciente subrayó aún más el profundo impacto de las influencias estructuralistas en su obra. Además, la apropiación y adaptación de los conceptos estructuralistas por parte de Lacan impulsó su búsqueda por reconceptualizar la naturaleza de la subjetividad y la identidad, redefiniendo los contornos de la investigación psicológica. Las repercusiones del estructuralismo en la teoría lacaniana son palpables en su reconfiguración del complejo de Edipo, que enmarcó en términos de dinámicas estructurales y simbólicas, más que únicamente como una etapa del desarrollo. Asimismo, la formulación lacaniana del «estadio del espejo» y su articulación de lo «imaginario» como un espacio de alienación y desconocimiento llevan la huella indeleble de las ideas estructuralistas. En esencia, la infusión de los postulados estructuralistas fortaleció la estructura intelectual de Lacan, afianzando sus ideas en el espíritu intelectual del pensamiento estructuralista. En última instancia, la influencia del estructuralismo en la obra de Lacan es testimonio de la simbiosis entre las investigaciones estructuralistas y la evolución del discurso psicoanalítico.

Obras y contribuciones principales

La obra seminal de Jacques Lacan abarca una diversa gama de escritos, conferencias y seminarios que siguen moldeando el discurso de la teoría psicoanalítica contemporánea. Una de sus obras más reconocidas, «Écrits», constituye un testimonio monumental de su proeza intelectual, presentando una extensa colección de sus ensayos y exposiciones teóricas. En este compendio, Lacan profundiza en las complejidades de la subjetividad humana, el lenguaje y el inconsciente, proponiendo ideas radicales que han suscitado innumerables debates e investigaciones académicas. Su incansable búsqueda por reinterpretar y enriquecer los fundamentos filosóficos del psicoanálisis impregna «Écrits» y sienta las bases para muchos de sus proyectos futuros.

Las contribuciones de Lacan trascienden sus "Escritos" para abarcar sus estimulantes seminarios, donde expuso sus teorías y conceptos en constante evolución. Estos seminarios, como los famosos "Cuatro Conceptos Fundamentales del Psicoanálisis" y "La Ética del Psicoanálisis", ofrecieron a Lacan una plataforma para entablar diálogos cautivadores con su público, desmantelando los paradigmas psicoanalíticos tradicionales y exponiendo las profundas implicaciones de su pensamiento. Al desentrañar los enigmáticos matices del deseo, la pulsión y el inconsciente, los seminarios de Lacan son testimonio de su extraordinaria capacidad para cautivar, desafiar e inspirar a sus oyentes.

Las innovaciones conceptuales de Lacan y su impacto en la práctica del psicoanálisis resuenan en sus notables contribuciones a la comprensión del estadio del espejo, el orden simbólico y el papel del lenguaje en la construcción de la subjetividad. Con una claridad incisiva, Lacan plantea la dialéctica entre el Yo y el Otro, iluminando la naturaleza inherentemente compleja de la formación de la identidad y la búsqueda constante de la identidad. Su incesante cuestionamiento del significante y el significado no solo revitalizó el discurso psicoanalítico, sino que también impulsó nuevos marcos interpretativos en el ámbito más amplio de los estudios culturales, el análisis literario y la teoría crítica.

Recepción en la comunidad psicoanalítica

Las teorías y contribuciones de Jacques Lacan no han estado exentas de controversia y debate dentro de la comunidad psicoanalítica. Si bien existen fervientes defensores y promotores que elogian el psicoanálisis lacaniano por su enfoque innovador y profundidad teórica, también existen voces escépticas y detractores que cuestionan la validez y aplicabilidad de las ideas de Lacan. La recepción de la teoría lacaniana ha sido algo polarizada, ya que suscita respuestas apasionadas tanto de defensores como de críticos.

Un punto de controversia gira en torno a la divergencia de Lacan con el psicoanálisis freudiano tradicional, al incorporar elementos de la lingüística estructural, la semiótica y la filosofía posestructuralista a los conceptos freudianos. Esta desviación de las normas psicoanalíticas establecidas generó escepticismo y resistencia entre algunos profesionales del campo. Los críticos argumentan que la obra de Lacan se desvía demasiado de los fundamentos empíricos y clínicos del psicoanálisis freudiano, lo que cuestiona la legitimidad de sus contribuciones a la disciplina.

Por el contrario, los defensores de la teoría lacaniana afirman que la reinvención que Lacan hace del psicoanálisis freudiano ofrece profundas perspectivas sobre la naturaleza de la subjetividad humana, el lenguaje y los procesos inconscientes. Consideran que su énfasis en el orden simbólico y el papel del lenguaje es fundamental para avanzar en la comprensión de la psique humana y la dinámica social. Para estos defensores, el alejamiento de Lacan del psicoanálisis clásico representa una evolución más que una desviación, y anuncia una nueva era de exploración teórica y práctica clínica.

El impacto de la teoría lacaniana trasciende el psicoanálisis tradicional e influye en diversos campos como la crítica literaria, los estudios cinematográficos, los estudios de género y la teoría cultural. Este alcance interdisciplinario ha ampliado el debate en torno a las ideas de Lacan, atrayendo a académicos de diversas disciplinas que buscan profundizar en su complejo marco conceptual.

Es fundamental destacar que la recepción de las ideas de Lacan varía según las diferentes regiones geográficas y comunidades académicas. Su obra ha recibido considerable atención y reconocimiento en algunos círculos intelectuales, mientras que en otros ha suscitado escepticismo y desaprobación. Esta diversidad de recepción subraya aún más la naturaleza compleja y matizada de la teoría lacaniana y sus implicaciones para la psicología contemporánea y el pensamiento crítico.

En definitiva, la recepción de la teoría lacaniana en la comunidad psicoanalítica refleja el diálogo continuo entre tradición e innovación, entre continuidad y ruptura. Encapsula el ferviente discurso intelectual que caracteriza la evolución de la teoría y la práctica psicoanalíticas, subrayando la importancia y la relevancia de las contribuciones de Lacan en la configuración del panorama del psicoanálisis moderno.

LOS ORÍGENES DE LOS TRES ÓRDENES

Contexto histórico y antecedentes intelectuales

A principios del siglo XX, Europa atravesaba importantes transformaciones culturales, sociales y políticas que moldearían indeleblemente el panorama intelectual. Las secuelas de la Primera Guerra Mundial dejaron profundas cicatrices en la psique colectiva del continente, generando una profunda sensación de desilusión y una ferviente búsqueda de un nuevo significado y comprensión. Este clima intelectual, caracterizado por el cuestionamiento existencial y la búsqueda de una comprensión más profunda de la conciencia humana, proporcionó un terreno fértil para el floreciente campo del psicoanálisis. Sigmund Freud, con sus revolucionarias teorías sobre la dinámica del inconsciente, ya había comenzado a despertar un amplio interés y controversia en los círculos académicos. Fue en este contexto que Jacques Lacan se embarcó en su exploración del pensamiento psicoanalítico.

Lacan alcanzaba la madurez en una época de gran convulsión. La sociedad francesa lidiaba con el legado de la Primera Guerra Mundial, el auge del fascismo en los países vecinos y la llegada del surrealismo como un potente movimiento artístico e intelectual. Estas influencias multifacéticas convergieron para moldear el desarrollo intelectual temprano de Lacan, fomentando un ambiente de profunda introspección e indagación crítica. Se sumergió en el estudio de la medicina y la psiquiatría, sentando las bases para su posterior integración de estas disciplinas con el psicoanálisis. Además, el contacto de Lacan con la obra de Freud durante este período formativo desencadenó un profundo despertar intelectual. Quedó cautivado por las investigaciones pioneras de Freud sobre la mente humana, que desafiaron las nociones establecidas de racionalidad y conciencia.

Con la creciente popularidad de las ideas freudianas en los círculos académicos y clínicos, Lacan se sintió atraído por el profundo potencial del psicoanálisis como herramienta para comprender las complejidades de la subjetividad humana. Sin embargo, no fue solo el atractivo intelectual de la teoría freudiana lo que cautivó a Lacan, sino más bien, sus implicaciones revolucionarias para redefinir la naturaleza misma de la identidad y la experiencia humanas. Estos primeros encuentros con los conceptos psicoanalíticos sentaron las bases del compromiso permanente de Lacan con el desentrañar los enigmas de la psique humana. A medida que profundizaba en la obra de Freud y de pensadores contemporáneos, Lacan comenzó a discernir la interacción entre los procesos psíquicos, el lenguaje y las normas sociales.

En general, sus encuentros con la teoría freudiana, junto con la angustia existencial que permeaba la sociedad europea, despertaron un compromiso apasionado con los misterios de la mente humana, impulsándolo a una trayectoria que eventualmente produciría sus contribuciones al campo del psicoanálisis.

Las primeras influencias de Lacan en el psicoanálisis

Las primeras influencias de Jacques Lacan en el psicoanálisis se remontan a sus años de formación y a sus actividades académicas. Tras estudiar medicina y profundizar posteriormente en la psiquiatría, Lacan atravesó un período transformador en el que se involucró con las obras de figuras reconocidas en el campo del psicoanálisis. Las teorías y conceptos innovadores de Sigmund Freud impactaron profundamente en su desarrollo intelectual. Los principios fundamentales del inconsciente, los deseos reprimidos y la compleja interacción entre los procesos mentales conscientes e inconscientes sentaron las bases para las propias exploraciones teóricas de Lacan. Además, la aparición de conceptos freudianos clave, como el complejo de Edipo, sirvió como catalizador para que Lacan emprendiera su singular trayectoria psicoanalítica. Por otra parte, las obras de Karl Abraham, uno de los primeros seguidores de Freud, desempeñaron un papel fundamental en la conformación de la comprensión temprana del psicoanálisis por parte de Lacan. Las contribuciones de Abraham al estudio de la sexualidad infantil y la dinámica del inconsciente dejaron una huella imborrable en el marco teórico en evolución de Lacan. Además, la influencia de Melanie Klein, en particular sus innovadoras interpretaciones de la psicología infantil y su énfasis en la importancia de las experiencias del desarrollo temprano, resonó profundamente con el creciente interés de Lacan por comprender las complejidades de la psique humana. Su contacto con estos pensadores clave dentro del psicoanálisis no solo amplió sus horizontes intelectuales, sino que también sentó las bases para la fusión de diversas perspectivas que definirían sus propias contribuciones únicas al campo.

Desarrollo del marco teórico

En el corazón del marco teórico de Lacan se encuentra una fusión de principios psicoanalíticos, teoría lingüística y filosofía estructuralista. Un aspecto central de este marco es la reinterpretación y reconceptualización de los conceptos freudianos en un contexto lingüístico y cultural. El alejamiento de Lacan del psicoanálisis freudiano tradicional condujo a la formulación de un novedoso marco teórico que continúa suscitando e inspirando el discurso académico contemporáneo. A lo largo de su carrera, Lacan sintetizó perspectivas de diversas disciplinas, creando un enfoque multifacético basado en la comprensión de la psique humana como un elemento profundamente entrelazado con el lenguaje y los sistemas simbólicos.

Un hito crucial en el desarrollo teórico de Lacan surgió con su conceptualización del inconsciente como una estructura similar a la del lenguaje. Este concepto fundamental cimentó su marco teórico, enmarcando el inconsciente como una esfera regida por su lógica y simbolismo internos, similar a la sintaxis y la semántica de una lengua. Basándose en la lingüística saussureana, Lacan postuló que el inconsciente opera a través de un sistema de significantes, donde el significado se deriva de la interacción de elementos lingüísticos, similar a la formación de oraciones en el lenguaje. Esta perspectiva innovadora replanteó la comprensión del inconsciente, desplazando el enfoque del contenido latente y las pulsiones reprimidas hacia las complejidades de la comunicación simbólica y el lenguaje.

La exploración de Lacan del estadio del espejo y la formación del Yo marcó un hito importante en el desarrollo de su marco teórico. Al entrelazar la psicología del desarrollo con las perspectivas fenomenológicas, Lacan dilucidó el papel de lo imaginario en la formación de la subjetividad. Esta exploración no solo contribuyó a la comprensión de la formación de la identidad, sino que también subrayó la profunda influencia de las imágenes visuales y los procesos de identificación fantásticos en el desarrollo psicológico.

A medida que el marco teórico de Lacan continuó evolucionando, su objetivo principal se hizo cada vez más evidente: descubrir los fundamentos de la subjetividad, el deseo y la construcción de la realidad a través de estructuras lingüísticas y simbólicas. Esta trayectoria culminó en la articulación de los tres órdenes —Real, Imaginario y Simbólico—, cada uno de los cuales delinea distintas dimensiones de la experiencia humana y la constitución subjetiva. La interacción entre estos órdenes constituye la base de la teoría lacaniana, ofreciendo un marco para comprender las complejidades de la psique humana y las interacciones sociales.

Fundamentos e inspiraciones filosóficas

El marco teórico de Lacan se nutre profundamente de diversas tradiciones filosóficas e intelectuales, integrando conceptos de la fenomenología, el estructuralismo y el posestructuralismo. En el pensamiento de Lacan son fundamentales las obras de filósofos de renombre como Hegel, Heidegger y Sartre, cuyas indagaciones existenciales y ontológicas aportaron perspectivas cruciales sobre la naturaleza de la subjetividad humana y el lenguaje. El compromiso de Lacan con estas tradiciones filosóficas se caracteriza por una rigurosa indagación sobre la relación entre el lenguaje, la conciencia y la formación de la identidad.

Además, la reinterpretación que Lacan hizo del psicoanálisis freudiano a través de estas corrientes filosóficas condujo al desarrollo de conceptos innovadores que siguen moldeando el discurso contemporáneo en psicología y teoría cultural. La influencia del pensamiento fenomenológico, en particular las ideas de Husserl y Merleau-Ponty, es evidente en el énfasis de Lacan en la experiencia vivida y la subjetividad encarnada. La apropiación que Lacan hace de las teorías estructuralistas, en particular de Saussure y Lévi-Strauss, refleja su compromiso con la exploración de las estructuras y sistemas subyacentes que rigen la significación humana y las dinámicas sociales. Además, las preocupaciones existenciales de pensadores como Sartre resuenan en la articulación que Lacan hace del Yo fragmentado y alienado en el orden simbólico.

El surgimiento del concepto de órdenes

Al rastrear el surgimiento del concepto de los tres órdenes de Jacques Lacan, es esencial ahondar en las coyunturas críticas que moldearon su trayectoria intelectual. La exploración comienza con el profundo compromiso de Lacan con la lingüística estructural, en particular con las obras de Ferdinand de Saussure y Roman Jakobson. Este compromiso teórico sentó las bases para la reconceptualización del psicoanálisis por parte de Lacan, recurriendo a las estructuras lingüísticas para dilucidar las complejidades de la psique humana. Además, la voraz exploración de Lacan de los discursos filosóficos, que abarcan el existencialismo, la fenomenología y el pensamiento hegeliano, contribuyó significativamente a la gestación de sus teorías seminales. Estos fundamentos filosóficos proporcionaron el andamiaje para su reconfiguración de los conceptos freudianos en un marco novedoso que trascendió los paradigmas psicoanalíticos tradicionales.

Mientras Lacan lidiaba con la rica gama de influencias filosóficas y lingüísticas, emprendió una profunda reevaluación de la teoría freudiana, reconociendo tanto sus principios fundacionales indispensables como su potencial de reinterpretación y expansión.

El minucioso análisis de la obra de Freud por parte de Lacan condujo a una reevaluación crítica de los conceptos freudianos clave, lo que lo impulsó a discernir la interacción entre lenguaje, deseo y subjetividad. Fue en este fértil entorno intelectual donde se sembraron las semillas del concepto de los tres órdenes, que germinaron mediante una síntesis de perspectivas lingüísticas, filosóficas y psicoanalíticas.

La inmersión de Lacan en el movimiento surrealista y sus interacciones con artistas eminentes como Salvador Dalí y Pablo Picasso propiciaron una comprensión más profunda de las interconexiones entre el simbolismo, la representación y el inconsciente. La filosofía surrealista de explorar el inconsciente resonó profundamente en Lacan, animándolo a explorar el enigmático terreno de la subjetividad humana. A partir de estas exploraciones multifacéticas, la arquitectura conceptual de los órdenes simbólico, imaginario y real adquirió mayor sustancia y matices, ofreciendo una profunda reinvención de los elementos fundamentales del psicoanálisis.

El surgimiento del concepto de los tres órdenes representa la culminación de la odisea intelectual de Lacan, sintetizando diversas corrientes de conocimiento en un marco teórico cohesivo que continúa resonando en diversas disciplinas. Al dilucidar las complejidades de la experiencia humana mediante una innovadora estructura tripartita, Lacan amplió los horizontes de la investigación psicoanalítica, proporcionando una poderosa perspectiva para comprender la compleja interacción del lenguaje, la representación y el inconsciente.

Aportaciones del pensamiento freudiano

El desarrollo de la teoría de los Tres Órdenes de Jacques Lacan estuvo significativamente influenciado por los conceptos fundamentales del marco psicoanalítico de Sigmund Freud. El trabajo pionero de Freud, en particular al descubrir la dinámica del inconsciente y el papel de los instintos humanos, sentó las bases para las teorías posteriores de Lacan. La noción del inconsciente como depósito de deseos reprimidos, miedos y conflictos no resueltos fue central para el pensamiento freudiano. Estos conceptos formativos se volvieron cruciales en la conceptualización de los tres órdenes por parte de Lacan, en su búsqueda por comprender la compleja interacción entre los procesos conscientes e inconscientes dentro de la psique humana. Además, Lacan compartía el énfasis de Freud en el papel de las experiencias de la primera infancia en la configuración del desarrollo psicológico del individuo. Esta perspectiva compartida se evidencia en la incorporación por parte de Lacan de las ideas freudianas relativas al complejo de Edipo, las etapas del desarrollo psicosexual y la importancia de las influencias familiares y sociales. El interés de Lacan por la obra de Freud también lo llevó a refinar y ampliar el concepto de libido, invocándolo como una fuerza vital que sustenta la vida psíquica e impulsa la búsqueda de deseos y placeres. Además, Lacan se inspiró en el análisis freudiano de los sueños y el simbolismo, integrando estas observaciones en su elucidación del orden simbólico dentro de su marco de tres órdenes.

Integración con la lingüística estructural

La integración de la lingüística estructural en el marco psicoanalítico de Jacques Lacan no fue un mero ejercicio intelectual, sino una profunda reinvención de los fundamentos ontológicos de la subjetividad y el lenguaje. En esencia, esta integración buscó dilucidar la relación entre el deseo inconsciente y la significación lingüística, replanteando así la esencia misma de la subjetividad humana en el marco del lenguaje. Para comprender la importancia de esta integración, es fundamental explorar sus fundamentos teóricos.

La lingüística estructural, ejemplificada por la obra seminal de Ferdinand de Saussure, proporcionó a Lacan un cambio radical respecto a las concepciones tradicionales del lenguaje y el significado. El modelo diádico del signo de Saussure, que comprende el significante y el significado, sustentaba la conceptualización lacaniana del inconsciente como estructurado como un lenguaje. Este paralelismo sirvió como eje central para la tesis lacaniana de que el inconsciente opera a través de los mismos principios estructurales que el lenguaje mismo, abriendo nuevas perspectivas para la comprensión de los procesos psíquicos.

Las implicaciones de esta integración repercutieron en los constructos de Lacan, en particular en la formulación del orden simbólico. Al otorgar al lenguaje un papel fundamental en la constitución de la subjetividad, el giro estructuralista de Lacan reformuló el orden simbólico como el ámbito en el que la identidad y los deseos del sujeto se median y articulan a través de significantes. Además, la perspectiva estructuralista proporcionó a Lacan un marco para dilucidar los mecanismos subyacentes a la formación y función del inconsciente, arrojando luz sobre la compleja interacción entre las estructuras lingüísticas y la formación de la sintomatología y las fantasías inconscientes.

La fusión de la lingüística estructural con el psicoanálisis por parte de Lacan condujo a profundas reconceptualizaciones de conceptos freudianos clave. Por ejemplo, el complejo de Edipo, visto desde la perspectiva de la lingüística estructural, se convirtió en un discurso sobre la adquisición del lenguaje y la alineación del sujeto con el orden simbólico. Asimismo, el papel de los significantes en el proceso de transferencia adquirió una nueva relevancia, enfatizando la centralidad de la mediación lingüística en el contexto terapéutico.

Esta integración, sin embargo, no estuvo exenta de controversia, ya que desencadenó debates sobre la reducción del inconsciente a estructuras lingüísticas y la posible desatención de los aspectos no lingüísticos de la subjetividad. Los críticos argumentaron que tal énfasis en el lenguaje corría el riesgo de borrar las dimensiones corpóreas, afectivas y prelingüísticas del inconsciente, calificándolo de excesivamente lingüístico-céntrico. No obstante, la integración de Lacan con la lingüística estructural constituye un testimonio del profundo impacto del diálogo interdisciplinario y la fecundidad de la polinización cruzada entre diversos ámbitos académicos.

Influencia del surrealismo y los movimientos artísticos

La influencia del surrealismo y otros movimientos artísticos en el desarrollo de los tres órdenes por parte de Jacques Lacan constituye un aspecto multifacético de su marco teórico. El surrealismo, con su énfasis en el poder del inconsciente, los sueños y lo irracional, tuvo un impacto significativo en la conceptualización que Lacan tenía de la psique humana. El movimiento surrealista, encabezado por figuras como André Breton y Salvador Dalí, buscó liberar el inconsciente y explorar las profundidades de la experiencia humana más allá de las limitaciones racionales. Esta exploración resonó profundamente en Lacan, quien se sintió atraído por la naturaleza enigmática y simbólica del inconsciente. El énfasis surrealista en los símbolos, las imágenes oníricas y la libre asociación influyó directamente en la comprensión que Lacan tenía del simbolismo, lo imaginario y el inconsciente como componentes integrales de sus tres órdenes. Además, la naturaleza provocadora y a menudo subversiva del arte surrealista desafió las normas sociales, impulsando a Lacan a confrontar las complejidades de la identidad, el deseo y el significado. Esta influencia es evidente en el reconocimiento que Lacan hace del orden simbólico como el entorno del lenguaje, los símbolos culturales y las normas sociales que configuran la subjetividad individual. Además del surrealismo, movimientos artísticos más amplios como el cubismo y el expresionismo abstracto también impulsaron la exploración de Lacan de la representación visual, la percepción y la construcción de la realidad. Estos movimientos revolucionaron las representaciones artísticas del mundo, a menudo retratando realidades fragmentadas y multiperspectivas que se asemejan a la conceptualización de Lacan del Yo fragmentado y la multiplicidad de perspectivas dentro de la psique humana. La interacción entre el arte, la percepción y el inconsciente cautivó a Lacan, impulsándolo a investigar los mecanismos a través de los cuales los individuos construyen e interpretan sus realidades. Esta fascinación encontró expresión en la elaboración que Lacan hace del orden imaginario, donde la formación del Yo, la identificación y los procesos de reflejo se vinculan a las representaciones visuales y las expresiones artísticas. Al integrar ideas del surrealismo y de varios movimientos artísticos, Lacan amplió el alcance de la investigación psicoanalítica, enriqueciendo su marco teórico con una apreciación de la relación simbiótica entre el arte, el inconsciente y la construcción de la experiencia subjetiva.

Recepción inicial y debate académico

Tras la publicación de su obra pionera, la conceptualización de los tres órdenes por parte de Lacan se enfrentó a diversas reacciones por parte de académicos, clínicos e intelectuales. Muchos quedaron cautivados por la naturaleza innovadora de su enfoque, mientras que otros se mostraron inicialmente críticos o escépticos. El carácter revolucionario de las ideas de Lacan dio lugar a animados debates y despertó una considerable curiosidad sobre sus posibles implicaciones para diversas disciplinas. La noción de los tres órdenes impulsó intercambios interdisciplinarios que trascendieron los ámbitos de la psicología y el psicoanálisis. Además de generar interés en el ámbito académico, las teorías de Lacan también cautivaron la imaginación de figuras destacadas de las artes, la filosofía y los estudios culturales. El amplio interés por el pensamiento lacaniano impulsó diversas investigaciones sobre los fundamentos teóricos y las aplicaciones prácticas de los tres órdenes. A medida que las teorías de Lacan comenzaron a desvelarse, suscitaron tanto un ferviente apoyo como una crítica rigurosa. Los académicos participaron en un amplio debate sobre la compatibilidad del marco de Lacan con los paradigmas psicológicos existentes, la verificabilidad de sus afirmaciones y su posible impacto en la práctica clínica. Las implicaciones de los tres órdenes para la comprensión de la subjetividad humana y la naturaleza misma de la realidad se convirtieron en temas centrales de investigación. El creciente interés en la teoría lacaniana fomentó un ambiente propicio para el intercambio intelectual, los debates y la reevaluación de los supuestos establecidos. Además, la incorporación de las ideas de Lacan en diversos campos impulsó un análisis más amplio de las intersecciones entre el lenguaje, la cultura y la cognición. A través de estos debates, la conceptualización de Lacan de los tres órdenes experimentó un proceso de refinamiento y transformación, a medida que los académicos buscaban validar su solidez teórica y su utilidad práctica.

Refinamientos que conducen a la formulación canónica

Desde sus inicios, el concepto de los Tres Órdenes de Lacan se enfrentó a un profundo escrutinio y generó un intenso debate académico. Tras este extenso diálogo, Lacan se embarcó diligentemente en un proceso de perfeccionamiento, caracterizado por una meticulosa introspección y una rigurosa indagación filosófica, que finalmente condujo a la formulación canónica que definiría su marco teórico. Esta fase de perfeccionamiento se caracterizó por un firme compromiso con la precisión y la coherencia, a medida que Lacan buscaba dilucidar la interacción entre los órdenes simbólico, imaginario y real.

En este proceso fue fundamental el profundo compromiso de Lacan con las obras de pensadores influyentes como Freud y Saussure, de quienes extrajo ideas cruciales y principios fundamentales. Al profundizar en la teoría psicoanalítica y la lingüística estructural, Lacan buscó meticulosamente sintetizar y reconciliar perspectivas divergentes, enriqueciendo y consolidando así los cimientos de su obra teórica.

Los esfuerzos de refinamiento de Lacan se basaron en una profunda comprensión del panorama intelectual en constante evolución, reconociendo y colaborando con disciplinas complementarias como la filosofía, la antropología y la teoría literaria. Este diálogo multidisciplinario no solo matizó y profundizó sus formulaciones, sino que también sirvió para armonizar su esquema conceptual con corrientes de pensamiento más amplias, reforzando su solidez filosófica y su relevancia existencial.

Fundamentalmente, el camino hacia la formulación canónica implicó una rigurosa reevaluación de las conjeturas y proposiciones previas de Lacan, lo que lo obligó a explorar las profundidades de su propio terreno teórico. Mediante un proceso de crítica dialéctica y autointerrogación, Lacan perfeccionó y pulió los contornos de los Tres Órdenes, dilucidando sus conexiones e interdependencias, al tiempo que desentrañaba posibles ambigüedades o inconsistencias.

Simultáneamente, el compromiso de Lacan con la práctica clínica y los estudios de caso le brindó perspectivas invaluables, permitiéndole fundamentar sus abstracciones teóricas en la realidad concreta de los fenómenos psicológicos. Este diálogo continuo entre teoría y praxis generó un refinamiento holístico que no solo refinó los principios abstractos de los Tres Órdenes, sino que también enriqueció su utilidad práctica en el contexto del psicoanálisis y la intervención terapéutica.

En resumen, los refinamientos que condujeron a la formulación canónica de los Tres Órdenes representan un testimonio de la incansable búsqueda de Lacan por la precisión teórica, la coherencia filosófica y la aplicabilidad clínica. A través de una red de esfuerzos intelectuales, diálogos y reflexiones críticas, Lacan transformó las semillas incipientes de su marco conceptual en una obra perdurable que continúa resonando en diversos ámbitos del conocimiento y la práctica.

IDEAS Y POSTULADOS CLAVE

Introducción a los conceptos fundacionales de Lacan

1. El sujeto lacaniano:

La noción de sujeto en el psicoanálisis lacaniano se aleja de las concepciones tradicionales y constituye un elemento fundamental en la reconfiguración del discurso psicoanalítico inaugurada por la obra seminal de Lacan. Para Lacan, el sujeto no es una entidad fija y autónoma, sino un constructo elusivo, perpetuamente enigmático y de naturaleza fluida.

En el centro de la conceptualización de Lacan se encuentra la afirmación de que el sujeto está inexorablemente enredado en la red del lenguaje y la cultura. En contraste con el modelo egocéntrico propuesto por el psicoanálisis freudiano, Lacan postula al sujeto como producto de influencias lingüísticas y socioculturales, intrínsecamente ligado al orden simbólico. Este cambio crucial permite discernir al sujeto lacaniano como fundamentalmente enredado en el marco simbólico, desentrañando así su implicación subyacente para el análisis de la subjetividad humana.

El sujeto lacaniano emerge como un espacio de carencia perpetua, perpetuando una búsqueda incesante de plenitud y unidad. El concepto fundacional lacaniano de «carencia» delinea la sensación intrínseca de incompletitud y anhelo inherente al sujeto, estableciendo el deseo como un constituyente inherente. Como tal, la formulación lacaniana del sujeto genera una profunda reorientación de la praxis psicoanalítica, enfatizando la centralidad del deseo y la carencia en la constitución de la subjetividad humana.

Fundamentalmente, el sujeto lacaniano no puede dilucidarse fuera del ámbito del inconsciente, encapsulado por la tríada interconectada de lo real, lo Imaginario y lo Simbólico. La concepción lacaniana del sujeto se interseca invariablemente con estas tres dimensiones, manifestándose en una continua negociación entre los registros consciente e inconsciente. Esta interacción dinámica entre lo consciente y lo inconsciente no solo subraya la complejidad de la posición del sujeto, sino que también sienta las bases del enfoque lacaniano del funcionamiento psíquico.

En esencia, la introducción al sujeto lacaniano despliega una reimaginación transformadora de la psique humana, moldeada por la interacción del lenguaje, el deseo y la dialéctica de la carencia. Inscribe al sujeto como una entidad multifacética, inextricablemente ligada a las vicisitudes del orden simbólico y al enigma del inconsciente. En consecuencia, comprender las complejidades del sujeto lacaniano impulsa una incisiva indagación sobre la construcción, perpetuación y desestabilización de la subjetividad individual, trazando nuevas fronteras en el panorama de la investigación psicoanalítica.

2. 'El inconsciente está estructurado como un lenguaje':

La afirmación de que el inconsciente se estructura como un lenguaje reorienta nuestra percepción de la psique, posicionando el lenguaje como el medio principal a través del cual se expresan los deseos, conflictos e impulsos inconscientes. Aquí reside la clave del alejamiento de Lacan de las perspectivas psicoanalíticas convencionales, abogando por un giro lingüístico para abordar las profundidades del inconsciente. Este cambio conceptual ilumina la red de significantes que constituye el inconsciente, reflejando la sintaxis y la semántica inherentes a los sistemas lingüísticos. Nos impulsa a considerar el inconsciente no como un reservorio de instintos reprimidos, sino como una red simbólica regida por las reglas del lenguaje.

Profundizar en la analogía estructural entre el lenguaje y el inconsciente revela el papel fundamental de los significantes en la mediación de nuestras experiencias e identidades. Comprender que nuestros procesos inconscientes se despliegan dentro de un marco lingüístico exige una reevaluación de la naturaleza del significado y la representación en la existencia humana. Los significantes, imbuidos de significaciones tanto conscientes como inconscientes, se convierten en los puntos focales a través de los cuales se constituyen nuestras realidades subjetivas. En esencia, el inconsciente no es una esfera caótica y desprovista de orden, sino un sistema impregnado de la lógica y las disposiciones propias del lenguaje.

Al abordar las implicaciones de este dictamen fundacional, nos enfrentamos a las profundas repercusiones que genera en los ámbitos de la interpretación y la práctica psicoanalítica. El reconocimiento del inconsciente como lingüísticamente estructurado transfigura la naturaleza misma del diálogo analítico, enfatizando el valor interpretativo del lenguaje para descifrar significados ocultos y manifestaciones subconscientes. Desde esta perspectiva, el encuentro analítico se despliega como un diálogo de significantes, donde los matices del lenguaje desentrañan la enigmática trama del inconsciente.

En conclusión, el dicho de que «el inconsciente se estructura como un lenguaje» surge como un principio fundamental para comprender el paradigma psicoanalítico de Lacan. Sus profundas implicaciones trascienden el discurso teórico y permean la esencia misma de la subjetividad humana y la praxis del psicoanálisis. Al adoptar este principio, exploramos las interconexiones entre el lenguaje, el inconsciente y la identidad subjetiva, revelando el profundo impacto de las estructuras lingüísticas en las profundidades de la psique humana.

3. La estructura triádica - Real, imaginaria y simbólica:

La conceptualización de Lacan sobre la psique humana gira en torno a la estructura triádica que comprende los órdenes Real, Imaginario y Simbólico. Cada orden desempeña un papel crucial en la configuración de la percepción individual de la realidad y la comprensión del Yo dentro de un contexto sociocultural. Lo real, según Lacan, denota la realidad inmediata que existe más allá de las representaciones lingüísticas y simbólicas. Representa las experiencias crudas y sin filtrar que escapan a la aprehensión lingüística, pero que, sin embargo, ejercen una profunda influencia en la constitución psíquica.

En contraste, el orden Imaginario se caracteriza por la formación del Yo mediante identificaciones y la «etapa del espejo». En este contexto, los individuos desarrollan un sentido del Yo a través de su reflejo percibido en los demás, lo que resulta en un proceso de identificación y formación del Yo. Lacan enfatiza el papel fundamental que desempeña esta fase narcisista en la configuración del desarrollo psicológico y las relaciones interpersonales posteriores.

El orden simbólico, que abarca el lenguaje, la cultura y las normas sociales, constituye el registro donde se construye y comunica el significado. El lenguaje, según Lacan, no solo media nuestra interacción con el mundo exterior, sino que también configura nuestras comprensiones y deseos subjetivos. Mediante la adquisición del lenguaje, los individuos acceden a significantes sociales que organizan sus experiencias y las sitúan dentro de marcos sociales más amplios.

Un aspecto central de la teoría lacaniana es la afirmación de que los tres órdenes son interdependientes y mutuamente constitutivos. El orden simbólico media necesariamente nuestros encuentros con lo real, imponiendo filtros lingüísticos y culturales que moldean nuestras percepciones e interpretaciones de las experiencias crudas. Asimismo, el orden imaginario se entrelaza con el simbólico, ya que nuestras identificaciones y formaciones del Yo están intrínsecamente ligadas a símbolos y representaciones culturalmente condicionados.

4. Críticas y conceptos erróneos:

El psicoanálisis lacaniano, como cualquier marco teórico influyente, no es inmune a las críticas ni a los malentendidos. Una crítica frecuente gira en torno a la aparente opacidad y el lenguaje esotérico de Lacan, cuyos detractores afirman que su obra es innecesariamente enrevesada e incomprensible. Sin embargo, es crucial reconocer que el uso intencional de terminología compleja por parte de Lacan no pretende ocultar sus ideas, sino reflejar la naturaleza de la subjetividad humana. Al profundizar en los conceptos de Lacan, se puede desentrañar la riqueza de sus formulaciones y observar las profundas perspectivas que ofrecen sobre la condición humana. Otro aspecto a menudo malinterpretado es el rechazo de Lacan al yo, lo que lleva a suponer que su enfoque ignora la agencia y la autonomía individuales. Por el contrario, la deconstrucción del Yo por parte de Lacan sirve para subrayar la naturaleza fragmentada y construida de la identidad, enfatizando el papel de las fuerzas inconscientes que configuran los comportamientos y deseos humanos. Esto no disminuye la agencia individual, sino que dilucida la interacción entre las intenciones conscientes y las motivaciones inconscientes. Además, Lacan ha sido criticado por centrarse excesivamente en el lenguaje y el registro simbólico, aparentemente descuidando las realidades materiales e históricas. Sin embargo, estas críticas pasan por alto la profunda conciencia de Lacan de la relación dialéctica esencial entre lo simbólico y lo material, argumentando que el registro simbólico no solo configura nuestra percepción de la realidad, sino que también moldea la estructura misma de nuestras experiencias. Es crucial distinguir el énfasis de Lacan en lo simbólico como una vía para investigar las complejidades de la subjetividad humana, en lugar de una negación de las realidades materiales. Además, a menudo surgen conceptos erróneos sobre las perspectivas de Lacan sobre el género y la sexualidad, y algunos interpretan su símbolo fálico como una aprobación del falocentrismo. Sin embargo, un análisis más matizado revela que la conceptualización de Lacan del falo trasciende las meras binariedades de género o el determinismo biológico, aludiendo en cambio a un significante simbólico complejo que opera dentro del marco más amplio del deseo y la carencia.

5. La evolución de la teoría de Lacan a lo largo del tiempo:

La teoría psicoanalítica de Lacan ha experimentado una fascinante evolución a lo largo del tiempo, marcada por importantes cambios y refinamientos que han moldeado su forma contemporánea. En sus inicios, la teoría de Lacan se asemejaba mucho al psicoanálisis freudiano tradicional, con énfasis en la centralidad del inconsciente y la dinámica del deseo humano. Sin embargo, a medida que Lacan profundizaba en la lingüística, el estructuralismo y otras corrientes intelectuales, su marco conceptual experimentó una profunda metamorfosis. Esta evolución se evidencia en el desarrollo de conceptos clave como el estadio del espejo, la estructura triádica de la psique y el orden simbólico, cada uno de los cuales representa un momento crucial en su progresión teórica. A medida que Lacan interactuaba con diversas disciplinas y ampliaba su enfoque interdisciplinario, estas influencias en constante evolución infundieron en su obra nuevas dimensiones de complejidad y riqueza. Además, la postura cambiante de Lacan sobre el papel del lenguaje, la significación y el inconsciente sirvió como catalizador de reinterpretaciones transformadoras dentro del campo del psicoanálisis. Al acoger el giro lingüístico, la integración que Lacan hizo de la lingüística estructural de Saussure y el concepto de significante facilitó un cambio de paradigma que redefinió la comprensión de la subjetividad y la representación dentro de su marco conceptual. Simultáneamente, su interacción con la filosofía y la sociología contribuyó a una articulación refinada de sus ideas, haciéndolas más integrales. Además, la revisión constante que Lacan realizó de sus formulaciones anteriores ejemplifica su dedicación a la introspección y el perfeccionamiento continuos, demostrando un compromiso inquebrantable con el avance de sus teorías psicoanalíticas.

Lo simbólico - Lenguaje y derecho

1. Introducción:

El concepto de Orden Simbólico, fundamental para la organización de la experiencia y la conciencia humanas, representa el entorno del lenguaje, el derecho y la cultura, sirviendo como marco a través del cual se establecen el significado y la significación. Abarca los sistemas de lenguaje y comunicación que permiten a los humanos representar simbólicamente sus experiencias y deseos, mediando así su relación con el mundo exterior y otros sujetos. Además, el Orden Simbólico desempeña un papel fundamental en el desarrollo de las estructuras, normas e instituciones sociales, influyendo así en la forma en que los individuos interactúan en la sociedad. Al comprender el Orden Simbólico como un determinante fundamental de la existencia humana, comprendemos la red de significados simbólicos que sustentan nuestras realidades subjetivas. Asimismo, el Orden Simbólico introduce la noción del «Otro» como un componente crucial en la formación de la identidad individual. Este «Otro» no es simplemente una entidad externa, sino una representación simbólica de las normas, expectativas e ideales sociales que los individuos internalizan y buscan alcanzar. Mediante los procesos de identificación y diferenciación dentro del Orden Simbólico, los individuos se sitúan en contextos sociales y construyen su identidad en relación con los demás. Además, el Orden Simbólico impone un sistema de leyes y prohibiciones, representado por la «metáfora paternal», que gobierna y regula el comportamiento humano mediante el establecimiento de normas, tabúes y códigos morales. Esta dimensión legalista del Orden Simbólico infunde un sentido de orden y estructura en la psique, influyendo en la formación del deseo individual y la conducta ética.

2. La primacía del lenguaje:

En la teoría lacaniana, la primacía del lenguaje es un concepto fundamental que sustenta todo el marco psicoanalítico. El lenguaje, tal como lo entiende Lacan, no solo sirve como herramienta de comunicación, sino que constituye la estructura misma a través de la cual se organizan la subjetividad humana y las relaciones sociales. Esta ruptura con las concepciones tradicionales del lenguaje lo sitúa en el centro del desarrollo psíquico del individuo y la formación de su identidad. Según Lacan, la entrada en el entorno del lenguaje es un momento decisivo en la vida del individuo, que marca la transición de la etapa prelingüística e imaginaria al orden simbólico, donde el lenguaje se convierte en el medio principal a través del cual se construye y comunica la realidad. En esta transición es central la adquisición de la función simbólica, que simboliza la ausencia y la falta, y que configura la relación del individuo con el deseo y el mundo. Además, Lacan enfatiza que el lenguaje opera no solo como medio de expresión, sino también como determinante del pensamiento, lo que implica una estrecha interrelación entre lenguaje, percepción y cognición. Esta perspectiva desafía las perspectivas psicolingüísticas convencionales y subraya el profundo impacto del lenguaje en la subjetividad humana. Además, la comprensión de Lacan del inconsciente, estructurado como un lenguaje, apunta a la conexión inherente entre las estructuras lingüísticas y el funcionamiento de la psique. En este sentido, el inconsciente no es simplemente un reservorio de deseos reprimidos, sino una red lingüística y simbólica que gobierna la experiencia y el comportamiento del individuo. La importancia del lenguaje en la teoría lacaniana se extiende más allá del individuo para abarcar el entorno social. El lenguaje, a través de su naturaleza simbólica, establece el marco para las relaciones intersubjetivas, creando significados compartidos y normas culturales que configuran las identidades colectivas y las estructuras sociales. Esta dimensión sociolingüística destaca el papel del lenguaje en la perpetuación de las dinámicas de poder, las formaciones ideológicas y la construcción de la verdad dentro de una sociedad determinada. Por lo tanto, el lenguaje no se limita a la psicología individual, sino que sirve como un vínculo crucial entre lo personal y lo social, mediando tanto la experiencia subjetiva como la existencia comunitaria.

3. La lingüística estructural y su influencia en Lacan:

La lingüística estructural, marco teórico fundado por el lingüista suizo Ferdinand de Saussure, ejerció una profunda influencia en el desarrollo de la teoría psicoanalítica de Jacques Lacan. Saussure, reconocido por su trabajo pionero en el campo de la semiótica, introdujo el concepto de signo lingüístico como unidad fundamental del lenguaje, compuesta por un significante y un significado. Esta noción fundamental sirvió como piedra angular para la conceptualización de Lacan del inconsciente y la construcción de la subjetividad. Es central para la lingüística estructural la idea de que el significado se genera a través de las diferencias dentro del sistema lingüístico, en lugar de las conexiones inherentes entre las palabras y sus referentes. Lacan adoptó esta perspectiva y la transpuso al ámbito del psicoanálisis, postulando que la subjetividad humana se estructura de manera similar a través de sistemas simbólicos y el juego de la diferencia.

La concepción dicotómica de Saussure de la lengua (sistema lingüístico) y la palabra (actos de habla reales) resonó profundamente con la diferenciación de Lacan entre lo simbólico y lo imaginario. Al alinear el orden simbólico con la lengua, el sistema de signos lingüísticos diferenciales, y lo imaginario con la palabra, el uso concreto y situacional del lenguaje por parte del individuo, Lacan dilucidó cómo la interacción entre estos niveles configura la formación del sujeto y el deseo.

Además, el énfasis de Saussure en la naturaleza arbitraria del signo lingüístico, donde no existe una conexión inherente entre el significante y el significado, influyó profundamente en la definición que Lacan hace de la «falta» en el corazón del orden simbólico. Según la teoría lacaniana, esta falta está intrínseca a la estructura del lenguaje, generando una ausencia fundamental que impulsa la búsqueda de significado e identidad del sujeto. Asimismo, la noción de Saussure de las dimensiones «diacrónica» y «sincrónica» de la evolución del lenguaje proporcionó a Lacan un marco para comprender la dimensión temporal del inconsciente y la coexistencia de múltiples capas históricas dentro de la psique.

En general, la unión de la lingüística estructural y el psicoanálisis en la obra de Lacan generó un rico abanico de perspectivas sobre la naturaleza de la subjetividad humana, el funcionamiento del inconsciente y la dinámica de la significación. Mediante la exploración de estos dominios entrelazados, Lacan abrió nuevas vías para comprender las complejidades del lenguaje, la constitución del Yo y el enigmático terreno de la psique.

4. El papel del padre - Ley y prohibición:

En el marco lacaniano, la función central de la figura paterna se relaciona con el concepto de ley y prohibición, que desempeña un papel crucial en la configuración de la entrada del sujeto en el registro simbólico. El padre simboliza la Ley, representando una figura de autoridad e imposición de normas y prohibiciones que estructuran la experiencia de la realidad del sujeto. A través de la función paterna, el individuo se familiariza con las normas sociales y culturales, sentando las bases para el reconocimiento de las restricciones y normas que rigen la existencia social. La presencia o ausencia del padre y la naturaleza de su influencia impactan profundamente en la formación del mundo subjetivo del individuo. Lacan enfatiza el doble rol del padre como ejecutor de la ley y objeto de deseo, elucidando la tensión dialéctica entre la aceptación de las normas sociales y la búsqueda de deseos prohibidos. Esta dualidad crea un conflicto interno en el sujeto, que conduce a una compleja negociación con el orden simbólico. La posición del padre representa no solo la encarnación de la autoridad, sino también un ejemplo de las propias aspiraciones e identificaciones del sujeto. Además, el poder percibido del padre moldea la comprensión que el sujeto tiene de su posición dentro del contexto sociocultural más amplio. De esta manera, el padre se convierte en un vehículo a través del cual el sujeto busca interactuar con las normas y expectativas de la sociedad, reflexionando sobre su propia posición frente a las normas sociales. Además, Lacan propone que el rol del padre es instrumental en la mediación de la dinámica edípica, que implica la lucha del sujeto por posicionarse dentro de la estructura familiar. El complejo de Edipo surge de la relación del niño con el padre y la consiguiente resolución de tensiones e identificación con las figuras parentales. A través de este proceso, el niño accede al orden simbólico al renunciar a ciertos deseos y aceptar las normas sociales, allanando así el camino para el desarrollo de un sentido cohesivo del Yo. En general, la importancia simbólica del padre reside en su capacidad para reinscribir las leyes de la sociedad en el sujeto, guiando así su integración en el tejido cultural, a la vez que alimenta su anhelo de transgresión e independencia.

5. Identificación simbólica y formación del sujeto:

En la teoría lacaniana, el concepto de identificación simbólica desempeña un papel fundamental en la formación de la subjetividad. El orden simbólico, representado por el lenguaje y la ley, construye el marco dentro del cual los individuos desarrollan un sentido de identidad y de identidad. A medida que los individuos interactúan con los símbolos lingüísticos y culturales que permean su entorno, experimentan un proceso de identificación que configura su comprensión de sí mismos y de su lugar en la sociedad.

En el centro de la idea de la identificación simbólica se encuentra la noción del «gran Otro», que abarca las normas, valores y expectativas sociales y culturales que los individuos internalizan al orientarse en su mundo social. A través del lenguaje y la comunicación, los individuos se familiarizan con las estructuras simbólicas que definen su realidad y aprenden a posicionarse dentro de este sistema. Este proceso de identificación no solo es un medio para alinearse con las convenciones sociales, sino también un mecanismo para gestionar el deseo y regularlo.

La identificación simbólica influye en la formación del Yo, el Yo ideal y el superyó, moldeando así la experiencia subjetiva del individuo. La relación del sujeto con el orden simbólico no es de aceptación pasiva, sino que implica complejas negociaciones y disputas. La tensión entre la conformidad con las normas simbólicas establecidas y el deseo de autonomía y autoexpresión da lugar a la dinámica de la formación del sujeto.

Lacan enfatiza el papel del trauma y la carencia en el proceso de identificación simbólica, destacando cómo las perturbaciones en el orden simbólico pueden tener efectos duraderos en la autoestima del individuo. Estas perturbaciones pueden manifestarse como una disonancia entre las aspiraciones personales y las expectativas sociales, lo que a menudo desencadena una profunda perturbación psicológica.

Las implicaciones de la identificación simbólica se extienden a la práctica clínica, donde los terapeutas deben estar atentos a cómo los pacientes negocian sus identidades dentro del marco simbólico más amplio. Comprender los matices de la identificación simbólica permite a los profesionales clínicos comprender la interacción entre los procesos conscientes e inconscientes, lo que proporciona valiosas perspectivas sobre las luchas y aspiraciones del paciente.

6. Los símbolos como mediadores del deseo:

El deseo lacaniano es una noción central y compleja que permea la psique, guiando el comportamiento humano y moldeando la subjetividad individual. En esencia, el deseo no se reduce a simples deseos o necesidades lineales; se entrelaza con la estructura del inconsciente y la naturaleza lingüística del Orden Simbólico. En el paradigma lacaniano, los símbolos funcionan como canales a través de los cuales el deseo se articula y se oculta. Es a través de la red de representaciones lingüísticas y simbólicas que los deseos cobran forma y se comunican, a menudo de maneras que evaden el reconocimiento consciente directo. La negociación y la expresión del deseo ocurren en gran medida dentro de los símbolos, lo que requiere una comprensión matizada de cómo estos símbolos funcionan como mediadores entre los registros conscientes e inconscientes. Desde la perspectiva lacaniana, el deseo está intrínsecamente ligado a la búsqueda e identificación con significantes simbólicos: objetos, imágenes, palabras y construcciones culturales que llegan a representar nuestros anhelos más profundos y aspiraciones insatisfechas. La inherente inadecuación y elusividad de estos significantes contribuyen a la naturaleza perpetua del deseo, perpetuando una búsqueda incesante de lo inalcanzable y lo inefable. Además, los símbolos no solo representan pasivamente los deseos, sino que los moldean y construyen activamente, influyendo en las formas en que los individuos conciben, persiguen y experimentan sus deseos dentro del marco del Orden Simbólico. La teoría lacaniana enfatiza que esta compleja interacción entre símbolos y deseo se extiende más allá del anhelo personal y resuena dentro de estructuras sociales más amplias. Dentro de los contextos sociales y culturales, los símbolos tienen un poder significativo en la configuración de los deseos colectivos y las nociones de realización, a menudo perpetuando normas e ideales socioculturales profundamente arraigados. Además, la naturaleza mediada del deseo a través de los símbolos introduce una capa de indirección, donde los individuos interactúan con los deseos indirectamente, filtrados a través del paisaje simbólico. Esta interrelación entre símbolos y deseo subraya el papel fundamental del Orden Simbólico en la configuración de la subjetividad humana e ilumina la influencia fundamental de los símbolos como mediadores del deseo.

7. El lenguaje como estructura de las relaciones sociales:

El lenguaje, en la teoría de Lacan, emerge como una estructura esencial que no solo moldea la subjetividad individual, sino que también actúa como una fuerza dominante en la configuración de las relaciones sociales. En este contexto, el Orden Simbólico, del cual el lenguaje es un componente fundamental, sirve como medio a través del cual los sujetos humanos establecen y se relacionan con sus posiciones dentro del panorama sociocultural. Al comprender el lenguaje como estructura de las relaciones sociales, resulta imperativo profundizar en las formas en que los sistemas lingüísticos operan para mediar las interacciones y organizar las dinámicas sociales. La comunicación lingüística, ya sea verbal o no verbal, transmite y refuerza normas, valores y dinámicas de poder dentro de una comunidad o sociedad determinada. Mediante el uso del lenguaje, los individuos negocian sus identidades, afirman sus afiliaciones y participan en procesos de inclusión y exclusión. La formación de vínculos y jerarquías sociales está profundamente entrelazada con las prácticas lingüísticas, a medida que los individuos se posicionan dentro de redes de relaciones basadas en significados y entendimientos compartidos facilitados por el lenguaje. Además, la naturaleza simbólica del lenguaje lo implica en la construcción y perpetuación de narrativas socioculturales, definiendo historias colectivas, sistemas de creencias y códigos morales. El lenguaje, como vehículo del discurso, moldea el desarrollo de las instituciones sociales, influyendo en los marcos legales, políticos y éticos que rigen las interacciones entre los miembros de una comunidad. Cataliza la transmisión de conocimientos y tradiciones culturales, contribuyendo a la continuidad y evolución de las estructuras sociales. Además, el lenguaje funciona como un mecanismo para el ejercicio del poder, ya que puede emplearse para reforzar o subvertir las jerarquías sociales existentes y para movilizar la acción colectiva. Analizar el lenguaje como estructura de las relaciones sociales requiere abordar cuestiones de acceso, representación y voz dentro de diversas comunidades lingüísticas, reconociendo el impacto diferencial que el lenguaje tiene en los distintos grupos sociales. Estas consideraciones resaltan el papel multifacético del lenguaje en la construcción, el refuerzo y la transformación de las relaciones sociales, subrayando su centralidad dentro del complejo entramado de las interacciones humanas.

8. Interacción entre el orden simbólico y otros órdenes:

El Orden Simbólico, definido principalmente por el lenguaje y la ley, actúa como una fuerza estructurante que interactúa con los otros dos órdenes para moldear la psique y las experiencias del individuo. El orden Simbólico, a través de sus funciones lingüísticas y reguladoras, impone un marco de significados y normas al individuo, influyendo en la construcción de su identidad y su percepción de la realidad. Esta interacción entre lo Simbólico y lo Imaginario se observa en el estadio del espejo, donde el desarrollo del ego se entrelaza con la adquisición del lenguaje y las normas sociales, generando una sensación de reconocimiento y desconocimiento. Además, el Orden Simbólico también se intersecta con lo real, al intentar simbolizar y representar los aspectos inalcanzables de la experiencia, como el trauma y la carencia fundamental. Esta intersección a menudo genera conflictos y contradicciones, poniendo de relieve las tensiones inherentes a la psique humana. Comprender la interdependencia de los órdenes Simbólico, Imaginario y Real es esencial en la práctica psicoanalítica, ya que proporciona una comprensión de la dinámica de los procesos inconscientes y la formación de síntomas. Reconocer la interacción entre estos órdenes permite a los profesionales clínicos gestionar las complejidades de la transferencia y la contratransferencia, lo que facilita una comprensión más profunda de la experiencia subjetiva y los conflictos internos del paciente. Además, la interacción entre estos órdenes subraya la relevancia de las influencias culturales y sociales en la subjetividad individual, lo que enfatiza la necesidad de considerar contextos sociopolíticos más amplios en la práctica clínica. Al explorar las relaciones dinámicas entre el orden Simbólico y otros órdenes, los profesionales pueden ofrecer intervenciones más integrales y matizadas que aborden la naturaleza multifacética de la vida psíquica humana.

9. Implicaciones clínicas de lo simbólico:

Las implicaciones clínicas de lo Simbólico en la teoría lacaniana son profundas y de gran alcance, influyendo en la práctica del psicoanálisis de numerosas maneras. Una implicación significativa reside en su papel en la configuración de la estructura del inconsciente. Al reconocer la centralidad del lenguaje y su impacto en la subjetividad, los clínicos pueden comprender mejor el marco simbólico en el que se desenvuelven sus pacientes. El lenguaje no solo moldea el pensamiento y la percepción, sino que también estructura los deseos y las identificaciones. Los terapeutas pueden aprovechar esta comprensión para interpretar las manifestaciones simbólicas en el habla, los sueños y las asociaciones de sus pacientes, accediendo así a los conflictos inconscientes subyacentes y al material reprimido.

El Orden Simbólico ilumina la naturaleza de la transferencia y la contratransferencia en la relación terapéutica. A través de la perspectiva de lo Simbólico, los profesionales clínicos pueden comprender la compleja interacción de las identificaciones y proyecciones inconscientes que influyen en el proceso terapéutico. Esta consciencia permite a los terapeutas gestionar la dinámica de la transferencia con mayor eficacia, facilitando el análisis de los patrones relacionales y los profundos enredos emocionales de los pacientes. Al comprender los fundamentos simbólicos de la transferencia, los terapeutas pueden guiar a los pacientes hacia una mayor comprensión de sus inversiones inconscientes en el espacio terapéutico.

Además, el Orden Simbólico orienta la comprensión de los síntomas y la psicopatología. Subraya la importancia del lenguaje y las normas sociales en la manifestación de los síntomas, enfatizando que estos no son meras expresiones individuales, sino que se integran en un contexto sociolingüístico más amplio. Los profesionales clínicos pueden emplear esta comprensión para deconstruir los significados simbólicos codificados en los síntomas de sus pacientes, desentrañando las capas de significación y descubriendo los conflictos subyacentes y las dinámicas inconscientes.

Lo Simbólico proporciona un marco para comprender la resistencia y la adhesión del paciente al statu quo. Al reconocer cómo el Orden Simbólico rige la relación del sujeto con la autoridad y la ideología, los profesionales clínicos pueden dilucidar la resistencia del paciente al cambio y su compromiso con el mantenimiento de las configuraciones simbólicas existentes. Esta perspectiva capacita a los terapeutas para abordar y trabajar la resistencia con mayor eficacia, fomentando un progreso terapéutico significativo.

10. El legado del orden simbólico:

El Orden Simbólico, que constituye el entorno del lenguaje, la ley y las estructuras simbólicas, permea todos los aspectos de la experiencia humana, moldeando las identidades individuales y las dinámicas interpersonales. Su influencia omnipresente se manifiesta en la forma en que los individuos participan en el proceso de enculturación. Desde la primera infancia, las personas se ven envueltas en una red de significantes, normas y sistemas lingüísticos que moldean sus percepciones y comportamientos. El Orden Simbólico, con su énfasis en el lenguaje y las regulaciones sociales, proporciona un aparato conceptual para comprender los mecanismos mediante los cuales los individuos internalizan las expectativas sociales y negocian sus deseos dentro de las limitaciones del marco simbólico.

El legado del Orden Simbólico resuena en los entornos clínicos, ofreciendo profundas perspectivas para las intervenciones terapéuticas. Al reconocer la centralidad del lenguaje y lo simbólico en la configuración del malestar psicológico y los conflictos subjetivos, los profesionales clínicos pueden prestar atención a las maneras en que los pacientes articulan sus experiencias y lidian con los determinantes inconscientes. Comprender la dimensión simbólica de las experiencias humanas permite interpretaciones matizadas de los síntomas y facilita una exploración más profunda del significado dentro del encuentro terapéutico.

Además, las implicaciones del Orden Simbólico trascienden los límites de la práctica clínica, posicionándose como una herramienta crucial para deconstruir las diferencias de poder y las estratificaciones sociales. Al examinar el funcionamiento de las estructuras simbólicas en la perpetuación de las relaciones jerárquicas y los estándares normativos, este marco abre caminos para indagaciones críticas sobre la justicia social, las políticas de identidad y los movimientos emancipadores. Al interrogar los fundamentos simbólicos de las desigualdades sistémicas, académicos y activistas pueden impulsar un cambio transformador y abogar por configuraciones sociales más equitativas.

En esencia, el legado del Orden Simbólico nos invita a considerar el entramado de símbolos, palabras y estructuras culturales que moldean nuestra existencia colectiva. Su relevancia persiste para desentrañar los enigmas de la subjetividad humana, dilucidar las dinámicas del poder y la autoridad, y fomentar compromisos empáticos que honran la polifonía de voces dentro de nuestro tejido social.

Lo imaginario - Espejos y desconocimientos

1. Introducción:

El Orden Imaginario representa una dimensión crucial de la subjetividad humana y la formación de la identidad. Funciona como uno de los tres órdenes principales, junto con el Simbólico y el Real, para explicar las complejidades de la psique humana desde una perspectiva estructural. El término «Imaginario» en este contexto no implica únicamente lo irreal o imaginario en un sentido coloquial. Más bien, abarca imágenes, percepciones e identificaciones que median las experiencias individuales y la comprensión del Yo y del otro. En el núcleo del Orden Imaginario reside la laguna o carencia inherente a la condición humana, que contribuye a una búsqueda constante de plenitud y unidad. Introducción al Orden Imaginario busca dilucidar cómo las relaciones interpersonales tempranas y las representaciones visuales desempeñan un papel fundamental en el desarrollo del ego y su posterior sentido de identidad. Además, intenta explicar la tensión fundamental entre el Yo subjetivo idealizado interno y las representaciones reflejadas externas que configuran nuestra autopercepción.

2. La etapa del espejo - Orígenes e implicaciones:

La Etapa del Espejo ilustra los procesos formativos del orden imaginario. Acuñado por Jacques Lacan en 1936, esta fase del desarrollo explora el encuentro del bebé con su propia imagen en un espejo y las implicaciones que esto conlleva para la subjetividad y la construcción de la identidad. La etapa del espejo no es simplemente el acto físico de mirarse en una superficie reflectante; simboliza un momento transformador en el que el niño toma conciencia de su propia existencia corpórea y se reconoce como una entidad separada. Esta comprensión crucial genera profundas consecuencias para la evolución del sentido de identidad y las relaciones interpersonales del niño.

Los orígenes del estadio del espejo se remontan al enfoque interdisciplinario de Lacan, inspirado en el psicoanálisis freudiano, la fenomenología y la investigación sobre el desarrollo infantil. Lacan postuló que el estadio del espejo representa una coyuntura crítica en el desarrollo psíquico del individuo, donde el Yo comienza a configurarse mediante un proceso de identificación y alienación. Al aprehender su imagen reflejada como un todo idealizado y coherente, el bebé establece una relación dialéctica con su cuerpo fragmentado y descoordinado, sentando las bases para la formación del Yo y su posterior integración en el orden simbólico.

Las implicaciones del estadio del espejo trascienden la constitución psicológica del individuo y permean diversos ámbitos de las expresiones sociales, culturales y artísticas. Lacan sostiene que la fascinación por la propia imagen reflejada y la búsqueda constante de la unidad y la maestría surgieron de esta experiencia primordial de desconocimiento. En consecuencia, la tensión inherente entre la autoimagen idealizada y la disonancia con el propio ser da lugar a búsquedas persistentes de la individualidad y la realización personal, generando múltiples consecuencias para los deseos y aspiraciones humanas.

El estadio del espejo nos impulsa a reconsiderar las nociones convencionales de identidad y subjetividad dentro del marco más amplio de la teoría lacaniana. Si bien está profundamente arraigado en el desarrollo de la primera infancia, sus fundamentos siguen resonando a lo largo de la vida, permeando las percepciones adultas sobre la identidad, las relaciones y los dilemas existenciales. Al situar el estadio del espejo en un marco más amplio de investigación psicoanalítica, obtenemos una comprensión más profunda de las complejidades de la subjetividad humana y los efectos de las experiencias tempranas en las formaciones psíquicas.

3. El concepto de desconocimiento en la teoría lacaniana:

El concepto de desconocimiento en la teoría lacaniana se basa en la idea de que los individuos a menudo malinterpretan sus propias identidades y se perciben a sí mismos a través de una lente distorsionada. Este desconocimiento, o *méconnaissance* en francés, ocurre dentro del orden Imaginario, donde el Yo se configura mediante la identificación con imágenes e ideales externos. El proceso de desconocimiento es fundamental para la comprensión de Lacan sobre la formación de la subjetividad y desempeña un papel crucial en la configuración de la relación del individuo con el Yo y el Otro.

En esencia, el desconocimiento implica una incapacidad inherente para reconocerse con precisión como una entidad separada, distinta de los objetos e individuos del mundo exterior. La construcción del ego se entrelaza con una sensación ilusoria de cohesión y completitud derivada de procesos de reflejo, en los que el sujeto se identifica con una imagen externa, típicamente manifestada en experiencias de la primera infancia. Esta identificación sienta las bases para el desarrollo del ego, pero a la vez genera una sensación de alienación y fragmentación en el individuo.

Lacan sostiene que la falta de reconocimiento precipita un deseo perpetuo de unidad y plenitud, lo que impulsa a las personas a buscar afirmación y validación en fuentes externas, como los pares, las figuras de autoridad y las normas sociales. En consecuencia, la búsqueda de reconocimiento se convierte en una fuerza dominante que impulsa el comportamiento humano, inherentemente ligada a la búsqueda constante de un "yo ideal" percibido que permanece esquivo. Esta dinámica sustenta la afirmación de Lacan de que la construcción del Yo es intrínsecamente defectuosa, ya que depende de la ilusión de autocoherencia y completitud perpetuada por la falta de reconocimiento.

El concepto de desconocimiento trasciende el ámbito individual y permea las estructuras sociales, moldeando las percepciones e interacciones colectivas. La exploración de Lacan sobre el desconocimiento dilucida las discrepancias y tensiones inherentes a las relaciones interpersonales y los sistemas sociales, subrayando la naturaleza omnipresente de las ilusiones y las falsas suposiciones que sustentan las interacciones humanas. Esta perspectiva tiene profundas implicaciones para comprender las dinámicas de poder, la alienación y la perpetuación de falsas ideologías en contextos sociopolíticos más amplios.

4. Formación del Yo a través de la reflexión:

Cuando un niño atraviesa la etapa del espejo, se encuentra en una coyuntura crítica de su desarrollo psicológico, donde el reflejo en el espejo se convierte en un espacio de autorreconocimiento e identificación. Este encuentro crucial con la imagen especular fomenta el embrión del ego, marcando la génesis de la individuación y un sentido de subjetividad diferenciada.

La propuesta de Lacan sobre el estadio del espejo postula que el niño experimenta una forma de júbilo al percibirse como una entidad unificada y coherente en el espejo, creando así una imagen idealizada, aunque ilusoria, de sí mismo. El reflejo no solo genera una sensación de unidad, sino que también le confiere un sentimiento de dominio y autonomía sobre su propio cuerpo. Este proceso contribuye a la construcción del Yo, ya que el niño percibe la imagen reflejada como una versión más completa y competente de sí mismo.

La etapa del espejo no se limita al mero acto de reconocimiento visual; abarca una profunda experiencia psicológica que moldea la comprensión subjetiva de uno mismo y su relación con el mundo exterior. El proceso de reflejo incita un diálogo interno, en el que el niño evalúa su propia fisicalidad y se esfuerza por conciliar sus sensaciones internas con el reflejo externo. En este proceso evaluativo, el niño se esfuerza por alcanzar una autoimagen que se alinee con la representación externa, dando lugar a la formación del ego.

Fundamentalmente, Lacan enfatiza la naturaleza inherentemente dualista del estadio del espejo, donde la imagen reflejada presenta una impresión idealizada y cohesiva que contrasta marcadamente con la autoexperiencia fragmentada e incompleta del niño. Esta discordancia entre la unidad percibida en el espejo y el desorden dentro de la esfera subjetiva genera una sensación perpetua de inadecuación y alienación, que sustenta la subsiguiente dinámica psicológica de deseo y carencia.

Sin embargo, es fundamental reconocer que la etapa del espejo no marca la culminación del desarrollo del ego, sino que inicia una búsqueda permanente de la integridad y la coherencia del autoconcepto individual. Sienta las bases para la negociación continua de la identidad, sirviendo como elemento fundamental para comprender las complejidades de la subjetividad y la conexión inherente del ego con la mirada externa.

5. Identificación imaginaria y subjetividad:

En el marco lacaniano, el concepto de «identificación imaginaria» gira en torno a la formación del Yo mediante una compleja interacción entre las percepciones internas y externas. A medida que las personas interactúan con la imagen reflejada durante las etapas formativas del desarrollo, encuentran una semejanza que se integra a su autoconcepto. El proceso de reflejo fomenta un sentido de coherencia y unidad a medida que la persona se identifica con la imagen reflejada, iniciando así la construcción del Yo imaginario. Esta identificación no es un mero reconocimiento pasivo, sino una asimilación activa de la representación visual, sentando las bases para posteriores identificaciones imaginativas en las interacciones y relaciones sociales. La fuerza de esta identificación es tal que la persona a menudo se esfuerza por alinear sus acciones y comportamientos con el ideal percibido reflejado en el espejo. Además, la influencia de las normas y expectativas sociales amplifica este proceso, llevando a la internalización de ideales y estándares culturalmente definidos de belleza, éxito y deseabilidad. En consecuencia, la identificación imaginaria perpetúa una búsqueda continua de realización y validación basada en estos constructos externos. En este contexto, la experiencia subjetiva se entrelaza profundamente con el registro imaginario, ya que la autopercepción del individuo se vincula con estas imágenes y representaciones idealizadas. La interacción entre el ego imaginado y las influencias externas configura no solo la autopercepción del individuo, sino también su comprensión de los demás. Las implicaciones de la identificación imaginaria se extienden más allá del individuo, impactando la dinámica interpersonal y los patrones de comunicación. Estas identificaciones pueden llevar a una proyección inconsciente de los deseos, ansiedades y conflictos internos en los demás, influyendo así en sus interpretaciones e interacciones dentro de la esfera social. Además, la intersección de los órdenes imaginario y simbólico contribuye significativamente a las complejidades de la subjetividad, ya que estos registros se entrelazan para configurar el sentido de identidad y los procesos de construcción de significado del individuo.

6. El papel de la dualidad en lo imaginario:

El papel de la dualidad dentro del orden Imaginario llama la atención sobre la división fundamental que define la subjetividad. En esencia, el Imaginario se construye sobre la dialéctica de la identificación y la alienación, que se manifiesta como una dualidad fundamental en la estructura psíquica del individuo. Esta dualidad se resume en el concepto de la etapa del espejo, donde el autorreconocimiento del bebé da origen a un sentido de identidad fracturado. Aquí, la imagen en el espejo refleja y distorsiona a la vez, creando una representación dualista que se convierte en la base de la construcción del ego.

La dualidad dentro del orden Imaginario se extiende más allá de la mera autopercepción, permeando el panorama más amplio de la experiencia humana. Encapsula la tensión entre la imagen idealizada del espejo, que representa el Yo cohesionado y perfeccionado, y el Yo "real" desorganizado, sumido en imperfecciones y vulnerabilidades. Esta bifurcación fundamental genera una lucha constante por la plenitud y la unidad, que a menudo lleva a las personas a la búsqueda de ideales inalcanzables y validaciones externas en un intento por reconciliar esta dualidad inherente.

La naturaleza dualista del orden imaginario también resuena en las dinámicas interpersonales y las relaciones sociales. La búsqueda constante de reconocimiento y validación surge del deseo de reparar la autoimagen dañada, lo que genera complejos patrones de proyección e introyección que sustentan las interacciones humanas. La división interna generada por la dualidad imaginaria resuena así en el tejido social, influyendo en la construcción colectiva de significados y representaciones simbólicas.

La influencia de la dualidad trasciende las esferas individual y relacional, filtrándose en contextos culturales e históricos más amplios. Lacan postuló que la dicotomía cartesiana mente-cuerpo y el énfasis de la Ilustración en la racionalidad son representativos del profundo impacto de la dualidad imaginaria. Además, constructos sociales como el binarismo de género y las dicotomías raciales subrayan la profunda influencia de la estructura dualista de lo imaginario en el discurso colectivo y las dinámicas de poder.

Este profundo arraigo de la dualidad en el orden imaginario incita a una introspección sobre sus implicaciones en la formación del sujeto, las relaciones interpersonales y los paradigmas socioculturales. Al ahondar en la interacción entre identificaciones y alienaciones, desentrañamos el complejo entramado de la subjetividad humana, allanando el camino para una comprensión más matizada de los mecanismos que impulsan nuestras experiencias e interacciones.

7. Intersección de los órdenes imaginario y simbólico:

En la teoría psicoanalítica lacaniana, los conceptos de los órdenes Imaginario y Simbólico están vinculados, formando una compleja interacción que influye significativamente en la experiencia subjetiva y la comprensión del mundo del individuo. El orden Imaginario gira principalmente en torno a las imágenes visuales, con énfasis en la formación del Yo mediante procesos de identificación y espejismo. Por otro lado, el orden Simbólico se arraiga en el entorno del lenguaje, el derecho y las normas culturales, sirviendo como el ámbito donde se genera el significado y los significantes adquieren importancia. A pesar de sus aparentes diferencias, estos dos órdenes se entrecruzan de manera profunda, moldeando la subjetividad y la percepción humanas.

En la intersección de los órdenes Imaginario y Simbólico se encuentra el concepto fundamental de la «etapa del espejo». A medida que el niño se identifica con la imagen idealizada que se le refleja, comienza a construir un sentido del Yo, aunque ilusorio y fragmentado. Este proceso no solo significa la interrelación de lo Imaginario y la formación del ego, sino que también marca la entrada inicial del sujeto en el orden Simbólico a través de interacciones con otros mediadas por el lenguaje.

La intersección de los órdenes Imaginario y Simbólico se observa en el concepto de significación fálica. En la teoría lacaniana, el falo no representa simplemente un órgano biológico, sino un símbolo que encapsula la carencia y el deseo inherentes a la subjetividad humana. El falo funciona como un significante clave dentro del orden Simbólico, mediando relaciones de poder, autoridad y deseo. Simultáneamente, el falo también posee significado dentro del registro Imaginario, sirviendo como símbolo de completitud inalcanzable y generando sentimientos de carencia e incompetencia en el Yo.

La intersección de estos órdenes cobra relevancia en el análisis de la fantasía y los constructos imaginarios. Dentro del registro simbólico, la fantasía se configura a través del lenguaje y las narrativas culturales, lo que le otorga significados y connotaciones específicos. Sin embargo, estas fantasías suelen estar profundamente arraigadas en lo imaginario, ya que provienen de experiencias de la primera infancia y de la formación inconsciente de la autoimagen. Por lo tanto, la intersección entre ambos órdenes complica el análisis de las fantasías, requiriendo una comprensión matizada de las dimensiones lingüísticas y visuales que las sustentan.

8. Perspectivas críticas sobre el orden imaginario:

Al analizar el papel de lo Imaginario, los críticos han subrayado tanto su importancia para comprender la subjetividad humana como sus posibles limitaciones como construcción teórica. Una crítica clave gira en torno al énfasis excesivo percibido en la identificación visual a través del estadio del espejo, que puede descuidar otras dimensiones sensoriales y afectivas de la experiencia humana. Los críticos argumentan que un enfoque exclusivo en el reconocimiento visual podría eclipsar las complejidades de la subjetividad humana, dando lugar a un modelo simplista de la formación de la identidad. Además, los académicos han cuestionado la universalidad de la aplicabilidad del estadio del espejo en diversos contextos culturales e históricos. Esta crítica exige una comprensión más matizada de la autoidentificación que tenga en cuenta las variaciones culturales y las diferencias individuales. Otra perspectiva crítica se refiere a la naturaleza dualista inherente del orden Imaginario, que a menudo se describe como una oposición binaria entre el sujeto y el otro (idealizado). Los críticos afirman que este marco binario puede oscurecer la interacción de las dinámicas de poder, la relacionalidad y la multiplicidad inherentes a la construcción de la identidad humana. Además, algunos académicos han expresado su preocupación por el riesgo de esencialismo al equiparar lo Imaginario con representaciones fijas y estáticas del Yo, ignorando la naturaleza fluida y contingente de la subjetividad. También se han expresado críticas sobre la aplicación del orden Imaginario en la práctica clínica, y algunos profesionales abogan por un enfoque más integrador que reconozca la compleja interrelación de lo Imaginario, lo Simbólico y lo real en el tratamiento psicoanalítico. A pesar de estas posturas críticas, los defensores de la teoría lacaniana argumentan que el orden Imaginario ofrece valiosas perspectivas sobre la formación del Yo, las relaciones intersubjetivas y la constitución del deseo. Sostienen que la metáfora visual del estadio del espejo sirve como un potente mecanismo heurístico para comprender la trayectoria evolutiva de la subjetividad, si bien reconocen la necesidad de complementarla con otras modalidades sensoriales. Además, quienes defienden lo Imaginario defienden su dualidad conceptual como esencial para comprender las tensiones estructurales inherentes a la negociación de la identidad humana.

Lo real - Más allá de lo aparente

1. Introducción:

El concepto de lo «Real» ocupa una posición única y enigmática dentro del psicoanálisis lacaniano, suscitando fascinación y perplejidad a la vez. Constituye una piedra angular crucial para comprender la dinámica de la subjetividad humana y desempeña un papel fundamental en la configuración del modelo tripartito de la psique de Lacan. Si bien la noción de lo real se resiste a una delimitación precisa, su significado es indudablemente profundo. En el discurso lacaniano, lo real no es simplemente sinónimo de realidad empírica o existencia tangible; más bien, abarca un dominio elusivo e inasible que trasciende la inmediatez perceptual. Provoca una sensación de inquietud e inquietud, al desafiar nuestra comprensión convencional de lo que se considera «real» en la experiencia cotidiana. Lo real, tal como lo expone Lacan, transita el terreno de la ausencia y la imposibilidad, desafiando una categorización directa. Como tal, impulsa una búsqueda continua para descifrar sus complejidades y ramificaciones.

2. Contexto histórico y evolución:

Los orígenes de lo real se remontan a la radical revisión que Lacan realizó del psicoanálisis freudiano a mediados del siglo XX. Influenciado por la lingüística estructural, la antropología y la filosofía, Lacan buscó redefinir los conceptos psicoanalíticos tradicionales, lo que lo llevó a introducir lo real como un componente crucial de su marco teórico.

El desarrollo temprano de lo real puede vincularse con la interacción de Lacan con las obras de pensadores prominentes como Saussure, Lévi-Strauss y Hegel. Estas influencias intelectuales proporcionaron un terreno fértil para que Lacan construyera una comprensión novedosa del sujeto humano y su relación con el lenguaje, la cultura y el inconsciente. Mediante un proceso dialéctico de síntesis y crítica, Lacan articuló gradualmente el concepto de lo real como algo distinto de lo Simbólico y lo Imaginario, sentando así las bases para su posterior exploración y elaboración.

A medida que la teoría lacaniana evolucionó, el concepto de lo real experimentó un refinamiento y una elaboración significativos. Se hizo cada vez más evidente que lo real trascendía la mera realidad física o empírica, extendiéndose a dimensiones simbólicas, lingüísticas y existenciales. Esta expansión del alcance de lo real coincidió con desarrollos más amplios en la filosofía postestructuralista y la teoría crítica, integrándolo aún más en el discurso interdisciplinario de la época.

En la trayectoria del pensamiento lacaniano, el concepto de lo real continuó evolucionando, intersectando diversas corrientes intelectuales y paradigmas teóricos. Desde su articulación fundacional como una brecha o carencia en el orden simbólico hasta sus conceptualizaciones más matizadas, basadas en las matemáticas, la topología y la física cuántica, la trayectoria histórica de lo real refleja una rica gama de intercambio intelectual e innovación teórica.

La difusión internacional del psicoanálisis lacaniano facilitó encuentros y diálogos interculturales, generando diversas interpretaciones y aplicaciones de lo real en diferentes contextos culturales y clínicos. Esta difusión global contribuyó al enriquecimiento y la diversificación de las perspectivas sobre lo real, ampliando su relevancia más allá de los confines de las tradiciones intelectuales occidentales.

3. La interacción entre lo real, lo simbólico y lo imaginario:

La interacción entre estos tres registros constituye la base de la psique humana, tal como la definió Jacques Lacan. Lo real, a menudo considerado enigmático e inefable, se erige como el registro fundacional que elude la simbolización y la representación. Opera fuera de los planos del lenguaje y el significado, existiendo como una presencia inasible que perturba la coherencia del orden simbólico. En contraste, lo simbólico abarca el entorno del lenguaje, la ley y las normas sociales, donde los significantes y los significados construyen el tejido del significado y la realidad cultural para el sujeto. Es importante destacar que lo simbólico media la interacción del sujeto con el mundo social y sienta las bases para la internalización de la identidad a través de estructuras lingüísticas y simbólicas. Además, lo imaginario, caracterizado por identificaciones e imaginaciones, sirve como escenario para la formación del Yo y las identificaciones narcisistas, particularmente a través del estadio del espejo. Este registro se entrelaza con imágenes visuales e ilusiones que contribuyen a la construcción de la autoimagen del sujeto y las representaciones idealizadas del "otro". La interacción dinámica entre estos registros constituye el marco fundamental a través del cual se constituye y media la subjetividad humana. Es en esta interacción donde se manifiestan las tensiones y los conflictos que surgen de la coexistencia de estos registros. Lo real desestabiliza constantemente el orden Simbólico, introduciendo rupturas y perturbaciones que resisten la integración y la simbolización. Simultáneamente, lo Simbólico estructura y regula lo real, imponiendo marcos socioculturales sobre la naturaleza inasible de lo real. Lo Imaginario, a su vez, tiende puentes y complica la relación entre lo real y lo Simbólico al ofrecer semblanzas e identificaciones que buscan estabilizar y consolidar las experiencias. Estas continuas negociaciones entre los registros precipitan las complejidades de la vida psíquica, marcando el terreno donde se despliegan los deseos, las fantasías y las resistencias. Además, la interacción entre estas dimensiones dilucida los mecanismos subyacentes a la formación de la sintomatología y las complejidades de las intervenciones terapéuticas dentro del marco lacaniano.

4. Representaciones de lo real en la práctica psicoanalítica:

Lo real, como lo elucida Lacan, existe más allá del lenguaje y la representación simbólica, haciéndose sentir a través de brechas, fracturas y disrupciones en el orden simbólico. En consecuencia, las representaciones de lo real en el ámbito clínico a menudo emergen de formas paradójicas y enigmáticas. Este fenómeno se observa cuando los pacientes expresan sentimientos o experiencias no articuladas que se resisten a la simbolización y la captura lingüística. Estas manifestaciones inefables de lo real plantean un desafío fundamental para los psicoanalistas, quienes se esfuerzan por interactuar con los contornos del inconsciente y confrontar los límites de la expresión verbal. Además, lo real emerge con frecuencia en momentos de ruptura dentro del proceso terapéutico, lo que obliga a los profesionales a reconocer las limitaciones inherentes de la interpretación y la construcción de significado. Estas instancias exigen una mayor sensibilidad a las señales no verbales, las tonalidades afectivas y los gestos corporales, ya que pueden servir como canales para el encuentro con lo real inasimilable. Además, lo real se materializa en la dinámica transferencial entre analista y analizando, a menudo alterando la apariencia cuidadosamente construida de la relación simbólica. Esta disrupción puede desestabilizar las dinámicas de poder y las estructuras de autoridad establecidas, lo que obliga al profesional a lidiar con su propia implicación subjetiva en la realidad subjetiva del analizando. Al reconocer estas representaciones de lo real, los clínicos pueden cultivar una sensibilidad matizada hacia las complejidades de la subjetividad humana, allanando el camino para una praxis psicoanalítica más sintonizada y receptiva. La integración de lo real en el trabajo clínico va más allá del simple reconocimiento de su existencia; requiere cultivar un modo reflexivo de interacción en el que el analista se mantenga alerta ante la continua intrusión de lo real en el espacio analítico. Desarrollar una conciencia de cómo lo real permea el encuentro clínico permite a los profesionales gestionar la incertidumbre y la ambigüedad con humildad y apertura, reconociendo que algunas facetas de la experiencia humana pueden desafiar la comprensión racional. Este proceso invita a una reconfiguración dinámica de la relación terapeuta-paciente, que prospera en la disposición a interactuar con las dimensiones inasibles de la vida psíquica. Como tal, las representaciones de lo real en la práctica psicoanalítica invitan a los analistas a poner en primer plano la receptividad, la sintonía y la reverencia hacia los aspectos insondables de la subjetividad humana.

5. Desafíos en el compromiso con lo real:

Abordar el concepto de lo real en la práctica psicoanalítica presenta numerosos desafíos que los profesionales deben afrontar. Una de las principales dificultades reside en la naturaleza misma de lo real: como bien lo planteó Lacan, lo real es inherentemente elusivo y resistente a la simbolización. Esta resistencia fundamental supone un reto significativo para los analistas que buscan comprender y trabajar con las realidades subyacentes de las experiencias de sus pacientes. Además, el mero intento de representar lo real conduce inevitablemente a su distorsión, ya que trasciende las limitaciones lingüísticas y conceptuales.

Otro desafío clave surge de la ardua tarea de distinguir entre lo real y su imbricación con lo Imaginario y lo Simbólico. Dado que estas tres dimensiones están inextricablemente entrelazadas, desentrañar lo real puro de su interacción con los demás registros psíquicos es una tarea compleja y delicada. Además, lo real a menudo se manifiesta a través de fenómenos que desafían los modos tradicionales de comprensión racional, lo que lo convierte en un aspecto enigmático y desconcertante de la subjetividad humana.

Los profesionales también se enfrentan al reto de integrar eficazmente en su práctica clínica las perspectivas obtenidas del encuentro con lo real. El potencial transformador de interactuar con lo real exige una reevaluación de los enfoques terapéuticos convencionales, lo que exige una comprensión matizada de cómo lo real altera y reconfigura los paradigmas terapéuticos establecidos. Además, no pueden pasarse por alto las consideraciones éticas que rodean la revelación de lo real en contextos clínicos, ya que tales encuentros pueden provocar una profunda conmoción existencial tanto para el analista como para el analizando.

Otro obstáculo crucial surge de las inevitables limitaciones del lenguaje y el discurso para captar la esencia de lo real. El lenguaje, al estar arraigado en el orden simbólico, oculta inherentemente la cruda intensidad de la experiencia real, evocando una tensión entre articular lo inefable y reconocer su inherente resistencia a la representación. Este impasse lingüístico plantea preguntas críticas sobre la comunicabilidad de lo real y las posibles distorsiones que impone el propio acto de verbalizarlo.

La influencia generalizada de las construcciones culturales y sociales añade mayor complejidad a la interacción con lo real. La forma en que las normas y expectativas socialmente construidas moldean los encuentros de los individuos con lo real ejemplifican las interconexiones entre las dimensiones personal y colectiva de la existencia humana, añadiendo capas de complejidad al ya laberíntico terreno de lo real.

6. Fundamentos filosóficos de lo real:

La noción de lo real se entrelaza con indagaciones fundamentales que han preocupado a filósofos de todas las civilizaciones y épocas, invitando a un diálogo interdisciplinario que enriquece su comprensión. Desde las antiguas reflexiones metafísicas sobre la naturaleza de la realidad hasta las contemplaciones existenciales sobre la autenticidad y la existencia, el entramado filosófico que teje en torno a lo real encarna una rica reserva de discurso intelectual. Dentro de esta red de ideas, la conceptualización de lo real por parte de Lacan resuena con diversos paradigmas filosóficos, ofreciendo una perspectiva a través de la cual abordar preguntas perennes sobre la conciencia, la percepción y la verdad humanas. En el centro de esta indagación se encuentra la delimitación ontológica de lo real, a diferencia de lo Simbólico y lo Imaginario. Partiendo de las tradiciones fenomenológicas, lo real requiere un alejamiento de la representación y el lenguaje, evocando consideraciones sobre la experiencia vivida, la encarnación y las dimensiones inefables del ser. Las indagaciones existencialistas sobre la subjetividad y la aprehensión del mundo externo convergen con las perspectivas lacanianas, apuntando a las profundas implicaciones de lo real para la identidad individual y los encuentros intersubjetivos. Además, las tensiones dialécticas inherentes al encuentro con lo real evocan resonancias con el pensamiento hegeliano, incitando a la reflexión sobre la fluida interacción entre ausencia y presencia, negación y afirmación. Estas exploraciones sirven para iluminar las maneras en que lo real altera los modos convencionales de comprensión, desestabilizando marcos arraigados y exigiendo una reorientación de las concepciones filosóficas. Asimismo, los compromisos con lo real resuenan con las interrogaciones postestructuralistas sobre el poder, el conocimiento y el discurso. En intersección con los análisis foucaultianos del funcionamiento del poder dentro de los sistemas de representación, Lo real de Lacan revela las fracturas y aporías en las formaciones discursivas, insinuando las disrupciones que rompen el tejido del orden simbólico. Es dentro de estos espacios liminales donde se despliega el significado filosófico de lo real, alimentando un terreno expansivo de investigación que resuena mucho más allá de los confines del discurso psicoanalítico.

7. El papel de lo real en el diagnóstico lacaniano:

En el diagnóstico lacaniano, el concepto de lo real ejerce una profunda influencia en el proceso psicoanalítico. Fundamentado en la trama de la teoría lacaniana, lo real sirve como piedra angular conceptual, trascendiendo la mera abstracción teórica para impregnar las experiencias vividas tanto de analistas como de analizandos. Requiere una exploración matizada para descifrar sus implicaciones dentro de los marcos diagnósticos.

Un aspecto central del enfoque diagnóstico de Lacan es el reconocimiento de las limitaciones del lenguaje y el simbolismo para encapsular la totalidad de la subjetividad humana. A diferencia de lo Simbólico y lo Imaginario, imbuidos de elementos representacionales, lo real se resiste a la simbolización y permanece más allá de la captura lingüística. Su esencia indescriptible plantea un desafío formidable para los clínicos que buscan interactuar con los aspectos crudos e inmediatos de la psique de sus pacientes. Como tal, lo real impulsa una reconfiguración de los paradigmas diagnósticos tradicionales, exigiendo un alejamiento de los métodos interpretativos convencionales para abordar el terreno enigmático de las realidades subjetivas.

En el diagnóstico lacaniano, lo real funciona como una brújula elusiva pero indispensable, que dirige la investigación clínica hacia las profundidades inexploradas del inconsciente. Desmantela la fachada ilusoria construida por lo Imaginario y perturba la apariencia de orden perpetuada por lo Simbólico, desentrañando la disonancia inherente y las verdades inefables que sustentan la existencia humana. El encuentro del clínico con lo real genera una reorientación transformadora, invitando a una reconsideración radical de las certezas asumidas y las interpretaciones arraigadas.

La naturaleza impalpable de lo real confronta a los profesionales clínicos con las expresiones sin filtro del trauma, el deseo y la angustia existencial que evaden la articulación simbólica. Esta exposición a la esencia pura del sufrimiento humano exige una sintonización atenta con las señales no verbales, las resonancias afectivas y las manifestaciones somáticas que emanan de lo real. Obliga a los profesionales clínicos a adoptar una postura receptiva que trasciende el diálogo verbal, fomentando un entorno donde lo indecible pueda encontrar resonancia y validación dentro del espacio terapéutico.

En consecuencia, la integración clínica de lo real exige una recalibración de la sensibilidad diagnóstica, lo que insta a los profesionales a sintonizarse con precisión con las perturbaciones y aporías inquietantes que surgen en el encuentro terapéutico. Esto implica alejarse del reduccionismo diagnóstico, evitando la tentación de confinar prematuramente fenómenos psíquicos complejos en taxonomías familiares o categorías predefinidas. En cambio, invita a aceptar la incertidumbre y a abrirse a las revelaciones latentes que ofrece la confrontación con la inefable magnitud de lo real.

En definitiva, el papel de lo real en el diagnóstico lacaniano se despliega como una odisea transformadora, que genera un reconocimiento humilde de la alteridad irreductible y la autenticidad primordial inherentes al universo subjetivo de cada analizante. Abrazar lo real invita a los clínicos a recorrer los espacios liminales de la experiencia humana, trazando un camino a través de los terrenos inexplorados de la disrupción psíquica y la vulnerabilidad existencial. Con sus profundas implicaciones para la praxis clínica, lo real emerge como una fuerza potente que impulsa la continua evolución del diagnóstico lacaniano, redefiniendo los contornos del compromiso terapéutico y enriqueciendo la comprensión humana.

8. Implicaciones para la práctica clínica:

Las implicaciones del concepto lacaniano de lo real para la práctica clínica son múltiples, ya que este componente fundamental de la subjetividad humana tiene un peso significativo en el tratamiento psicoanalítico. Quizás una de las implicaciones más profundas resida en el reconocimiento de la presencia omnipresente de lo real en la psique del paciente, que a menudo se manifiesta como traumas no expresados ni procesados, y conflictos no resueltos. Reconocer el impacto de lo real en la experiencia subjetiva del analizando es crucial para el analista, ya que dirige la atención a los factores subyacentes que influyen en los síntomas, las conductas y las relaciones interpersonales del individuo.

La visión lacaniana de lo real exige una comprensión más amplia de la resistencia en el ámbito clínico. Lo real, caracterizado por su resistencia a la simbolización, desafía el enfoque terapéutico convencional, requiriendo un marco matizado para abordar lo indecible e inaccesible dentro de la estructura psíquica del paciente. Los terapeutas deben gestionar este territorio inexplorado con sensibilidad y delicadeza, fomentando la reevaluación de las técnicas e intervenciones tradicionales que podrían no abordar adecuadamente el profundo impacto de lo real.

Asumir las implicaciones de lo real en la práctica clínica implica redefinir la naturaleza de la transferencia terapéutica. La influencia disruptiva de lo real en el orden simbólico a menudo se manifiesta en comunicaciones no verbales cargadas de afecto, alterando la dinámica de la transferencia y la contratransferencia. Comprender cómo lo real permea estas dinámicas relacionales permite una comprensión más completa de los procesos inconscientes del paciente, arrojando luz sobre aspectos de su mundo interno que de otro modo permanecerían ocultos.

En un sentido más amplio, las implicaciones de lo real trascienden los confines del consultorio, resonando en las dimensiones socioculturales y políticas del psicoanálisis. El reconocimiento de lo real impulsa un examen crítico de los constructos sociales, las diferencias de poder y las injusticias sistémicas, instando a los profesionales a considerar el contexto sociopolítico más amplio en el que se encuentran sus pacientes. Esto requiere una reorientación de la práctica clínica que reconozca la interseccionalidad de las experiencias del paciente y la potente influencia de lo real en sus realidades vividas.

En última instancia, abordar las implicaciones de lo real subraya la necesidad de una constante reflexividad y autointerrogación dentro de la díada terapéutica. Al reconocer las complejidades de lo real y sus implicaciones para el trabajo clínico, los terapeutas se ven impulsados a un compromiso más profundo con las complejidades de la subjetividad humana, allanando el camino para procesos de sanación más holísticos y profundos.

El papel del goce en los tres órdenes

1. Introducción:

El goce, concepto central del psicoanálisis lacaniano, desgarra la comprensión tradicional del placer. Trasciende la mera búsqueda de la satisfacción hedonista descrita en el Principio del Placer de Freud, adentrándose en un ámbito enigmático marcado por el exceso e incluso el dolor. Al profundizar en las complejidades del goce, uno se aventura en un viaje que desestabiliza los paradigmas psicológicos convencionales e invita a la exploración de los deseos intrínsecos que operan más allá de la cognición consciente. Esta perspectiva invita a alejarse de la dicotomía convencional entre placer y displacer. En cambio, introduce una comprensión matizada de las experiencias subjetivas que existen en los intersticios del deleite y la angustia, trascendiendo los límites conceptualizados en el Principio del Placer. El goce altera el equilibrio establecido postulado por la inclinación a la búsqueda del placer destacada en la teoría freudiana, pues abarca un terreno donde la gratificación se cruza con la incomodidad de maneras intrincadas. Al desentrañar esta compleja interacción, las personas comprenden la naturaleza elusiva de sus aspiraciones y las tensiones subyacentes que marcan la experiencia humana. Dentro de este paradigma, se encuentra una dialéctica inexplorada entre el goce y el sufrimiento que desafía las binarias simplistas del placer y el dolor, exigiendo una recalibración de los marcos perceptuales. Discernir los inescrutables contornos del goce requiere reconocer sus dimensiones multifacéticas, lo que provoca una interrogación sobre la esencia misma del placer. Al embarcarnos en esta expedición, se vuelve imperativo explorar los pasillos del deseo humano, expandiendo nuestra conciencia para abarcar los inconmensurables matices que trascienden las comprensiones tradicionales de la gratificación. Imperceptible para el ojo inexperto, el fenómeno del goce desenreda un rico tapiz de emociones humanas que elude la linealidad que sustenta el Principio del Placer. Por lo tanto, nos corresponde reconocer las profundas implicaciones inherentes a aventurarnos "más allá del placer", abrazando el inquietante atractivo del goce que anuncia un alejamiento de los modos convencionales de investigación psicológica.

2. El goce en el orden simbólico - La ley y sus transgresiones:

En la teoría lacaniana, el goce dentro del orden simbólico se entrelaza con el concepto de ley y transgresiones. El orden simbólico constituye el ámbito del lenguaje, la cultura y las normas sociales: la red de significantes que gobiernan la subjetividad humana. Aquí, el goce se entrelaza con las restricciones y regulaciones impuestas por la ley, constituyendo una compleja interacción entre el deseo y sus mecanismos reguladores.

Lacan postula que el orden simbólico impone un conjunto de leyes y reglas que delimitan los límites del deseo individual. El goce, como forma de exceso más allá del placer, a menudo surge como un espacio de transgresión de estas leyes simbólicas. Encarna una experiencia excesiva y abrumadora que seduce y aterroriza al sujeto. La búsqueda del goce puede, por lo tanto, conducir a conflictos con las normas sociales, las restricciones éticas y los códigos de conducta aceptados, dando lugar a lo que Lacan denomina «el lado oscuro de la ley».

El goce en el orden simbólico se vincula con la noción de carencia. La búsqueda incesante de goce surge de esta carencia inherente, perpetuando un ciclo de deseo y frustración. Los individuos buscan llenar este vacío por diversos medios, a menudo recurriendo a conductas transgresoras en un intento de romper los límites impuestos por la ley simbólica. La exploración lacaniana del goce revela su naturaleza paradójica: es a la vez fuente de placer y causa de sufrimiento, existiendo en la intersección de la aceptación y el desafío del orden simbólico.

El orden simbólico construye un marco de lenguaje y significantes que configura la identidad y los deseos del sujeto. El goce, en este contexto, altera la estructura lingüística y desafía los significados establecidos, generando momentos de ruptura y disonancia. El acto mismo de articular el goce implica necesariamente una desestabilización del edificio simbólico, empujando al sujeto hacia territorios prohibidos donde se quebrantan las leyes y se rompen los tabúes.

3. El goce en el orden imaginario - Ilusiones y deseos:

Dentro del orden imaginario, el goce se manifiesta como una búsqueda constante de ideales inalcanzables, impulsando a los individuos a luchar por una plenitud o realización imaginaria que siempre está fuera de su alcance. En el núcleo del orden imaginario reside la formación del ego a través del estadio del espejo, donde la identidad individual se moldea mediante la identificación con imágenes y símbolos externos. En este marco, el goce emerge como un motor clave de la búsqueda incesante de autoimágenes idealizadas, lo que conduce a un ciclo perpetuo de deseo y anhelos insatisfechos.

4. El orden real y el goce - Encuentros con lo imposible:

En la teoría lacaniana, el concepto de goce se refiere a una forma compleja y a menudo enigmática de satisfacción, inextricablemente ligada a la imposibilidad. Lo real se caracteriza por su resistencia a la simbolización y la representación, lo que lo convierte en un terreno elusivo que escapa a la comprensión consciente. Dentro de este orden, el goce se experimenta como encuentros con lo imposible, donde el individuo lidia con los límites del lenguaje y el significado. La búsqueda del goce en lo real se caracteriza por una búsqueda incesante de gratificación inalcanzable, que trasciende los límites de las tendencias tradicionales de búsqueda del placer. Al interactuar con el panorama de lo real, nos encontramos con la naturaleza paradójica del goce, donde el anhelo de plenitud está intrínsecamente entrelazado con la experiencia de carencia e imposibilidad. Esta tensión da lugar a una forma única de satisfacción que desafía la lógica convencional, impulsando a los individuos a confrontar las deficiencias inherentes de las representaciones simbólicas. A través de ilustraciones clínicas y elaboraciones teóricas, la naturaleza enigmática del goce en lo real se hace palpable, ofreciendo una exploración profunda de las contradicciones y tensiones inherentes a la psique humana. Además, un análisis de la interacción entre el goce y lo real revela las complejidades del funcionamiento psíquico, iluminando las maneras en que los individuos negocian sus interacciones con lo inalcanzable y lo inexplicable. Al confrontar lo imposible en lo real, nos enfrentamos a la esencia misma de la subjetividad humana y a la búsqueda constante de plenitud, aun reconociendo las limitaciones inherentes.

5. Interconexiones entre tres órdenes:

El goce, a menudo descrito como una forma de disfrute excesivo o placer traumático, se manifiesta de forma diferente en cada uno de estos ámbitos; sin embargo, su influencia permea todo el panorama psicoanalítico. El enfoque dialéctico del goce facilita un examen exhaustivo de sus manifestaciones matizadas en los tres órdenes. Dentro del orden simbólico, el goce se intersecta con la ley y sus transgresiones, destacando la naturaleza paradójica del placer y la restricción. Esta intersección evoca cuestiones de deseo, prohibición y subversión, subrayando la compleja relación entre las normas sociales y la gratificación individual. Al adentrarse en lo imaginario, el goce se entrelaza con ilusiones y deseos. Aquí, encontramos los mecanismos de reflejo y las fantasías que configuran las experiencias subjetivas de placer, anhelo y anhelo insaciable. La yuxtaposición de autoimágenes idealizadas y la carencia subyacente contribuye a una red de goce dentro del orden imaginario. Al adentrarnos en el orden real, los encuentros con el goce se adentran en lo imposible. Este ámbito revela las experiencias crudas e inmediatas que trascienden las representaciones simbólicas y las construcciones imaginarias. El goce en lo real expone la tensión inherente entre la búsqueda de la dicha inalcanzable y la inquietante confrontación con los límites de la representación. Es en los intersticios de estos tres órdenes que el enfoque dialéctico ilumina la interacción dinámica del goce, ofreciendo una exploración profunda de la subjetividad humana y su entrelazamiento con el placer y el dolor. A través de esta lente, la naturaleza elusiva del goce se encapsula en un marco que reconoce las complejidades de la vida psíquica, invitando a una mayor indagación e introspección. El enfoque dialéctico del goce no solo desenreda sus hilos entrelazados, sino que también subraya su relevancia para descifrar las complejidades de la experiencia humana.

6. Interpretaciones culturales - Goce en la literatura y las artes:

La literatura, ámbito donde se representan conmovedoramente los matices de la experiencia humana, ofrece visiones perspicaces de las manifestaciones del goce. Desde la seducción de los placeres prohibidos en la ficción clásica hasta la exploración de deseos inalcanzables en la novela contemporánea, el tema del goce suele ser un elemento fundamental que configura el panorama narrativo. A través de un análisis profundo de obras maestras literarias selectas, desentrañamos la interacción entre la búsqueda del goce por parte de los personajes y los inevitables obstáculos que acompañan a estas búsquedas incansables.

Las artes, que abarcan los medios visuales, escénicos y cinematográficos, ofrecen un lienzo para la encarnación y representación del goce. Pinturas, esculturas y otras formas de arte visual capturan la esencia del goce mediante imágenes y simbolismo evocadores, invitando al espectador a contemplar la naturaleza enigmática del placer y el dolor. De igual manera, en el ámbito de las artes escénicas, la representación del goce en el escenario o la pantalla se convierte en una exploración fascinante de las emociones y vulnerabilidades humanas, reflejando la fascinación colectiva de la sociedad por las complejidades del placer y el sufrimiento.

Al explorar artefactos culturales que abarcan diversos contextos históricos y socioculturales, discernimos la sutil pero omnipresente presencia del goce como motivo que trasciende fronteras temporales y espaciales. Mediante un análisis minucioso de obras literarias, creaciones artísticas y producciones cinematográficas de renombre, nos esforzamos por esclarecer cómo el goce opera como motivo temático, revelando profundas perspectivas sobre la psique humana y las construcciones sociales.

7. Perspectivas de género sobre el goce - Complejidades femeninas y masculinas:

La teoría lacaniana postula que el goce no es simplemente una cuestión de placer o dolor, sino una forma más profunda de satisfacción que trasciende las nociones tradicionales de hedonismo. Al explorar la experiencia femenina del goce, resulta esencial considerar cómo las representaciones culturales y las normas sociales han influido en la construcción del deseo y la satisfacción femeninos. Asimismo, la experiencia masculina del goce se entrelaza con las expectativas sociales y la manifestación de dinámicas de poder. La conceptualización lacaniana del goce fálico y su relación con la identidad masculina arroja luz sobre la interacción entre el género y las experiencias psicoanalíticas. Además, a través de un análisis crítico del rol del Otro y su influencia en la construcción del goce, podemos discernir los matices con los que el género configura la experiencia subjetiva de este concepto fundamental.

8. Críticas y debates:

El goce lacaniano ha sido objeto de amplio debate y crítica en el discurso psicoanalítico contemporáneo, lo que refleja la evolución de la comprensión de la subjetividad y el deseo humanos. Una crítica predominante gira en torno a la naturaleza ambigua del goce, tal como lo postula Lacan. Algunos académicos argumentan que su abstracción lo vuelve demasiado elusivo para ser adecuadamente definido u operacionalizado en la práctica clínica. Este escepticismo a menudo surge de las dificultades inherentes a la traducción de los constructos teóricos en intervenciones terapéuticas tangibles. Los críticos también cuestionan la aplicabilidad universal del goce lacaniano, argumentando que su énfasis en el lenguaje y las estructuras simbólicas puede pasar por alto la diversidad de experiencias individuales y contextos culturales. Además, la dimensión de género del goce ha suscitado intensos debates, y algunos comentaristas destacan el marco predominantemente falocéntrico de Lacan y sus implicaciones para la comprensión de la subjetividad y el placer femeninos. Esta crítica subraya la necesidad de un enfoque inclusivo e interseccional del goce que reconozca las complejidades de la identidad de género y la orientación sexual. A pesar de estas críticas, los defensores de la teoría lacaniana contraatacan enfatizando el potencial transformador del goce para iluminar los procesos inconscientes y revelar los deseos reprimidos. Argumentan que la naturaleza enigmática del goce refleja las profundidades inagotables de la subjetividad humana, ofreciendo una perspectiva radical sobre los fenómenos psíquicos que trasciende los paradigmas tradicionales del placer. Además, los psicoanalistas contemporáneos han buscado integrar los conceptos lacanianos con los avances en neurociencia y estudios afectivos, con el objetivo de establecer bases empíricas para comprender el goce dentro de las redes neuronales del cerebro. Este diálogo interdisciplinario expande los horizontes del goce más allá de los debates puramente teóricos, fomentando una comprensión más matizada de sus fundamentos neurobiológicos e implicaciones clínicas. Como tal, el discurso contemporáneo sobre el goce lacaniano impulsa una reevaluación crítica de la praxis psicoanalítica y exige un enfoque integrador que concilie las elaboraciones teóricas con las demandas prácticas del compromiso terapéutico.

El otro'

1. Introducción:

El concepto del «Otro» encapsula dimensiones multifacéticas que trascienden la comprensión convencional de las entidades externas. Su definición representa un alejamiento de la percepción tradicional del «otro» como una mera entidad externa o un individuo independiente. Dentro de la teoría lacaniana, el «Otro» trasciende la mera alteridad, profundizando en la interacción entre la subjetividad, el lenguaje y el deseo. En esencia, el «Otro» encarna no solo el mundo externo al que uno se enfrenta, sino también el orden simbólico que define los parámetros de la experiencia humana. Además, encapsula los ideales e identificaciones internalizados que configuran la autoconcepción y la dinámica relacional. Esta conceptualización expansiva subraya la centralidad del «Otro» en la configuración de la subjetividad humana y destaca su papel fundamental en el desarrollo psíquico de los individuos. Asimismo, al dilucidar la relación dialéctica entre el Yo y el «Otro», Lacan introdujo una perspectiva revolucionaria que reformuló la esencia misma de la investigación psicoanalítica. Al comprender al «Otro» como fuerza constitutiva en la dinámica de la formación del sujeto, la teoría lacaniana subraya la interrelación intrínseca de la identidad con el entorno sociocultural más amplio. Al destacar al «Otro» como un constructo mediador a través del cual los sujetos se orientan en su trayectoria existencial, reconfigura los terrenos psicoanalíticos tradicionales, dotándolos de una dimensionalidad enriquecida. En consecuencia, esta comprensión integral expone la interconexión de la experiencia subjetiva con el «Otro», abriendo un terreno fértil para una exploración profunda de la formación de la identidad, el deseo y las relaciones intersubjetivas.

2. Contexto histórico y evolución:

El contexto histórico y la evolución del concepto del "Otro" dentro de la teoría lacaniana están profundamente arraigados en el ámbito intelectual de los discursos posestructuralistas y psicoanalíticos. A raíz del psicoanálisis freudiano, la reconsideración del "Otro" por parte de Jacques Lacan marcó un cambio fundamental en la comprensión de la subjetividad y la construcción de la realidad. Para comprender esta evolución, resulta fundamental explorar la interacción de Lacan con las corrientes lingüísticas y filosóficas que influyeron significativamente en su conceptualización del "Otro". El giro lingüístico de mediados del siglo XX, en particular las obras de Ferdinand de Saussure y Roman Jakobson, desempeñó un papel crucial en la configuración del pensamiento de Lacan sobre la dimensión simbólica del "Otro". Además, la influencia de la filosofía hegeliana, en particular la interacción dialéctica entre el Yo y el otro, proporcionó un terreno fértil para que Lacan desarrollara sus ideas sobre la subjetividad y la intersubjetividad. Además, la evolución de la teoría lacaniana en relación con el «Otro» puede rastrearse a través de las diversas fases de la obra de Lacan, desde sus primeros seminarios hasta sus escritos posteriores. La importancia evolutiva del «Otro» refleja la propia trayectoria intelectual de Lacan y el refinamiento de su marco teórico a lo largo del tiempo. A medida que la teoría lacaniana cobraba impulso en los ámbitos de la psicología, los estudios literarios y la teoría cultural, los académicos han profundizado en los fundamentos históricos e intelectuales del «Otro» dentro del discurso lacaniano. La aplicación de los conceptos lacanianos en diversos campos también ha contribuido a la continua evolución y reinterpretación del «Otro», reflejando el dinamismo inherente al pensamiento lacaniano.

3. El «Otro» en relación con el orden simbólico:

El «Otro» no es simplemente una entidad externa, sino que abarca una compleja red de marcos lingüísticos, culturales y sociales que configuran la identidad y la percepción individual. Dentro del Orden Simbólico, el «Otro» funciona como un repositorio de símbolos, normas y significantes compartidos que regulan las experiencias e interacciones humanas.

Al profundizar en el «Otro» en relación con el Orden Simbólico, es crucial reconocer que este constructo trasciende a los meros individuos y abarca constructos sociales más amplios. El Orden Simbólico, según Lacan, representa el entorno del lenguaje y la cultura, donde el «Otro» desempeña un papel central en la mediación de la subjetividad. A través del lenguaje y los sistemas simbólicos, los individuos interactúan con su existencia y construyen significado en el marco de la influencia del «Otro».

El «Otro», en relación con el Orden Simbólico, introduce nociones de autoridad, ley y dinámicas intersubjetivas. Esta interacción dinámica es esencial para comprender cómo los individuos internalizan las normas y expectativas sociales, a menudo conformándose inconscientemente a los dictados del «Otro». Así, el Orden Simbólico, a través de su conexión con el «Otro», se convierte en un espacio para la regulación de la conducta social y la formación de la subjetividad.

Lacan enfatiza que el «Otro» dentro del Orden Simbólico también infunde una sensación de carencia o incompletitud en el sujeto humano. Esta carencia inherente, derivada del reconocimiento del «Otro» como lugar de autoridad y conocimiento, impulsa a los individuos a buscar la identificación y el reconocimiento dentro del marco simbólico. En consecuencia, el «Otro» emerge como un determinante fundamental en el desarrollo del deseo y la identidad dentro del Orden Simbólico.

Cabe destacar que el «Otro» en el Orden Simbólico genera una relación dialéctica, mediante la cual los individuos se resisten y asimilan su influencia. Esta dialéctica conduce a la negociación de la agencia personal y la conformidad social, ya que los individuos buscan afirmar su subjetividad mientras se dejan moldear por las normas y convenciones prescritas por el «Otro». Dichas negociaciones revelan la dinámica de poder inherente a la función del «Otro» dentro del Orden Simbólico.

4. Imaginario versus simbólico - El doble aspecto del «otro»:

El «Otro» simbólico representa el entorno del lenguaje, la ley y las normas sociales que estructuran nuestra comprensión de la realidad y rigen nuestras interacciones. Es a través del «Otro» simbólico que los individuos llegan a reconocerse como entidades separadas dentro del marco social más amplio. Este reconocimiento es fundamental en el desarrollo de la subjetividad, ya que sienta las bases para la formación de la propia identidad. Por el contrario, el «Otro» imaginario emana de la percepción, la imaginería y las representaciones idealizadas. Encarna el aspecto especular de la experiencia humana, donde los individuos construyen su autoimagen y sus deseos mediante la identificación con otros e imágenes internalizadas. El «Otro» imaginario desempeña un papel crucial en la formación del ego y las tendencias narcisistas, ya que los individuos se esfuerzan por alinearse con reflejos idealizados. Sin embargo, esta idealización a menudo conduce a percepciones erróneas y a la alienación del Yo verdadero. Comprender la dualidad del «Otro» arroja luz sobre la dinámica de las relaciones sujeto-objeto dentro del marco lacaniano. Subraya la presencia simultánea de influencias sociales externas y proyecciones psicológicas internas en la configuración de las identidades individuales. Además, la interacción entre el «Otro» simbólico e imaginario revela las tensiones y contradicciones inherentes a la constitución de la subjetividad. Al profundizar en el doble aspecto del «Otro», comprendemos las complejidades de la subjetividad humana y la sutil interacción entre las estructuras sociales y los procesos psicológicos internos.

5. La subjetividad y el papel del «otro»:

Al centrarnos en el papel del «Otro» en la formación de la subjetividad, profundizamos en la esencia del psicoanálisis lacaniano y sus implicaciones para la comprensión de la psique humana. El «Otro» es un constructo fundamental en la formación de la subjetividad, ya que representa las fuerzas externas que influyen en la propia identidad. Desde la perspectiva de la teoría lacaniana, la subjetividad no se concibe como una entidad autónoma e independiente, sino como algo que se construye dinámicamente en relación con el «Otro». Este aspecto relacional sustenta la interacción entre el individuo y el mundo externo, destacando el profundo impacto de las dinámicas sociales y culturales en la formación de la subjetividad. Como tal, el «Otro» se convierte en un mediador esencial en la constitución de la propia identidad y experiencia subjetiva. Además, el «Otro» opera dentro del orden simbólico, contribuyendo a la internalización de las normas sociales, el lenguaje y los ideales culturales que configuran la subjetividad individual. Lacan postula que el «Otro» actúa como un depósito de significados y significantes que los individuos utilizan para estructurar su comprensión del Yo y de la realidad. Esta apropiación de los recursos simbólicos del «Otro» sirve para afianzar el sentido de identidad y proporciona un marco para transitar las complejidades de la existencia. Además, el «Otro» desempeña un papel fundamental en el desarrollo del deseo y la construcción de representaciones lingüísticas y simbólicas. Es a través del «Otro» que los individuos acceden al registro simbólico, estableciendo así un marco para articular y expresar sus deseos dentro de las limitaciones del lenguaje y las normas sociales. Esta interdependencia entre la subjetividad y el «Otro» subraya la naturaleza dinámica y compleja de la experiencia humana, elucidando el profundo impacto de las influencias externas en la constitución del Yo.

6. El «Otro» como espejo:

En el marco lacaniano, el concepto del «Otro» está profundamente entrelazado con la experiencia individual del lenguaje y el deseo. El «Otro» funciona como un espejo profundo a través del cual los individuos se perciben a sí mismos y su lugar dentro del orden simbólico. Este proceso de reflejo ocurre tanto en el lenguaje como en el deseo, desempeñando un papel fundamental en la formación de la subjetividad y la identidad.

El lenguaje, como sistema construido por el «Otro», funciona como un mecanismo reflexivo mediante el cual los individuos forman su identidad. Los símbolos y significantes lingüísticos proporcionados por el «Otro» no solo facilitan la comunicación, sino que también median la comprensión que el sujeto tiene de su propia identidad. Así, el «Otro» se convierte en el agente a través del cual los individuos internalizan e interactúan con el orden simbólico, influyendo en última instancia en su autopercepción y su relación con el mundo exterior.

El «Otro» refleja los deseos del sujeto, lo que constituye un aspecto crucial del psicoanálisis lacaniano. Los deseos del sujeto se entrelazan inevitablemente con los deseos percibidos del «Otro», lo que da lugar a una compleja interacción que influye en las aspiraciones y la sensación de plenitud del individuo. El «Otro» actúa como un espejo donde se reflejan y moldean los deseos del sujeto, impactando profundamente su comprensión de lo que se valora y se busca en el contexto social y cultural.

Esta función reflexiva del «Otro» trasciende al individuo, permeando las dinámicas sociales y las estructuras de poder. El proceso de reflejo inherente al lenguaje y al deseo perpetúa ciertas normas, valores e ideologías sancionadas por el «Otro», configurando así las identidades colectivas y las estructuras sociales. Como tal, el «Otro» actúa como una fuerza reflexiva que no solo moldea las subjetividades individuales, sino que también contribuye a la construcción y el fortalecimiento de marcos sociales más amplios.

Sin embargo, en esta relación de reflejo reside el potencial de resistencia y subversión. Los individuos pueden desafiar las reflexiones presentadas por el «Otro», lo que lleva a reconfiguraciones de la identidad y el deseo que se apartan de las normas establecidas. Esta tensión dinámica entre conformidad y resistencia subraya la naturaleza multifacética del «Otro» como espejo, demostrando su capacidad tanto para consolidar como para desestabilizar los cimientos de la identidad y el deseo dentro del marco lacaniano.

7. Interacción entre el «otro» y la formación de la identidad:

Al comprender esta relación, se hace evidente que el «Otro» actúa como un determinante crucial en la construcción de las subjetividades individuales. Desde la perspectiva del psicoanálisis lacaniano, el «Otro» funciona como una fuerza dinámica que moldea e influye en el desarrollo del sentido de identidad de un individuo.

En el marco lacaniano, la formación de la identidad está intrínsecamente ligada al reconocimiento e internalización de influencias externas, principalmente provenientes del «Otro». Este proceso se desarrolla dentro del orden simbólico, donde el lenguaje y las normas sociales actúan como canales para la transmisión de paradigmas culturales, familiares e ideológicos. Los individuos se orientan dentro de la red simbólica asimilando las percepciones y expectativas que el «Otro» proyecta sobre ellos, contribuyendo así a la continua negociación de sus propias identidades.

El «Otro» actúa como un agente crucial en el establecimiento de roles y normas sociales, ejerciendo así una influencia considerable en la forma en que los individuos se perciben a sí mismos y son percibidos por los demás. La mediación de las expectativas sociales, los códigos morales y los valores culturales por parte del «Otro» configura significativamente los contornos de la identidad individual. El énfasis de Lacan en el papel del «Otro» ilustra que la autopercepción y el posicionamiento social están intrínsecamente interconectados, lo que subraya la naturaleza relacional de la identidad.

La formación de la identidad, tal como se interpreta en el discurso lacaniano, no es únicamente un proceso impulsado internamente, sino que está fundamentalmente entrelazado con las reflexiones externas recibidas del «Otro». La compleja dinámica entre la autopercepción y la validación externa es fundamental para comprender el entramado de la construcción de la identidad. El «Otro» funciona como un espejo a través del cual los individuos encuentran y negocian sus propias imágenes, discerniéndose a sí mismos en la red de expectativas, deseos y constructos lingüísticos sociales.

La teoría lacaniana postula que el «Otro» no se limita a reflejar identidades preexistentes, sino que participa activamente en su constitución continua. A medida que los individuos interactúan con los dictados del «Otro», participan en un proceso continuo de negociación de la identidad, oscilando entre la conformidad y la resistencia. Esta interacción dialéctica perpetúa la naturaleza en constante evolución de la construcción de la identidad, cuestionando las concepciones estáticas de la identidad y destacando la indispensable participación del «Otro» en esta formación iterativa.

Para comprender plenamente las complejidades de la formación de la identidad en el paradigma lacaniano, es necesario desentrañar cuidadosamente la intrincada relación entre el «Otro» y la constitución de subjetividades. Esta interacción trasciende la mera introspección, adentrándose en negociaciones intersubjetivas y enredos sociales. En última instancia, el «Otro» emerge como un eje central en torno al cual se despliega el tejido de las identidades individuales y colectivas, lo que requiere un análisis detenido y una elucidación teórica.

8. El «Otro» y su influencia en las estructuras sociales:

En la teoría lacaniana, las estructuras sociales están intrínsecamente entrelazadas con la dinámica del «Otro», desempeñando un papel crucial en la configuración de la subjetividad individual y las normas sociales. El concepto del «Otro» trasciende las interacciones individuales para impregnar el tejido de las instituciones sociales, las jerarquías y las dinámicas de poder. En los contextos sociales, el «Otro» actúa como una fuerza fundamental al delinear las fronteras entre el Yo y el otro, cultivar un sentido de pertenencia o alienación e influir en los comportamientos colectivos. Al analizar la interdependencia entre el «Otro» y las estructuras sociales, surge una comprensión más profunda de las complejidades inherentes a las comunidades humanas.

El «Otro» opera como una presencia implícita que informa paradigmas culturales, códigos éticos y estándares normativos dentro de las comunidades. Transmite un conjunto de expectativas y normas implícitas que dictan comportamientos, creencias e identidades aceptables. En consecuencia, los individuos interactúan con estas expectativas sociales y construyen sus identidades en relación con el «Otro». Mediante mecanismos de reconocimiento y desconocimiento, el «Otro» moldea el entorno social perpetuando ciertos ideales y marginando a otros.

La influencia del «Otro» se manifiesta en el establecimiento de jerarquías sociales y diferenciales de poder. Da origen a sistemas de privilegio y opresión arraigados en las instituciones sociales, perpetuando la distribución desigual de recursos, oportunidades y autonomía. En consecuencia, el «Otro» desempeña un papel fundamental en el mantenimiento y la reproducción de las desigualdades sociales, a menudo reforzando las narrativas dominantes y suprimiendo las voces marginadas. Esta compleja interacción entre el «Otro» y las estructuras sociales pone de relieve su impacto transformador en las dinámicas de poder social y la conciencia colectiva.

La teoría lacaniana incita a reflexiones críticas sobre las implicaciones del «Otro» en las estructuras sociales, instando a cuestionar las relaciones de poder y los marcos normativos subyacentes. Al arrojar luz sobre las funciones represivas y reguladoras del «Otro», esta perspectiva expone cómo las estructuras sociales imponen la conformidad y moldean las subjetividades individuales. Además, invita a reevaluar los discursos y prácticas sociales predominantes, impulsando el análisis de los prejuicios y sesgos ocultos que se encuentran arraigados en las normas sociales.

En esencia, la influencia generalizada del «Otro» en las estructuras sociales subraya la red de influencias que sustentan los comportamientos colectivos, las dinámicas de poder y las construcciones identitarias dentro de las sociedades. Comprender las sutiles interconexiones entre el «Otro» y las estructuras sociales abre caminos para el análisis crítico y las intervenciones transformadoras que fomenten marcos sociales más inclusivos y equitativos.

9. Críticas y reinterpretaciones del «Otro» lacaniano:

Las críticas y reinterpretaciones del concepto lacaniano del "Otro" han sido fundamentales para moldear el discurso contemporáneo dentro y fuera del psicoanálisis. Al profundizar en este análisis crítico, se hace evidente que académicos y profesionales han planteado inquietudes válidas respecto a las limitaciones y la aplicabilidad de la concepción lacaniana del "Otro". Una crítica destacada gira en torno a la visión algo rígida y determinista de Lacan sobre el "Otro" dentro del orden simbólico. Los críticos argumentan que esta representación ignora las complejidades matizadas de las experiencias y la agencia individual, eclipsando potencialmente la diversidad de realidades subjetivas. Además, algunos académicos han destacado la naturaleza binaria de la delimitación lacaniana entre el "Otro" y el Yo, sugiriendo que estas divisiones tan claras podrían no captar adecuadamente las complejidades de las relaciones humanas y las dinámicas socioculturales. A la luz de estas críticas, han surgido diversas reinterpretaciones que buscan refinar y ampliar el marco original de Lacan. Por ejemplo, los pensadores psicoanalíticos contemporáneos han propuesto comprensiones más relacionales y contextuales del "Otro", enfatizando la interconexión y la constitución mutua de subjetividades. Además, la intersección de perspectivas de la teoría feminista, poscolonial y queer ha impulsado reevaluaciones del "Otro" como entrelazado con diferenciales de poder, construcciones sociales e identidades interseccionales. Estos diálogos interdisciplinarios han enriquecido el discurso sobre el "Otro" al poner en primer plano cuestiones de diversidad, inclusión y justicia social dentro del paradigma lacaniano. Más allá del ámbito académico, los profesionales clínicos también han contribuido a la reimaginación del "Otro" a través de sus perspectivas experienciales e innovaciones terapéuticas. Al involucrarse críticamente con los conceptos de Lacan, los terapeutas han desarrollado enfoques más personalizados e inclusivos que reconocen la multidimensionalidad del "Otro" en la relación terapéutica. Además, se han subrayado las implicaciones éticas del «Otro» en la práctica de la salud mental, lo que ha dado lugar a debates reflexivos sobre la competencia cultural, la empatía y la deconstrucción de las normas hegemónicas. Estas colaboraciones y reinterpretaciones interdisciplinarias reflejan un compromiso dinámico con la teoría lacaniana, demostrando su continua relevancia y adaptabilidad en los cambiantes panoramas sociales, culturales y clínicos.

Falta y deseo

1. La noción lacaniana de falta:

En la teoría de Lacan, la noción de carencia ocupa un lugar central para comprender la subjetividad y el deseo humanos. Con raíces en la tradición psicoanalítica, la carencia no es simplemente una ausencia o un vacío, sino un componente fundamental que configura las experiencias y motivaciones individuales. En esencia, la carencia se extiende más allá de lo tangible y lo material; opera dentro de marcos simbólicos e imaginarios, ejerciendo una profunda influencia en la construcción de la identidad y el deseo humanos. La conceptualización lacaniana de la carencia surge como un concepto fundamental que sustenta la estructura del inconsciente y dilucida las complejidades del deseo humano. Para comprender plenamente la importancia de la carencia en la teoría lacaniana, es esencial profundizar en sus múltiples conceptualizaciones e implicaciones. En primer lugar, la carencia se vincula con la formación del sujeto dentro del orden simbólico. Significa la incompletitud y fragmentación inherentes que caracterizan la existencia humana. En lugar de percibir la carencia como un mero déficit, Lacan la postula como un elemento fundamental que impulsa a los individuos a buscar la plenitud y la plenitud. Esta interacción dialéctica entre la carencia y el deseo constituye la base del psicoanálisis lacaniano, iluminando la naturaleza compulsiva de los deseos humanos, impulsados por la búsqueda perpetua de llenar el vacío engendrado por la carencia. Además, la carencia se extiende más allá de la subjetividad individual y permea el entorno social y cultural, moldeando ideologías y aspiraciones colectivas. El énfasis de Lacan en la carencia como condición universal subraya su omnipresencia en las estructuras sociales y la construcción de significado.

Al examinar el papel de la carencia en los discursos sociales y los imaginarios colectivos, la teoría lacaniana ofrece perspectivas perspicaces sobre las dinámicas del poder, el lenguaje y las normas sociales. Además, la aprehensión de la carencia se extiende a la praxis clínica, donde los analistas interactúan con las complejas manifestaciones de la carencia en las narrativas de sus pacientes. Comprender cómo la carencia opera como impulso fundamental y fuente de descontento permite a los clínicos desentrañar las capas de conflicto inconsciente y deseos reprimidos, fomentando una comprensión más profunda de la experiencia subjetiva del paciente. De este modo, la carencia se revela como una piedra angular fundacional de la teoría lacaniana, permeando la subjetividad individual, los fenómenos colectivos y la práctica clínica con su influencia omnipresente.

2. El concepto de deseo de Lacan:

En la teoría lacaniana, el concepto de deseo trasciende las simples inclinaciones biológicas o instintivas. El deseo opera dentro de un marco complejo que abarca elementos tanto conscientes como inconscientes, lo que supone una desviación significativa de la comprensión convencional de las necesidades humanas. Fundamentalmente, la articulación del deseo por parte de Lacan refleja una desviación de los modelos psicoanalíticos tradicionales, ya que lo matiza no como una mera búsqueda de satisfacción, sino como una trayectoria elusiva moldeada por fuerzas lingüísticas y simbólicas.

En esta exploración es fundamental la diferenciación entre necesidad y deseo. Mientras que las necesidades priorizan imperativos biológicos cruciales para la supervivencia, el deseo se extiende más allá de estos requerimientos inmediatos e implica un anhelo por objetos inalcanzables, a menudo simbólicos. Esta divergencia subraya la naturaleza de la subjetividad humana, donde el deseo se entrelaza con el inconsciente, se arraiga en el lenguaje y se integra profundamente en el orden simbólico.

Desentrañar las múltiples capas del deseo exige reconocer su relación dialéctica con la carencia. Lacan postula que el deseo surge como respuesta a la carencia, permeando la estructura misma de la subjetividad humana. Este giro dilucida el perpetuo estado de incompletitud del deseo, eternamente ligado a una ausencia inherente ligada al inconsciente. En consecuencia, el deseo existe como una fuerza estructurante que configura las experiencias individuales y colectivas, generando la búsqueda incesante de significantes simbólicos que se extienden más allá de la dimensión tangible.

Profundizar en las concepciones lacanianas del deseo exige abordar el papel del Otro en su formación. La naturaleza del deseo se entrelaza con dinámicas intersubjetivas, donde la influencia del Otro impulsa la búsqueda de plenitud y reconocimiento del sujeto, manifestándose en diversos contextos interpersonales y sociales. Además, la conceptualización lacaniana del deseo subraya su entrelazamiento con los registros simbólicos e imaginarios, destacando su presencia omnipresente en diversos ámbitos de la experiencia.

Por lo tanto, explorar el deseo según las premisas lacanianas exige un discernimiento matizado que trasciende las interpretaciones simplistas. Requiere abordar las perturbaciones entre la falta, el lenguaje y las dinámicas sociales, reconociendo al mismo tiempo la esencia paradójica del deseo como fuerza impulsora y como construcción enigmática.

3. El papel del inconsciente en la carencia y el deseo:

La interacción entre la carencia y el deseo en la teoría lacaniana está intrínsecamente ligada al funcionamiento del inconsciente. Un aspecto central de la conceptualización de Lacan es la idea de que la carencia y el deseo no se basan únicamente en el pensamiento consciente o la toma de decisiones racional, sino que están profundamente arraigados en la psique inconsciente.

En la teoría lacaniana, el inconsciente es una esfera de deseos no reconocidos, recuerdos reprimidos y experiencias fragmentadas que ejercen una poderosa influencia en la percepción individual de carencia y la búsqueda del deseo. Lacan postula que es en este dominio inconsciente donde se inscriben las carencias, a menudo derivadas de experiencias de la primera infancia y de la formación del Yo. Por ello, las personas pueden albergar sentimientos inconscientes de inadecuación, incompletitud o anhelo que impulsan su interacción con diversos objetos de deseo. Ya sean posesiones materiales, reconocimiento social o relaciones íntimas, el inconsciente desempeña un papel fundamental en la configuración de la experiencia subjetiva de carencia y la búsqueda incesante de plenitud.

El inconsciente también sirve como el foco de los deseos y fantasías reprimidos que alimentan el ciclo perpetuo del deseo. La noción lacaniana del «deseo del Otro» se basa en la adopción inconsciente de normas, valores y expectativas sociales, que posteriormente configuran los deseos individuales. A través de los mecanismos de represión y desplazamiento, el inconsciente ejerce su influencia canalizando y distorsionando las expresiones conscientes del deseo, lo que a menudo conduce a manifestaciones enigmáticas y anhelos aparentemente inexplicables.

El inconsciente se vincula con la comprensión lacaniana del orden simbólico, donde el lenguaje y los significantes culturales moldean la percepción individual de la carencia y generan deseos específicos. El registro simbólico, mediado por el inconsciente, contribuye a la perpetuación de ideales y normas socialmente construidas, moldeando las aspiraciones y anhelos individuales de maneras que a menudo escapan a la conciencia. En consecuencia, el inconsciente se convierte en un reservorio de identificaciones simbólicas y demandas sociales internalizadas que sustentan la búsqueda individual del deseo, operando con frecuencia más allá del alcance de la introspección consciente.

En definitiva, el papel del inconsciente en la teoría lacaniana se extiende mucho más allá de los meros procesos psicológicos;

constituye la base para comprender la dinámica de la carencia y el deseo en la subjetividad humana. Al dilucidar la compleja interacción entre el inconsciente y estos conceptos fundamentales, la teoría lacaniana ofrece una perspectiva profunda a través de la cual desentrañar el enigmático entramado de la motivación, la aspiración y la realización humanas.

4. Manifestaciones de falta de subjetividad:

El concepto de carencia, o manque en la teoría lacaniana, tiene profundas implicaciones para la comprensión de la subjetividad humana. La carencia no es simplemente la ausencia de algo tangible; más bien, se refiere a una incompletitud fundamental que caracteriza la condición humana. En este contexto, la carencia no radica en ninguna privación material específica, sino que constituye un aspecto fundamental de la psique.

Lacan postula que la carencia propicia el deseo y proporciona el impulso para la interacción del sujeto con el mundo. Esta carencia no es solo subjetiva, sino que también está profundamente entrelazada con el orden simbólico. La sensación de carencia del sujeto está inextricablemente ligada al lenguaje y a los significantes culturales, configurando su identidad y autopercepción.

En el marco de la teoría lacaniana, las manifestaciones de carencia en la subjetividad son multifacéticas. Se evidencia en la búsqueda constante de objetos de deseo, ya sean posesiones materiales, reconocimiento social o satisfacción emocional. Esta búsqueda incesante surge del intento del individuo por llenar el vacío creado por la carencia, lo que a menudo conduce a ciclos de anhelo insaciable e insatisfacción.

La carencia opera a un nivel más profundo, permeando diversos aspectos de la experiencia del sujeto. Es la base de la dinámica de las relaciones humanas, ya que los individuos buscan la validación y la confirmación de los demás para aliviar su sensación de incompetencia. Esta búsqueda de afirmación externa funciona como un mecanismo compensatorio para mitigar la experiencia interna de carencia.

La carencia ejerce una influencia profunda en la formación de la identidad y la construcción del Yo. La autopercepción del sujeto está entrelazada con la conciencia de sus deficiencias, lo que alimenta las aspiraciones de superación personal y la adquisición de rasgos o atributos que se cree que alivian su sensación de carencia.

En el ámbito clínico, las manifestaciones de carencia en la subjetividad son fundamentales para comprender diversas psicopatologías. Trastornos como el narcisismo, la dependencia y la neurosis suelen reflejar respuestas matizadas a sentimientos subyacentes de carencia. Estas afecciones pueden considerarse mecanismos complejos de afrontamiento que las personas emplean para afrontar sus experiencias subjetivas de insuficiencia.

5. La interacción del deseo con lo simbólico y lo imaginario:

En el psicoanálisis lacaniano, el deseo no se limita a meros deseos o necesidades superficiales, sino que abarca un anhelo más profundo y elusivo que se extiende más allá de la conciencia del individuo.

En el marco lacaniano, el orden simbólico representa el entorno lingüístico, cultural y social que configura la comprensión individual del mundo. El deseo, en este contexto, se vincula con las estructuras lingüísticas y las maneras en que los individuos interactúan con el significado y la identidad dentro del ámbito simbólico. La mediación simbólica del deseo resalta cómo nuestros anhelos se ven influenciados y, a menudo, limitados por las convenciones sociales y los marcos lingüísticos, lo que evidencia el profundo impacto de los sistemas culturales y simbólicos en los deseos subjetivos.

La interacción del deseo con la dimensión imaginaria dilucida el papel de las imágenes, las fantasías y las representaciones idealizadas en la configuración del anhelo y la gratificación individual. Lo imaginario, caracterizado por la formación de la imagen del Yo y del Yo, proporciona un contexto crucial para comprender cómo el deseo a menudo se entrelaza con imágenes ilusorias y fantasías proyectadas. El énfasis de Lacan en la imbricación del deseo dentro de lo imaginario subraya la compleja relación entre las representaciones mentales internas y la búsqueda de la plenitud, a medida que los individuos negocian sus deseos a través de una lente de unidad percibida y visiones idealizadas.

Al explorar el nexo entre el deseo, lo simbólico y lo imaginario, se hace evidente que la teoría lacaniana ofrece una perspectiva privilegiada para comprender la naturaleza multifacética del anhelo humano. Esta perspectiva anima a clínicos y teóricos a cuestionar las maneras en que el deseo se entrelaza con el lenguaje, los constructos culturales y las invenciones imaginativas, configurando en última instancia las experiencias subjetivas y las dinámicas relacionales. Al discernir la interacción del deseo con lo simbólico y lo imaginario, los profesionales pueden cultivar una apreciación más profunda de los matices subyacentes de la motivación humana, allanando el camino para intervenciones terapéuticas más profundas y avances teóricos.

6. Implicaciones clínicas:

Abordar la carencia y el deseo requiere una profunda comprensión de sus dinámicas multifacéticas en la psique individual. Los terapeutas deben reconocer que la carencia es omnipresente en la experiencia humana, manifestándose como una sensación de incompletitud o incompetencia que sustenta los deseos. Es crucial reconocer que estos conceptos se entrelazan con la realidad subjetiva del individuo y tienen un profundo impacto en su bienestar psicológico.

Al abordar la carencia y el deseo en terapia, es fundamental crear un entorno propicio donde los pacientes se sientan seguros para expresar sus anhelos y frustraciones más profundos. Los terapeutas deben trabajar hábilmente la dialéctica entre los registros simbólicos e imaginarios para desentrañar las manifestaciones inconscientes de carencia y deseo. Al profundizar en el discurso del paciente, los terapeutas pueden identificar patrones de conductas sustitutivas o frustraciones repetidas que dilucidan los deseos subyacentes insatisfechos.

Las intervenciones terapéuticas dirigidas a abordar la carencia y el deseo deben incorporar una exploración matizada del contexto histórico y cultural del paciente. Comprender la influencia de las normas sociales, las dinámicas familiares y las experiencias personales es esencial para comprender la complejidad de la carencia y el deseo que se manifiesta en la vida de una persona. Mediante la escucha empática y la observación astuta, los terapeutas pueden descifrar las expresiones encubiertas de carencia y deseo presentes en las narrativas, sueños y fantasías del paciente.

El proceso terapéutico debe adoptar un enfoque multifacético que reconozca las complejidades de la carencia y el deseo. La integración de técnicas psicoanalíticas con estrategias cognitivo-conductuales puede ofrecer un marco integral para abordar las complejidades del deseo y la sensación subyacente de carencia. Mediante ejercicios introspectivos, recreaciones simbólicas y exploraciones imaginativas, los pacientes pueden comprender mejor sus deseos más profundos y confrontar la sensación subyacente de carencia que impregna su existencia.

También es esencial que los terapeutas se concienticen sobre las dimensiones éticas inherentes a abordar la carencia y el deseo. Defender los principios de confidencialidad, respeto y comprensión sin prejuicios es fundamental para fomentar una alianza terapéutica donde los pacientes se sientan empoderados para afrontar sus vulnerabilidades y aspiraciones. Además, promover la autorreflexión y la autocompasión en los pacientes puede catalizar procesos transformadores, permitiéndoles aceptar sus carencias mientras aspiran a la individualización y la plenitud.

El falo como significante central

1. Contexto histórico y evolución del concepto:

El concepto de falo como significante central en el pensamiento lacaniano ha evolucionado con el tiempo, influenciado por desarrollos históricos, culturales y filosóficos. Para comprender su importancia dentro de la teoría lacaniana, es esencial ahondar en el contexto histórico que moldeó su evolución. A partir de las primeras obras de Sigmund Freud, la noción de falo surgió inicialmente como un símbolo de poder y autoridad, representando el órgano masculino y el orden patriarcal. Sin embargo, la reinterpretación de Lacan de este concepto trascendió sus implicaciones literales y biológicas, transformándolo en un significante simbólico complejo dentro de la estructura psíquica. El compromiso de Lacan con la lingüística estructural, en particular las obras de Ferdinand de Saussure, jugó un papel fundamental en la configuración de su conceptualización del falo como una construcción lingüística en lugar de un órgano biológico. Al fundamentar su pensamiento en el movimiento estructuralista, Lacan amplió la comprensión del falo más allá de las definiciones anatómicas o específicas de género. Enfatizó el falo como un símbolo imbuido de significados sociales, culturales y psicológicos, que opera dentro del orden simbólico del lenguaje y la ley. Además, la influencia de la filosofía deconstructiva de Jacques Derrida impulsó a Lacan a contemplar la inestabilidad inherente y la multiplicidad de significados asociados con el falo, desafiando las interpretaciones esencialistas. Esta trayectoria histórica demuestra la transformación del falo, desde una representación simplista de la dominación masculina hasta un significante complejo, arraigado en la estructura de la subjetividad y el deseo humanos. La evolución del concepto refleja los cambios más amplios en los paradigmas intelectuales, alejándose del determinismo biológico hacia una comprensión más matizada de los sistemas simbólicos y las significaciones culturales.

2. El orden simbólico - El falo como significante:

Es esencial reconocer que, dentro del marco teórico del psicoanálisis lacaniano, el concepto de falo trasciende sus implicaciones literales o anatómicas. En cambio, sirve como representación simbólica del poder, la autoridad y la carencia en el inconsciente. El falo encapsula una compleja red de significados, y comprender su papel como significante en el orden simbólico es crucial para comprender los matices de la teoría lacaniana. Cuando hablamos del falo dentro del orden simbólico, profundizamos en las construcciones culturales y sociales que influyen en la formación de la subjetividad. Esto trasciende las consideraciones biológicas o anatómicas y se adentra en el ámbito del lenguaje, la ley y las normas sociales. El falo, por lo tanto, funciona como símbolo de autoridad y poder patriarcal, moldeando la dinámica del deseo y la carencia en el inconsciente. A través de asociaciones lingüísticas y simbólicas, el falo se entrelaza con nociones de estatus, dominio y jerarquías sociales. La redefinición lacaniana del falo lo sitúa como un poderoso significante que opera dentro de la estructura del lenguaje y el inconsciente. No se limita a la identidad masculina, sino que permea todo el panorama cultural y psicológico. El falo, como significante simbólico, ejerce su influencia mediante la imposición de normas y valores, lo que a menudo conduce a la perpetuación de estereotipos de género y diferencias de poder. Los académicos lacanianos enfatizan la importancia del falo como principio central y organizador del orden simbólico, donde estructura la relación del sujeto con el deseo y la carencia. Esta conceptualización arroja luz sobre la interacción entre el lenguaje, la cultura y las pulsiones inconscientes. Además, comprender el falo como significante permite una comprensión matizada de cómo los individuos interactúan con sus identidades y deseos dentro de los marcos sociales. Asimismo, la dimensión simbólica del falo subraya su trascendencia más allá de los cuerpos individuales, destacando su papel en la mediación de la formación del sujeto y la regulación de las relaciones sociales. A medida que exploramos las implicaciones del falo como significante, debemos considerar su impacto de largo alcance en la construcción del significado, la representación y la negociación de la realidad psíquica dentro del marco lacaniano.

3. La distinción entre falo simbólico, imaginario y real:

En la teoría lacaniana, el concepto de falo se extiende mucho más allá de su significado literal y biológico. Se convierte en un significante fundamental dentro del orden simbólico, representando poder, autoridad y una gama de otros significados simbólicos. El falo simbólico no se limita a la anatomía masculina, sino que opera como significante en el ámbito del lenguaje y la cultura. Representa una carencia, una ausencia que instiga el deseo y desempeña un papel crucial en la constitución del sujeto dentro de lo Simbólico. Más allá de lo simbólico, Lacan introdujo el falo imaginario, que se refiere a la identificación del individuo con la imagen o idea del falo. El falo imaginario se arraiga en apariencias, imágenes e identificaciones, lo que a menudo conduce a interpretaciones erróneas y malentendidos. Por último, el falo real ahonda en la dimensión no simbólica ni imaginaria, representando un aspecto elusivo e inefable de la existencia. Este falo real no está ligado a connotaciones anatómicas ni a simbolismos culturales, sino que encarna una sensación de realidad cruda e inmediata. Distinguir estas tres dimensiones del falo es esencial para comprender el sofisticado marco de Lacan y sus implicaciones para la práctica psicoanalítica. Mientras que el falo simbólico opera en el ámbito del lenguaje y la cultura, moldeando deseos inconscientes y formaciones de identidad, el falo imaginario se ocupa de los aspectos perceptuales y visuales de la representación, lo que a menudo da lugar a conceptos erróneos y distorsiones. En contraste, el falo real trasciende todas las representaciones simbólicas e imaginarias, apuntando hacia una verdad inasible que escapa a la comprensión lingüística y visual. Comprender las distinciones entre estas tres manifestaciones del falo ilumina la complejidad de la teoría lacaniana y ofrece una profunda comprensión de las complejidades de la subjetividad y el deseo humanos.

4. El falo en relación con la falta y el deseo:

El falo se erige como símbolo dentro del orden simbólico, representando el objeto inalcanzable del deseo. El concepto de carencia de Lacan está intrínsecamente ligado al falo, ya que representa la ausencia fundamental que impulsa el deseo humano. Esta carencia es universal y abarca a todos los individuos, trascendiendo las diferencias de género o biológicas. El falo, como significante simbólico, encarna esta carencia y se convierte en el punto focal del deseo, situado más allá de nuestro alcance. Sirve como recordatorio constante de un anhelo insatisfecho, perpetuando la búsqueda incesante de satisfacción. Este estado perpetuo de carencia y deseo constituye el núcleo del psicoanálisis lacaniano, moldeando las complejidades de la subjetividad y las relaciones humanas. Comprender el falo en relación con la carencia y el deseo permite una exploración profunda de las complejidades que subyacen al comportamiento y las motivaciones humanas. Además, reconocer el falo como una construcción simbólica, en lugar de una entidad anatómica literal, proporciona una perspectiva más inclusiva y matizada del deseo, liberándolo de las binariedades de género restrictivas y del determinismo biológico. Lacan desafía las nociones tradicionales de género y sexualidad al afirmar que el falo no es sinónimo de dominio o superioridad masculina. En cambio, el falo opera dentro del orden simbólico, ejerciendo una influencia penetrante en todos los individuos, independientemente de su sexo biológico. El falo representa un ideal elusivo que alimenta aspiraciones y ambiciones, eludiendo perpetuamente su realización plena. Su omnipresencia en la psique subraya el profundo impacto del deseo en la configuración de las identidades individuales y las dinámicas interpersonales. Explorar el falo en relación con la carencia y el deseo revela la interacción entre las intenciones conscientes y los impulsos inconscientes, arrojando luz sobre las motivaciones subyacentes que guían las acciones humanas. Este marco conceptual proporciona una perspectiva transformadora a través de la cual examinar la naturaleza multifacética del deseo y sus profundas implicaciones para las experiencias y relaciones humanas.

5. Falo e identidad de género - Interpretaciones erróneas y aclaraciones:

En el psicoanálisis lacaniano, el falo engloba un significante simbólico complejo que trasciende las definiciones biológicas. Esto tiene implicaciones significativas para la comprensión de la identidad de género dentro del marco lacaniano. A pesar del aparente enfoque en lo masculino en la terminología, es importante reconocer que, en la teoría lacaniana, el falo simboliza la carencia y el deseo, en lugar de estar vinculado exclusivamente a la anatomía masculina. Esta distinción es crucial para disipar interpretaciones erróneas y ampliar nuestra comprensión de la identidad de género. Desde una perspectiva lacaniana, las personas de cualquier género pueden posicionarse en relación con el falo simbólico, independientemente de su sexo biológico. Además, Lacan enfatiza que el falo no es un significante fijo o estable, sino una presencia cambiante y elusiva dentro del Orden Simbólico. Sirve como un marcador de la carencia inherente a todos los sujetos, independientemente de su género. Comprender el falo de esta manera ayuda a desafiar las concepciones binarias tradicionales del género y abre posibilidades para una comprensión más inclusiva y matizada de la identidad. Proporciona una base para reconocer las complejidades de la expresión de género y la multiplicidad de maneras en que las personas se relacionan con el significante fálico. Sin embargo, a menudo surgen conceptos erróneos cuando el concepto de falo se equipara incorrectamente con la masculinidad biológica, lo que lleva a suposiciones simplistas sobre la identidad de género. Esta interpretación errónea pasa por alto la interacción entre los órdenes Simbólico, Imaginario y Real que configuran la experiencia subjetiva de un individuo. Para abordar estas interpretaciones erróneas, es esencial aclarar que el falo lacaniano opera a nivel de representación y significado, más que como un atributo anatómico concreto. En consecuencia, se hace evidente que el falo no se limita a los sujetos masculinos; más bien, abarca una función simbólica más amplia en la constitución de la subjetividad. Al reconocer esta distinción, el enfoque lacaniano invita a una reevaluación de cómo se construyen las identidades de género dentro del marco psicoanalítico, allanando el camino para una comprensión más inclusiva y expansiva del género más allá de las binariedades tradicionales.

6. Implicaciones psicoanalíticas para pacientes y profesionales:

La comprensión del falo como un significante central en el pensamiento lacaniano tiene profundas implicaciones tanto para los pacientes que se someten a psicoanálisis como para los profesionales que emplean este marco teórico. Para los pacientes, el concepto de falo es un punto clave para descubrir deseos y conflictos inconscientes arraigados en el orden simbólico. A través de la exploración de los significantes fálicos, las personas pueden comprender mejor la estructura de su subjetividad y la compleja interacción entre la carencia y el deseo. Esta mayor autoconciencia a menudo fomenta una comprensión más profunda de las propias motivaciones y comportamientos, empoderando a los pacientes para gestionar sus dinámicas internas con mayor autonomía y propósito. Además, la integración del falo en el discurso analítico proporciona un marco para abordar cuestiones relacionadas con la identidad de género, la orientación sexual y las expectativas sociales, ofreciendo así una perspectiva integral a través de la cual los pacientes pueden examinar las complejidades de sus experiencias vividas. Desde la perspectiva de los profesionales, la conceptualización del falo requiere un enfoque matizado en la práctica clínica. Exige una cuidadosa consideración de cómo el falo opera como significante en las experiencias subjetivas de los pacientes, teniendo en cuenta que su significado puede manifestarse de forma diferente en cada individuo. Además, los profesionales deben estar atentos a las posibles ansiedades y resistencias que puedan surgir al interactuar con la dimensión fálica, conscientes de la sensibilidad que rodea a este profundo símbolo en la psique. En el contexto terapéutico, la aplicación clínica de las interpretaciones fálicas requiere un equilibrio entre interpretación y reflexividad, ya que los profesionales facilitan la exploración de significados inconscientes y la negociación de verdades subjetivas. Asimismo, el reconocimiento del falo en el tratamiento psicoanalítico se extiende más allá de las sesiones individuales para abarcar discursos sociales y estructuras de poder más amplios, lo que impulsa a los profesionales a abordar críticamente cuestiones de privilegio, patriarcado y normas culturales.

7. Críticas y perspectivas alternativas sobre el falo:

El concepto lacaniano del falo como significante central ha sido objeto de extensas críticas y debates en el ámbito psicoanalítico y académico. Los críticos suelen señalar la naturaleza falocéntrica de la teoría lacaniana, argumentando que perpetúa las jerarquías de género y refuerza las estructuras patriarcales en la sociedad. Esta crítica plantea importantes preguntas sobre las implicaciones de privilegiar el falo como principal representación simbólica del poder y el deseo, particularmente en relación con la identidad de género y la diferencia sexual.

Perspectivas alternativas sobre el falo han surgido de pensadores feministas, queer y postestructuralistas que buscan deconstruir y subvertir las nociones tradicionales del simbolismo fálico. Estas perspectivas alternativas cuestionan el falo como símbolo exclusivo de autoridad y su aplicabilidad universal para comprender la subjetividad humana. Al reinterpretarlo como un significante fluido y contingente, en lugar de un símbolo fijo y esencializado, estas críticas buscan alterar las dinámicas de poder tradicionales y abrir nuevas posibilidades para explorar diversas expresiones del deseo y la identidad.

Algunos académicos han cuestionado el enfoque centrado en el falo por considerarlo inherentemente limitado y excluyente, en particular para personas cuyas experiencias no se alinean con las concepciones normativas de género y sexualidad. Abogan por un marco más inclusivo que reconozca las formas de subjetividad no binarias y no fálicas, enfatizando la necesidad de descentrar el falo como el lugar singular de la estructuración psíquica.

En respuesta a estas críticas y perspectivas alternativas, los defensores de la teoría lacaniana sostienen que el falo debe entenderse no como un referente anatómico literal, sino como una construcción simbólica que abarca dimensiones más amplias de poder, carencia y mediación simbólica. Subrayan la ambigüedad y multiplicidad intrínsecas del falo, enfatizando su capacidad para significar no solo la dominación masculina, sino también las dinámicas omnipresentes de carencia y deseo que configuran la subjetividad humana más allá del determinismo biológico.

Transferencia y contratransferencia en la práctica analítica

1. Contexto histórico y evolución de conceptos:

Las raíces históricas de la transferencia y la contratransferencia se remontan a los inicios del psicoanálisis, con la obra pionera de Sigmund Freud sentando las bases de estos conceptos fundamentales. Freud introdujo inicialmente el concepto de transferencia en sus observaciones clínicas, reconociendo los vínculos emocionales inconscientes que los pacientes formaban con sus analistas a partir de experiencias y relaciones pasadas. Esto marcó una ruptura significativa con la práctica médica tradicional, al reconocer la compleja interacción de las emociones en la relación terapéutica. La contratransferencia, por otro lado, surgió como un reconocimiento tácito de las propias reacciones emocionales de los analistas hacia sus pacientes, lo que refleja el reconocimiento de Freud de la naturaleza recíproca del proceso terapéutico.

La evolución de estos conceptos continuó a medida que las teorías psicoanalíticas se expandieron, lo que condujo a una comprensión más profunda de las dinámicas que intervienen durante el encuentro analítico. Figuras clave como Carl Jung y Melanie Klein contribuyeron a moldear y refinar estos conceptos, añadiendo capas de complejidad a sus fundamentos teóricos. La psicología junguiana enfatizó los elementos arquetípicos presentes en la transferencia, ampliando el alcance de la exploración más allá de las experiencias personales para abarcar las dinámicas inconscientes colectivas. Por otro lado, el enfoque de Klein en las experiencias de la primera infancia profundizó la comprensión de cómo se manifiestan los conflictos inconscientes en la díada transferencia-contratransferencia, arrojando luz sobre las raíces evolutivas de estos fenómenos.

El surgimiento del psicoanálisis lacaniano representó un cambio de paradigma en la conceptualización de la transferencia y la contratransferencia. Partiendo de las ideas originales de Freud, Jacques Lacan reinterpretó estos conceptos en el marco de su propia teoría psicoanalítica, enfatizando las dimensiones lingüísticas y simbólicas del inconsciente. La conceptualización lacaniana de la transferencia como manifestación del posicionamiento del analizando dentro del orden simbólico y del rol del analista como objeto de deseo generó una perspectiva novedosa que desafió las interpretaciones convencionales y enriqueció el discurso sobre las dinámicas relacionales en el análisis.

La evolución de estos conceptos también se vio influenciada por cambios más amplios en el campo del psicoanálisis, incluyendo el desarrollo de los enfoques relacionales e intersubjetivos. El reconocimiento de la intersubjetividad en la relación analítica destacó la influencia mutua entre analista y analizando, arrojando luz sobre la naturaleza recíproca de la transferencia y la contratransferencia. Este panorama en constante evolución amplió el alcance de la investigación, fomentando diálogos y debates continuos en torno a las implicaciones éticas y clínicas de estos complejos fenómenos.

2. Interpretación lacaniana de la transferencia:

La transferencia, concepto fundamental del psicoanálisis, adquiere una relevancia singular dentro del marco lacaniano. Partiendo de la conceptualización original de Freud, Lacan refina y reinterpreta la transferencia a través de la lente de los procesos lingüísticos y simbólicos. Para Lacan, la transferencia no es simplemente una manifestación de dinámicas relacionales pasadas, sino una entrada al orden simbólico, donde los deseos se entrelazan con las estructuras lingüísticas. En esta interpretación, es central la idea de que la transferencia es una repetición de patrones inconscientes, que se remontan a la iniciación del sujeto en el lenguaje y la cultura. Lacan enfatiza que el analista se convierte en el Otro significativo para el analizando, sirviendo como lugar para la transferencia de afecto y significación. Desde esta perspectiva, la transferencia está intrínsecamente ligada al juego de significantes, reflejando la intrincada conexión del sujeto con la red del lenguaje y el deseo. A través del proceso de transferencia, las necesidades insatisfechas, las fantasías y los conflictos no resueltos del analizando se transfieren a la figura del analista, configurando la dinámica de la relación analítica. Lacan destaca la naturaleza dual de la transferencia, que abarca tanto un medio de resistencia como una vía de acceso al inconsciente. Subraya la importancia de reconocer la transferencia como un espacio de resistencia, donde las intenciones conscientes del analizando entran en conflicto con las motivaciones inconscientes subyacentes. Desde una perspectiva lacaniana, el rol del analista es decodificar estos fenómenos de transferencia. Rastreando la interacción de significantes y revelando las fantasías y alienaciones subyacentes en juego. Además, Lacan extiende el concepto de transferencia más allá de la relación diádica tradicional entre analista y analizando para abarcar el contexto cultural y social más amplio. Esta ampliación de la transferencia se alinea con la insistencia de Lacan en ver la psique individual como entrelazada con fuerzas socioculturales más amplias. En consecuencia, la transferencia se sitúa dentro de la red más amplia de intercambio simbólico, difuminando los límites entre el inconsciente personal y el colectivo. Al enfatizar la naturaleza simbólica de la transferencia, Lacan revoluciona sus implicaciones clínicas, instando a los analistas a involucrarse con el complejo tapiz de significantes y significados que sustentan la experiencia subjetiva del analizando.

3. Contratransferencia - Ecos en el análisis lacaniano:

La contratransferencia, tal como se percibe en el marco del análisis lacaniano, ofrece una perspectiva única para comprender las complejidades inherentes al proceso analítico. A diferencia de las perspectivas psicoanalíticas tradicionales que suelen patologizar la contratransferencia como un impedimento para la relación terapéutica, el pensamiento lacaniano ofrece una comprensión redefinida de este fenómeno. Para Lacan, la contratransferencia no es simplemente una reacción derivada de conflictos personales no resueltos del analista, sino un aspecto inevitable de la interacción dialéctica entre el analizando y el analista. Es un eco, una reverberación de las dinámicas inconscientes que operan en el campo analítico. La contratransferencia puede servir como una herramienta vital para comprender mejor el material inconsciente que transmite el analizando. Mediante una exploración minuciosa de las resonancias evocadas en el analista, el análisis lacaniano busca descubrir los significantes latentes y las representaciones simbólicas entrelazadas en la narrativa del analizando. Esta exploración ilumina las maneras en que el analista se entrelaza con el analizando en la misma red de significación, arrojando luz sobre las conexiones entre sus posiciones subjetivas. En lugar de ver la contratransferencia como un obstáculo, el análisis lacaniano invita al analista a aceptarla como una fuente de valiosa información sobre los deseos, identificaciones y conflictos inconscientes que se manifiestan en el contexto terapéutico. Al interrogar la naturaleza de estas resonancias, los analistas lacanianos pueden gestionar mejor el terreno cambiante de la transferencia y la contratransferencia, fomentando así una comprensión más profunda de los movimientos inconscientes que tienen lugar en la relación analítica. Parte integral de este proceso es el reconocimiento de la propia posición del analista como el sujeto que se supone sabe dentro de la situación analítica, reconociendo que el analista no es inmune a los efectos de la transferencia y la contratransferencia. Por lo tanto, el posicionamiento subjetivo del analista se convierte en un aspecto crucial del trabajo analítico, influyendo en las formas en que el material inconsciente se despliega y se procesa.

4. Dinámica de la relación analítica:

En el marco lacaniano, la dinámica de la relación analítica encapsula una compleja interacción de elementos simbólicos, imaginarios y reales, entrelazados con las manifestaciones de la transferencia y la contratransferencia. El analista, como figura del «Otro» en el contexto terapéutico, ocupa una posición central en los procesos inconscientes del analizando. A medida que se desarrolla el diálogo, la dimensión simbólica cobra protagonismo, permeando el intercambio de lenguaje, significantes y significados. Esto propicia el surgimiento de deseos inconscientes, traumas reprimidos y fantasías profundamente arraigadas.

Simultáneamente, los aspectos imaginarios de la relación se manifiestan a través de la reflexión y las identificaciones que ocurren entre el analista y el analizando. Estas interacciones dinámicas a menudo dan lugar a profundos momentos de desconocimiento y proyección, iluminando las redes de la formación del Yo y la autopercepción del analizando. La interacción de estas dimensiones imaginarias sirve como terreno fértil para explorar conflictos no resueltos y tensiones psicológicas latentes, a medida que se desarrollan en el espacio terapéutico.

Profundizar en lo real dentro de la relación analítica revela la carencia fundamental y los aspectos inalcanzables inherentes a la experiencia humana. La presencia de lo real perturba y desestabiliza las coordenadas simbólicas e imaginarias, dejando al descubierto las verdades crudas y desconcertantes que escapan a la comprensión lingüística y perceptual. En este terreno tumultuoso, la subjetividad tanto del analista como del analizando lidia con la confrontación de lo insimbolizable y lo enigmático.

La relación analítica logra el equilibrio entre revelar verdades ocultas y respetar los límites de la privacidad y la confidencialidad. La coreografía de destapar experiencias reprimidas, a la vez que aborda con delicadeza las consideraciones éticas y preserva la autonomía del analizando, subraya las complejas dimensiones éticas que sustentan la dinámica de la alianza terapéutica.

5. El concepto del sujeto que se supone sabe:

En el psicoanálisis lacaniano, esta noción dilucida la posición del analista como supuesto depositario del conocimiento y la comprensión dentro del contexto analítico. La frase capta la idea de que el analista es percibido por el analizando como poseedor de introspecciones del inconsciente que este no posee. Esto genera una dinámica en la que se le atribuye al analista cierta autoridad y conocimiento, lo que conlleva complejas implicaciones para la relación terapéutica.

Desde una perspectiva lacaniana, este concepto se entrelaza con el orden simbólico, donde el lenguaje y sus estructuras de conocimiento asociadas forman un contexto crucial. El analista se convierte en la encarnación del «Otro» en el diálogo analítico, simbolizando un locus externo de conocimiento e interpretación. En consecuencia, el analizando confiere al analista la enigmática cualidad de poseedor de respuestas e interpretaciones, colocándolo así en la posición del «Sujeto Supuesto Saber».

Este posicionamiento genera un equilibrio dentro del espacio analítico, impulsando la interacción de dinámicas inconscientes y diferenciales de poder. El analista debe asumir este rol con astucia y sensibilidad, consciente de la influencia que ejerce sobre la psique del analizando. Además, el concepto del «Sujeto Supuesto Saber» implica en el analista la responsabilidad de abordar e interpretar las expresiones inconscientes del analizando, utilizando su supuesto conocimiento para guiar el camino hacia la introspección y el autodescubrimiento.

Sin embargo, la perspectiva lacaniana también subraya la ilusión inherente a este supuesto conocimiento y autoridad. Enfatiza la naturaleza construida de este conocimiento, haciéndolo dependiente del simbolismo y el discurso en juego en el contexto analítico. Por lo tanto, el analista se ve constantemente desafiado a lidiar con la naturaleza elusiva de su supuesto conocimiento, reconociendo que está fundamentalmente entrelazado con los constructos simbólicos y los marcos lingüísticos que configuran su esencia misma.

Las ramificaciones del «Sujeto Supuesto Saber» se extienden por el ámbito psicoanalítico, permeando la trama de la transferencia, la contratransferencia y la dialéctica del deseo dentro de la díada analítica. Este concepto invita a los analistas a una profunda introspección sobre su rol y los contornos cambiantes del poder y el conocimiento dentro del ámbito terapéutico, instando a una constante reevaluación de los matices inherentes a asumir el manto del «Sujeto Supuesto Saber». En esencia, esta perspectiva lacaniana desentierra las capas de complejidad que subyacen a la relación analítica, revelando la enigmática danza de autoridad, conocimiento y fuerzas inconscientes que convergen en el espacio sagrado del psicoanálisis.

6. Resistencias y dinámicas inconscientes:

Comprender y abordar eficazmente las resistencias y las dinámicas inconscientes es fundamental en la práctica analítica lacaniana. Al adentrarnos en las esferas de la psique humana, inevitablemente encontramos momentos de resistencia, vacilación y mecanismos de defensa que se manifiestan como barreras para el desarrollo de los deseos y traumas reprimidos. Estas resistencias a menudo emergen en forma de transferencia, contratransferencia u obstrucciones simbólicas, reflejando la interacción dialéctica entre lo consciente y lo inconsciente. En el marco lacaniano, estos fenómenos son fundamentales para el análisis, ya que ofrecen una profunda comprensión de la constitución psíquica del sujeto y de las fantasías y conflictos subyacentes. Al identificar e interpretar hábilmente estas resistencias, los analistas acceden a lo no expresado, lo no dicho y lo reprimido, desentrañando así el enigmático tejido del inconsciente del analizando.

Por otro lado, es esencial que los analistas manejen las complejidades de las dinámicas inconscientes con delicadeza y empatía. El analista sirve de guía a través de los pasillos del inconsciente del analizando, abarcando las incertidumbres, contradicciones y complejidades que residen en él. Mediante la aplicación perspicaz de los conceptos de Lacan, como lo Imaginario, lo Simbólico y lo real, el analista ilumina las sombras del inconsciente, arrojando luz sobre traumas reprimidos, conflictos no resueltos y deseos reprimidos. Al desenredar meticulosamente estos hilos inconscientes, el analista genera un proceso transformador que cultiva la autoconciencia, la introspección y el surgimiento de nuevos significantes que reconfiguran el paisaje subjetivo del analizando.

Es crucial destacar la dimensión ética del manejo de las resistencias y las dinámicas inconscientes. El analista debe gestionar estos territorios con integridad, sensibilidad y respeto por la autonomía del analizando. Participar en esta delicada danza exige vigilancia para no imponer los propios deseos, sesgos o interpretaciones a la narrativa del analizando. Lograr un equilibrio entre la interpretación y la moderación es fundamental, ya que sustenta el imperativo ético de fomentar un entorno donde la agencia y la subjetividad del analizando se mantengan inviolables. Además, reconocer las limitaciones de la interpretación y aceptar los aspectos inefables del inconsciente refuerza la conducta ética, a la vez que fortalece el vínculo de confianza dentro de la relación analítica.

7. Ética en la práctica analítica lacaniana:

A medida que los profesionales interactúan con los deseos inconscientes de los individuos y su impulso hacia la verdad subjetiva, se enfrentan a complejos dilemas éticos. La práctica analítica lacaniana exige inherentemente un profundo respeto por la autonomía y la subjetividad del analizando, reconociendo su derecho a la autodeterminación y la autonomía personal. Esta premisa fundamental subraya los principios éticos que rigen el análisis lacaniano.

Un aspecto central de la ética lacaniana es el énfasis en la posición del analista como agente de neutralidad y no juicio. El analista debe esforzarse por mantener una postura de ecuanimidad y abstenerse de imponer marcos morales o normativos a la experiencia subjetiva del analizando. Esto requiere el compromiso de suspender los prejuicios y preconcepciones personales, fomentando así un entorno donde la verdad única del analizando pueda desplegarse sin interferencias indebidas.

El concepto de «deseo» en la teoría lacaniana introduce complejidades en el terreno ético. Un principio fundamental de la ética lacaniana implica reconocer la naturaleza radical del deseo y las complejidades de gestionar sus manifestaciones en el contexto analítico. Por ello, los analistas tienen la tarea de interactuar con el deseo del analizando, evitando la explotación o la manipulación. Esto exige una atención vigilante a las diferencias de poder y el compromiso de fomentar una dinámica equitativa y respetuosa.

Una preocupación ética en la práctica lacaniana gira en torno al concepto del «deseo del analista». Si bien los enfoques psicoanalíticos tradicionales suelen priorizar la identificación y la mitigación de los deseos del analista, la ética lacaniana reformula esta noción. En este caso, el deseo del analista se reconoce y se utiliza como instrumento para promover la exploración subjetiva del analizando. Esta reorientación desafía a los analistas a confrontar introspectivamente sus propios deseos y utilizarlos al servicio del viaje analítico del analizando.

La revelación de las asociaciones personales y experiencias contratransferenciales del analista se aborda con discernimiento en la práctica lacaniana. Equilibrar la transparencia con la preservación de la autonomía del analizando requiere una gestión ética reflexiva, dada la afirmación de Lacan de que las revelaciones del analista no deben eclipsar la emergencia subjetiva del analizando.

En definitiva, la ética analítica lacaniana encapsula una interacción continua de responsabilidad, sensibilidad y autorreflexión, subrayando el equilibrio entre la intervención y la moderación dentro de los límites de la práctica analítica. Evaluar estas consideraciones éticas en el contexto de la interacción dinámica entre el deseo, el lenguaje y el inconsciente constituye un aspecto fundamental de la práctica lacaniana consciente.

EL ORDEN SIMBÓLICO - ESTRUCTURA Y FUNCIÓN

Fundamentos lingüísticos

1. Introducción:

La teoría lacaniana está profundamente arraigada en los principios lingüísticos que fundamentan su marco psicoanalítico. En el núcleo de la teoría de Lacan se encuentra la creencia de que el lenguaje estructura nuestra experiencia subjetiva y configura nuestra identidad. La semiótica y el estructuralismo son los pilares sobre los que Lacan construye su estructura teórica. La semiótica, el estudio de los signos y símbolos, proporciona un marco para comprender la importancia de los sistemas lingüísticos en la configuración del significado y la subjetividad. El estructuralismo, por otro lado, enfatiza las estructuras y sistemas subyacentes que rigen el lenguaje y el comportamiento humano. La influencia de Saussure es particularmente notable en la configuración de las perspectivas de Lacan sobre la lingüística. Introdujo la noción de significante y significado, sentando las bases para comprender la naturaleza arbitraria de los signos lingüísticos y el papel de las diferencias en la significación. Dentro de la teoría lacaniana, este concepto de significante y significado se vuelve fundamental para dilucidar los mecanismos del deseo y la formación de fantasías inconscientes. Profundizando, encontramos la idea del lenguaje como estructura del inconsciente. Lacan postula que el lenguaje no solo refleja, sino que también construye, nuestra realidad subjetiva. El inconsciente, según Lacan, se estructura como un lenguaje, repleto de su propio conjunto de reglas y significaciones. Esta perspectiva ofrece una perspectiva privilegiada para analizar las formaciones simbólicas que sustentan los fenómenos psicológicos. Los fonemas y las cadenas de significantes representan otra área crucial dentro de la lingüística lacaniana. El fonema, como la unidad de sonido más pequeña de una lengua, desempeña un papel central en el análisis lacaniano, anunciando la naturaleza fragmentada del lenguaje y señalando las lagunas y deslices dentro del habla.

Las cadenas de significantes, o cadenas significantes, aluden a la red interconectada de palabras y significados que constituye el lenguaje. Explorar estos elementos revela las complejidades de las estructuras lingüísticas dentro de la teoría lacaniana, arrojando luz sobre las formas en que el lenguaje opera como un medio para articular deseos y conflictos inconscientes.

2. Semiótica y estructuralismo:

La semiótica, desarrollada por Ferdinand de Saussure y Charles Sanders Peirce, ofrece un marco para comprender cómo funciona el lenguaje como un sistema de significantes y significados. La obra fundamental de Saussure sobre la naturaleza de los signos lingüísticos postula que un signo se compone de un significante (la forma de la palabra) y un significado (el concepto que representa). Esta relación definida constituye la base de la lingüística estructural, enfatizando la naturaleza relacional y diferencial del lenguaje.

El estructuralismo, derivado de la obra de Claude Lévi-Strauss, examina las estructuras y regularidades subyacentes en diversos fenómenos, como el lenguaje, la cultura y los sistemas sociales. Este enfoque sostiene que el significado se deriva de la interacción de elementos dentro de una estructura, más que de cualidades inherentes, lo que concuerda con los principios fundamentales de la semiótica.

La naturaleza dicotómica del signo, en particular los conceptos de oposiciones binarias y su papel en la construcción del significado, es fundamental para comprender el orden simbólico. Las oposiciones binarias, como presencia/ausencia, masculino/femenino o bien/mal, no solo estructuran el lenguaje, sino que también informan nuestra comprensión de la realidad y moldean nuestras experiencias.

El enfoque estructuralista enfatiza la noción de «lengua» (sistema lingüístico) como algo distinto de la «parole» (actos de habla individuales). Esta diferenciación es vital para comprender el orden simbólico como una red colectiva de prácticas significantes que regulan la interacción social, la formación de la identidad y los deseos inconscientes.

En el discurso psicoanalítico, la aplicación de los principios estructuralistas revela el inconsciente como un lenguaje estructurado, regido por los mismos mecanismos que el discurso consciente. El contenido reprimido se manifiesta mediante formaciones simbólicas, lo que permite la interpretación de los procesos inconscientes mediante el análisis de los significantes lingüísticos y su interconexión.

3. Influencia saussureana en el orden simbólico:

El trabajo seminal de Ferdinand de Saussure en el campo de la lingüística, particularmente sus ideas sobre la naturaleza de los signos lingüísticos y su papel en la configuración de la conciencia humana, proporcionó un marco teórico que informó en gran medida el desarrollo del registro simbólico de Lacan dentro del psicoanálisis.

La distinción entre el significante y el significado es central en las teorías de Saussure, lo que sienta las bases para comprender cómo funciona el lenguaje como un sistema de diferencias. En términos saussureanos, el significante es la forma perceptible o el patrón sonoro de una palabra, mientras que el significado es el concepto mental o significado asociado a dicha forma. Esta relación dicotómica se convierte en un elemento clave en la formulación lacaniana del Orden Simbólico, donde el significante llega a representar al sujeto y media su entrada en los significados lingüísticos y culturales.

El énfasis de Saussure en la naturaleza arbitraria de los signos lingüísticos, donde la conexión entre significante y significado no se basa en la semejanza intrínseca, sino en el acuerdo social convencional, se alinea con la concepción lacaniana del Orden Simbólico como un ámbito profundamente arraigado en las normas culturales y las estructuras sociales. La noción de arbitrariedad y la naturaleza relacional del lenguaje se reflejan en la exploración lacaniana de cómo los sujetos se constituyen y se sitúan dentro del lenguaje, destacando la interacción entre los significantes y la construcción de la identidad.

El enfoque estructural de Saussure sobre el lenguaje como un sistema de elementos interconectados coincide con la comprensión de Lacan del inconsciente, estructurado como un lenguaje. La organización jerárquica de las unidades lingüísticas y las reglas que rigen sus combinaciones son paralelas a la concepción lacaniana de lo simbólico como una red de significantes interconectados que producen significado a través de sus relaciones diferenciales. Esta perspectiva estructural fundamenta la articulación lacaniana de lo simbólico como el lugar de símbolos y normas culturales compartidos que configuran la subjetividad individual y las interacciones sociales.

4. El papel del significante y del significado:

En el Orden Simbólico, las nociones de significante y significado desempeñan un papel fundamental en la configuración de nuestra comprensión del lenguaje y su impacto en el inconsciente. Ferdinand de Saussure introdujo el concepto de significante y significado como componentes clave del signo lingüístico. El significante representa la forma física de una palabra, mientras que el significado es el concepto o significado asociado a dicha forma. Esta dualidad constituye la base del lenguaje y la comunicación, reflejando la naturaleza entrelazada del lenguaje y el pensamiento.

Dentro del marco psicoanalítico, el significante adquiere mayor relevancia al convertirse en un elemento crucial en la formación del inconsciente. Es a través de los significantes presentes en el lenguaje que los individuos llegan a comprender y a interactuar con sus experiencias, emociones y deseos. Además, la interacción entre significantes configura el paisaje simbólico en el que emerge y evoluciona la subjetividad humana.

Lacan profundizó en esta relación, destacando la interacción dinámica y a menudo compleja entre significantes y significados. Esta interacción no se limita a correspondencias directas e individuales, sino que implica una red de asociaciones y conexiones que contribuyen a la riqueza y ambigüedad del lenguaje y el significado. Las estructuras lingüísticas abundan con significantes superpuestos y significados multifacéticos, lo que permite la posibilidad de múltiples interpretaciones y significados estratificados.

La interacción entre el significante y el significado también resuena profundamente con la conceptualización más amplia de Lacan sobre el inconsciente. Dentro del Orden Simbólico, estos elementos lingüísticos se entrelazan con procesos inconscientes, influyendo en la forma en que los individuos se perciben a sí mismos y al mundo que los rodea. La inestabilidad inherente de la significación refleja la naturaleza elusiva del inconsciente, donde los significados cambian y se transforman constantemente, a menudo eludiendo la percepción consciente.

Este proceso de significación cobra especial relevancia en la práctica del psicoanálisis, ya que subraya el vínculo entre el lenguaje y el inconsciente. Tanto analistas como pacientes interactúan con el terreno de lo simbólico, explorando los matices de los significantes y desvelando los significados latentes presentes en las expresiones lingüísticas. Por lo tanto, comprender el papel del significante y del significado es fundamental para descifrar los mecanismos que intervienen en el Orden Simbólico, arrojando luz sobre las complejidades de la subjetividad y la experiencia humanas.

5. El lenguaje como estructura del inconsciente:

En la teoría lacaniana, el lenguaje funciona como un medio a través del cual el inconsciente expresa y oculta deseos, pensamientos y conflictos. La forma en que el lenguaje moldea nuestras percepciones y cogniciones es fundamental para comprender el funcionamiento del inconsciente. Elementos lingüísticos como la sintaxis, la gramática y el vocabulario influyen en la formación de pensamientos y la codificación del contenido reprimido en el inconsciente.

Lacan postuló que el inconsciente se estructura como un lenguaje y se comunica mediante el uso de significantes y el juego de significados. Esto implica que el orden simbólico, basado en constructos lingüísticos, sirve de modelo para la organización del inconsciente, regulando la formación de la subjetividad y la identidad. El vínculo entre el lenguaje y el inconsciente pone de manifiesto la importancia de la interpretación y el papel del analista en el desciframiento del contenido latente codificado en las formaciones lingüísticas del analizando.

El concepto del inconsciente, estructurado como un lenguaje, subraya la prevalencia de la ambivalencia, las contradicciones y los lapsus lingüísticos en la comunicación humana. Estos fenómenos lingüísticos sirven como manifestaciones de los procesos inconscientes subyacentes, revelando material reprimido mediante actos fallidos y otras desviaciones lingüísticas. Comprender el lenguaje como una estructura del inconsciente enriquece la práctica psicoanalítica al ofrecer perspectivas sobre las resoluciones simbólicas presentes en las expresiones lingüísticas.

La naturaleza lingüística del inconsciente acentúa la influencia de la cultura y el discurso social en la formación y articulación de los deseos inconscientes. El inconsciente, moldeado por el orden simbólico, refleja normas sociales y culturales más amplias arraigadas en el lenguaje. Como resultado, el psicoanálisis profundiza en los matices lingüísticos del habla y las narrativas del sujeto para desvelar los significados ocultos influenciados por las construcciones sociales y los discursos predominantes.

El análisis del lenguaje como componente esencial del inconsciente conduce a una comprensión más profunda de cómo el orden simbólico permea y estructura las subjetividades individuales. Al asimilar el lenguaje como paradigma fundamental del inconsciente, el psicoanálisis obtiene valiosas perspectivas sobre las complejidades de los procesos de pensamiento humano, las dinámicas interpersonales y las manifestaciones simbólicas en el ámbito clínico.

6. Fonemas y cadenas de significantes:

Los fonemas representan las unidades de sonido más pequeñas capaces de distinguir significados distintos en una lengua. Forman los cimientos del lenguaje y desempeñan un papel fundamental en la formación de significantes dentro del orden simbólico. Por ello, son de gran relevancia en el ámbito del psicoanálisis y la decodificación de los deseos inconscientes.

Lacan enfatizó la importancia de los fonemas en el lenguaje, considerándolos portadores de significado inconsciente y componentes integrales de la estructura de lo simbólico. Mediante su reelaboración de la lingüística de Saussure, Lacan destacó el papel de los fonemas en la creación de significado mediante su alineación dentro de cadenas de significantes. Estas cadenas, o secuencias de fonemas interconectados, sirven como manifestaciones de las estructuras lingüísticas que rigen los patrones de pensamiento y la comunicación.

El concepto de cadenas de significantes trasciende los elementos individuales del lenguaje y abarca la complejidad de cómo estas estructuras fonémicas se relacionan entre sí dentro del discurso. Esta interacción sienta las bases para la construcción de significado e impulsa los procesos simbólicos que influyen en la subjetividad humana. A medida que los individuos participan en intercambios lingüísticos, estas cadenas de significantes permiten la expresión e interpretación de ideas, emociones y deseos, todos ellos profundamente entrelazados con el inconsciente.

Dentro del marco psicoanalítico, la manipulación y distorsión de fonemas y significantes reviste una profunda importancia. La exploración de Lacan de los juegos de palabras, los retruécanos y los deslices lingüísticos subraya el potencial de múltiples significados y connotaciones inconscientes inherentes al lenguaje. Esta fluidez y ambigüedad inherentes a las estructuras fonémicas contribuyen al rico entramado del inconsciente, destacando la posibilidad de que significados ocultos y pensamientos reprimidos afloren a través de la expresión lingüística.

El análisis de fonemas y cadenas de significantes revela la red de simbolismo lingüístico que sustenta la interacción humana y la formación de la subjetividad. Proporciona una perspectiva a través de la cual se hace palpable el profundo impacto del lenguaje en el inconsciente, ofreciendo profundas perspectivas sobre cómo las estructuras lingüísticas moldean e influyen en nuestra psique. Al desentrañar las complejidades de los arreglos fonémicos y su interacción dentro de las cadenas lingüísticas, obtenemos una comprensión más profunda de la profunda importancia del lenguaje dentro del orden simbólico y sus implicaciones para la práctica psicoanalítica.

7. Metáfora y metonimia en lo simbólico:

La metáfora y la metonimia desempeñan un papel crucial en la construcción y comprensión de la realidad por parte de los individuos, moldeando así sus experiencias subjetivas. Dentro del Orden Simbólico, la metáfora y la metonimia funcionan como modos fundamentales de comunicación y representación simbólica. La metáfora, como recurso lingüístico figurativo, facilita la asociación de un concepto con otro, a menudo de forma no literal o simbólica. Al yuxtaponer elementos aparentemente inconexos, la metáfora permite la expresión de ideas abstractas o complejas, ofreciendo una rica gama de significados dentro del Orden Simbólico. En contraste, la metonimia funciona estableciendo asociaciones entre elementos contiguos o relacionados, representando un modo de significación más directo e interconectado. De este modo, la metonimia funciona como un mecanismo para resaltar la interconexión y la continuidad de los conceptos dentro del Orden Simbólico. Además, estos dos constructos lingüísticos no solo influyen en la comunicación, sino que también permean el inconsciente. En la práctica psicoanalítica, las metáforas y las metonimias proporcionan información sobre los mecanismos subyacentes del inconsciente y los procesos mediante los cuales se articulan los deseos y los conflictos. Sirven como herramientas para desentrañar significados subliminales y descubrir contenido latente dentro del discurso, enfatizando la interacción entre el lenguaje, el significado y el inconsciente en el Orden Simbólico. Además, las variaciones culturales y contextuales en el uso de la metáfora y la metonimia acentúan aún más su importancia para comprender el Orden Simbólico en diversos contextos lingüísticos y culturales. La interacción de la metáfora y la metonimia en diferentes lenguas y culturas ilustra la adaptabilidad y universalidad de estos procesos simbólicos, arrojando luz sobre cómo los individuos construyen y negocian el significado dentro de sus respectivos marcos sociales y comunicativos. Además, explorar los matices de la metáfora y la metonimia en el Orden Simbólico permite una comprensión más profunda de cómo el lenguaje estructura e influye en nuestra comprensión de la realidad, la identidad y las relaciones interpersonales.

8. Variaciones entre idiomas y culturas:

El lenguaje y la cultura están íntimamente vinculados, y las variaciones entre diferentes idiomas y contextos culturales ofrecen valiosas perspectivas sobre las complejidades del Orden Simbólico. Al examinar estas variaciones, podemos comprender mejor cómo el lenguaje configura y refleja las estructuras simbólicas que influyen en los individuos y las sociedades. Un aspecto fundamental a considerar son las diferentes estructuras y sistemas gramaticales presentes en las distintas lenguas. Por ejemplo, la presencia del género gramatical en algunas lenguas, mientras que su ausencia en otras, pone de relieve las diversas maneras en que los sistemas lingüísticos categorizan y conceptualizan el mundo. Asimismo, las variaciones en la estructura oracional, el orden de las palabras y los patrones fonológicos demuestran cómo las lenguas codifican y transmiten significado. Estas distinciones subrayan la importancia de estudiar la diversidad lingüística en el marco del Orden Simbólico. Más allá de las diferencias estructurales, el vocabulario y el léxico de una lengua proporcionan perspectivas únicas sobre los valores culturales, las normas sociales y las experiencias históricas. A través del análisis de términos lingüísticos y expresiones idiomáticas, obtenemos una comprensión profunda de la psique colectiva y la cosmovisión de una cultura particular. Además, la presencia de palabras intraducibles en un idioma pero no en otro arroja luz sobre los matices de la experiencia humana que pueden ser más salientes o implícitamente entendidos en contextos culturales específicos. Es crucial reconocer que estas variaciones lingüísticas no existen de forma aislada; están arraigadas en prácticas culturales, rituales y sistemas de creencias más amplios. Como tal, el estudio del lenguaje y la cultura dentro del Orden Simbólico requiere un enfoque interdisciplinario que integre la antropología, la sociología y la lingüística. Esta perspectiva interdisciplinaria permite una comprensión más profunda de cómo el lenguaje refleja y perpetúa las estructuras sociales, las dinámicas de poder y la formación de la identidad. Además, el examen de entornos multilingües y los fenómenos de contacto lingüístico proporciona valiosas perspectivas sobre la negociación de múltiples sistemas simbólicos y el impacto de la hibridez lingüística en la subjetividad individual.

9. El determinismo lingüístico y sus críticas:

El determinismo lingüístico, un concepto arraigado en la hipótesis de Sapir-Whorf, propone que la estructura de una lengua moldea o determina la percepción y los patrones de pensamiento de sus hablantes. En otras palabras, el sistema lingüístico en el que uno está inmerso influye significativamente en la cognición y la cosmovisión. Esta controvertida noción ha sido ampliamente debatida en los ámbitos de la lingüística, la psicología y la antropología, en particular debido a sus posibles implicaciones en la agencia individual, la relatividad cultural y los procesos cognitivos. Quienes defienden el determinismo lingüístico argumentan que la lengua no solo refleja, sino que también moldea nuestra comprensión de la realidad, moldeando cómo percibimos e interpretamos el mundo que nos rodea. Sostienen que las diferentes lenguas codifican categorías conceptuales y modos de pensamiento distintos, lo que genera perspectivas cognitivas únicas entre sus hablantes. Sin embargo, quienes critican el determinismo lingüístico cuestionan el alcance de su influencia en la cognición humana, afirmando que, si bien la lengua puede influir en el pensamiento, no lo determina ni lo restringe rígidamente. Señalan la diversidad de experiencias humanas y la capacidad de los individuos para adoptar múltiples marcos lingüísticos y culturales, lo que sugiere que la flexibilidad cognitiva trasciende las fronteras lingüísticas. Además, los estudios empíricos han aportado evidencia contradictoria sobre la fuerza del determinismo lingüístico: algunos hallazgos respaldan su influencia en dominios cognitivos específicos, mientras que otros demuestran una relación más matizada entre el lenguaje y el pensamiento. La crítica profundiza en el desafío de desentrañar las influencias lingüísticas de otros factores sociales, históricos y psicológicos que configuran la cognición, destacando la complejidad de comprender el papel del lenguaje en la configuración de la percepción y el comportamiento humanos. Al examinar críticamente las premisas e implicaciones del determinismo lingüístico, los investigadores buscan dilucidar la interacción multifacética entre el lenguaje y la cognición, arrojando luz sobre la dinámica de los procesos de pensamiento humano y la diversidad cultural.

El papel del lenguaje y los significantes

1. Introducción:

El lenguaje humano es un sistema complejo y dinámico que permea todos los aspectos de nuestra vida, influyendo no solo en cómo nos comunicamos, sino también en cómo percibimos y construimos la realidad. En el contexto de la teoría psicoanalítica, el lenguaje desempeña un papel fundamental en la formación de la conciencia y la subjetividad humanas. La importancia del lenguaje en el Orden Simbólico, como lo expuso Jacques Lacan, va mucho más allá de la mera expresión verbal o escrita; abarca la red de símbolos y significantes a través de la cual los individuos interactúan con su existencia. Al profundizar en las teorías lingüísticas y sus implicaciones, podemos comenzar a desentrañar el profundo impacto del lenguaje en la formación del Yo y las relaciones sociales. Desde perspectivas estructuralistas y postestructuralistas, el estudio del lenguaje como sistema significante revela su capacidad para organizar y designar significado dentro de marcos culturales, afectando así las formas en que los individuos experimentan y significan su mundo. La consideración de la arbitrariedad, la dualidad y los aspectos relacionales de los signos lingüísticos, como lo expuso Ferdinand de Saussure, subraya cómo el lenguaje opera como una fuerza poderosa en la estructuración de las percepciones e interacciones humanas. Además, las complejidades de la adquisición del lenguaje y sus vínculos intrínsecos con la cognición enfatizan aún más la profunda influencia del lenguaje en la formación del sujeto, donde las representaciones simbólicas interactúan con el desarrollo psíquico individual. Asimismo, la reevaluación del determinismo lingüístico y su relación con los registros psicológicos marca una exploración esencial para comprender las dinámicas de poder inherentes al lenguaje y su construcción de subjetividad. Al embarcarnos en una exploración multifacética del lenguaje y sus fundamentos filosóficos, socioculturales y psicoanalíticos, podemos comenzar a comprender la trama de significación y comunicación que se teje en la estructura de la existencia humana.

2. El concepto de significante:

Al profundizar en el complejo registro del Orden Simbólico, nos topamos con el concepto fundamental del significante. El significante, tal como lo elucidaron Ferdinand de Saussure y lo desarrollaron Jacques Lacan, constituye un elemento fundamental para comprender la naturaleza del lenguaje y su papel en la psique humana. En esencia, el significante es una entidad lingüística que abarca no solo un sonido o un símbolo escrito, sino una unidad fundamental de significado dentro de un sistema lingüístico. Este significado, sin embargo, no es inherente al significante en sí, sino que surge de su relación con otros significantes dentro de la red lingüística.

Fundamentalmente, el concepto de significante denota la arbitrariedad de los signos lingüísticos; es decir, la falta de conexión inherente entre el significante y el significado. Esta noción interrumpe cualquier supuesto vínculo directo entre el lenguaje y la realidad objetiva, destacando en cambio la naturaleza construida y simbólica de la comunicación humana. Al reconocer el significante como un elemento fundamental del lenguaje, nos vemos impulsados a considerar el profundo impacto de esta construcción en los procesos de formación del sujeto y las relaciones intersubjetivas.

La integración del significante en el marco psicoanalítico de Lacan ilumina su papel en la constitución del inconsciente. Aquí, el significante no solo sirve como transmisor de significados explícitos, sino que también opera en el inconsciente, dando lugar a la red de deseos e identificaciones que configuran el paisaje psíquico del individuo. A través de una exploración de la teoría lacaniana, llegamos a apreciar el significante como algo más que una mera entidad lingüística, sino como un vehículo para la transmisión de significado y la formación de la experiencia subjetiva.

El estudio del significante nos invita a considerar las diversas dimensiones culturales e históricas del lenguaje. Cada significante encapsula una riqueza de resonancias sociales, históricas y culturales, que reflejan las experiencias e interpretaciones colectivas de una comunidad específica. Esta cualidad multifacética del significante subraya la naturaleza dinámica y evolutiva del lenguaje, donde los significados se negocian y reconfiguran continuamente a través de prácticas y discursos socioculturales.

3. Lingüística saussureana y teoría lacaniana:

La lingüística saussureana constituye una base fundamental para comprender el lenguaje y su papel en la construcción de significado dentro del orden simbólico. Este paradigma enfatiza la distinción fundamental entre significante y significado, afirmando que el lenguaje opera a través de un sistema de diferencias, en lugar de significados fijos e inherentes. En el contexto de la teoría lacaniana, este marco proporciona valiosas perspectivas sobre la naturaleza de las estructuras lingüísticas y su influencia en la subjetividad. El propio Lacan se inspiró ampliamente en la obra de Saussure, integrándola en su marco psicoanalítico para iluminar la dimensión simbólica de la existencia humana. A través de esta integración, Lacan exploró las maneras en que el lenguaje y los significantes configuran nuestra comprensión del Yo y de la realidad, subrayando el papel fundamental del lenguaje en la estructuración de la experiencia subjetiva. Dentro del marco lacaniano, el lenguaje no es simplemente una herramienta de comunicación, sino un componente fundamental del inconsciente y de los mecanismos mediante los cuales se forma la subjetividad individual. Al profundizar en la interacción entre la lingüística saussureana y la teoría lacaniana, académicos y profesionales obtienen una comprensión más profunda de cómo el lenguaje funciona como una fuerza dinámica dentro del orden simbólico, moldeando y mediando nuestras percepciones, deseos y relaciones. Además, esta síntesis subraya las profundas implicaciones de las estructuras lingüísticas en la constitución de normas sociales, dinámicas de poder y formación de identidad. Como tal, la exploración de la lingüística saussureana en el contexto de la teoría lacaniana sirve para resaltar el rico tapiz de conexiones entre el lenguaje, la subjetividad y el tejido social más amplio. Dilucida las formas en que los sistemas lingüísticos se intersecan con el orden simbólico, ofreciendo profundas implicaciones para campos como el psicoanálisis, la semiótica y los estudios culturales. Comprender este nexo no solo enriquece nuestra comprensión de la experiencia humana, sino que también arroja luz sobre las complejidades del discurso, la representación y los procesos de construcción de significado dentro de lo simbólico.

4. La función del lenguaje en la formación de la subjetividad:

Al interactuar con el lenguaje, las personas no son meros receptores pasivos de símbolos lingüísticos, sino que participan activamente en el proceso de significación y construcción de significado. A través del lenguaje, interactúan con sus experiencias, emociones y relaciones, interpretándolas, construyendo así sus realidades subjetivas. El Orden Simbólico, tal como lo conceptualizó Lacan, abarca esta red de interacciones lingüísticas y simbólicas que sustentan la formación de la subjetividad.

El concepto de significante simbólico es central para la función del lenguaje en la formación de la subjetividad. Palabras, frases y símbolos lingüísticos actúan como significantes que median las experiencias y sentimientos individuales, traduciéndolos en expresiones coherentes y comunicables. Este proceso de significación no es solo un medio de comunicación, sino también un mecanismo fundamental mediante el cual las personas internalizan y comprenden sus propios pensamientos y emociones. La interacción de significantes dentro del lenguaje permite a las personas atribuir significado y trascendencia a sus experiencias vividas, contribuyendo así a la construcción de sus identidades subjetivas.

El lenguaje sirve como medio a través del cual los individuos negocian sus contextos sociales y culturales, influyendo así en el desarrollo de su subjetividad. Las estructuras y normas lingüísticas prevalecientes en una sociedad o comunidad determinada configuran la manera en que los individuos expresan y comprenden sus pensamientos y sentimientos, moldeando así sus perspectivas subjetivas. En este sentido, el lenguaje funciona como una herramienta fundamental para que los individuos se ubiquen dentro de los marcos sociales y establezcan sus roles e identidades dentro de diversas estructuras sociales.

La función del lenguaje en la formación de la subjetividad trasciende las experiencias individuales y abarca narrativas sociales e históricas más amplias. El lenguaje, como repositorio de conocimiento colectivo, mitos y guiones culturales, influye y moldea la estructura misma de la subjetividad individual. A través del lenguaje, las personas acceden e internalizan el patrimonio cultural y las tradiciones que conforman su comprensión de sí mismas y de su lugar en el mundo. Además, el lenguaje actúa como vehículo para la transmisión de ideologías sociales, dinámicas de poder y normas, todo lo cual contribuye a la construcción continua de la subjetividad dentro del Orden Simbólico.

5. Representación simbólica en la interacción humana:

En el ámbito del psicoanálisis, el concepto de Orden Simbólico trasciende la psique individual y permea la interacción humana. A través del lenguaje y la representación simbólica, los individuos se involucran en una compleja red de comunicación e intercambio social profundamente arraigada en el Orden Simbólico.

La representación simbólica en la interacción humana abarca diversas formas de comunicación, desde el discurso verbal hasta las señales y gestos no verbales. En el contexto de la teoría psicoanalítica, estas interacciones están cargadas de significado simbólico, que a menudo se manifiesta mediante procesos inconscientes arraigados en el lenguaje, los significantes y los códigos culturales. A través de la conversación, los individuos establecen y negocian su lugar dentro de las estructuras sociales, reflejando la interacción entre el individuo y el Orden Simbólico.

En la interacción humana, la representación simbólica sirve como mecanismo fundamental para la expresión e interpretación de deseos, identidades y dinámicas de poder. El lenguaje, como medio principal de representación simbólica, configura la construcción de la realidad social y la formación de relaciones interpersonales. El intercambio de significantes y símbolos facilita la negociación de significados y el establecimiento de entendimientos compartidos, permitiendo a las personas gestionar las complejidades de los encuentros sociales.

La dinámica de la representación simbólica en la interacción humana está profundamente entrelazada con conceptos lacanianos como el Otro y el falo. Estas nociones ilustran las maneras en que los individuos se posicionan en relación con los demás, lidiando con cuestiones de reconocimiento, autoridad y deseo dentro del Orden Simbólico. Las dimensiones simbólicas del género, la sexualidad y las normas culturales también cobran relevancia en la configuración de la dinámica de la interacción humana, destacando la influencia de la representación simbólica en las estructuras sociales.

6. La interrelación entre significantes y significado:

El significante, tal como se concibe en la teoría lacaniana, abarca no solo los símbolos lingüísticos, sino también cualquier entidad que represente o signifique algo. Esto puede abarcar desde palabras habladas y textos escritos hasta imágenes, gestos o incluso prácticas culturales. Lo que distingue al significante es su función como transmisor de significado, que a menudo mantiene una relación compleja con el significado. Al explorar esta interacción, se hace evidente que el significado y la interpretación de los significantes están profundamente arraigados en el contexto sociocultural, lo que permite una multitud de significados matizados que contribuyen a la riqueza de la comunicación humana.

El aspecto connotativo de los significantes añade una capa adicional de complejidad a su relación con el significado. Esta connotación se configura no solo por las experiencias individuales, sino también por el inconsciente colectivo, como proponen los marcos psicoanalíticos. En consecuencia, un mismo significante puede evocar diversos significados y respuestas emocionales, lo que ilustra la naturaleza fluida y dinámica de esta interrelación. Es a través de esta ambigüedad inherente y la pluralidad de significados que la comunicación prospera, fomentando infinitas posibilidades de interpretación y comprensión.

Una explicación pertinente sobre la interrelación entre significantes y significado reside en su función en el contexto psicoanalítico. El lenguaje, cargado de significantes, se convierte en un conducto para explorar las profundidades del inconsciente y descifrar las representaciones simbólicas arraigadas en los pensamientos, sueños y expresiones de los individuos. La deconstrucción de estos significantes revela capas de significado que, de otro modo, podrían haber permanecido ocultas, ofreciendo profundas perspectivas y facilitando el proceso de autodescubrimiento y sanación.

Considerando la naturaleza en constante evolución del lenguaje, es crucial reconocer la continua reconfiguración y expansión de los significantes y sus significados asociados. Esta adaptabilidad no solo refleja los cambios sociales, sino que también subraya la continua negociación de significados dentro del orden simbólico. Al reconocer y aceptar este flujo, logramos una apreciación más profunda del poder que reside en los significantes y su papel integral en la configuración de nuestras experiencias subjetivas y conexiones interpersonales.

7. Variaciones lingüísticas en contextos culturales:

El lenguaje exhibe variaciones fascinantes en diferentes contextos culturales. Un aspecto sorprendente de estas variaciones lingüísticas es la diversidad léxica y los matices semánticos presentes en las distintas lenguas. Por ejemplo, el pueblo inuit posee numerosas palabras para describir la nieve, lo que refleja la importancia de este fenómeno en su entorno y sus vidas. En cambio, el inglés puede no presentar la misma especificidad en su terminología relacionada con la nieve. Estas variaciones ponen de relieve la profunda influencia de los factores culturales y ambientales en el desarrollo y el uso del lenguaje.

Las estructuras gramaticales y las convenciones sintácticas presentes en diversas lenguas pueden diferir significativamente, lo que da lugar a marcos cognitivos y modos de aprehender la realidad distintos. Por ejemplo, el concepto de tiempo puede expresarse de forma distinta en distintas lenguas, lo que influye en la orientación temporal y la percepción de los individuos dentro de estas comunidades lingüísticas. Consideremos la diferencia entre las lenguas que utilizan principalmente términos espaciales absolutos (p. ej., norte, sur, este, oeste) y las que se basan en términos espaciales relativos (p. ej., izquierda, derecha). Estas variaciones tienen profundas implicaciones en la forma en que las personas comprenden e interpretan el mundo que les rodea.

Los modismos, metáforas y proverbios culturales ejemplifican aún más los matices del lenguaje en entornos culturales específicos. Estos rasgos lingüísticos suelen encapsular valores culturales, creencias y experiencias colectivas más profundas, ofreciendo una perspectiva de los fundamentos simbólicos de una sociedad determinada. Al explorar estas complejidades lingüísticas, obtenemos una comprensión más profunda de los mecanismos simbólicos que sustentan la comunicación humana y la interacción social en diversos paisajes culturales.

Las formas en que las lenguas codifican y expresan la jerarquía social, las dinámicas de poder y las normas sociales varían significativamente, lo que refleja la compleja interacción entre la lengua y el orden simbólico. El uso de honoríficos, términos de parentesco y marcadores de cortesía en diferentes lenguas refleja las estructuras sociales y las dinámicas relacionales inherentes a estos sistemas lingüísticos. Comprender el significado cultural y simbólico de estos marcadores lingüísticos es crucial para comprender el funcionamiento del orden simbólico en contextos socioculturales específicos.

8. Desafíos y limitaciones del lenguaje dentro de lo simbólico:

El lenguaje, como medio principal de comunicación y representación simbólica, desempeña un papel fundamental en la formación de la subjetividad individual y la identidad cultural. Sin embargo, a pesar de su importancia, también plantea desafíos y limitaciones inherentes en el marco del orden simbólico. Uno de los principales desafíos surge de su naturaleza inherentemente arbitraria, donde la relación entre significantes y significados no es fija, sino que depende de los acuerdos convencionales dentro de una comunidad lingüística determinada. Esta arbitrariedad puede generar malentendidos y conflictos, especialmente cuando personas de diferentes contextos culturales intentan comunicarse. Además, la multiplicidad de significados dentro de una misma lengua complica aún más el proceso de significación, ya que las palabras y los símbolos pueden evocar diversas connotaciones e interpretaciones basadas en las experiencias individuales y el contexto social. El lenguaje también enfrenta limitaciones para captar adecuadamente la complejidad y profundidad de las emociones y experiencias humanas. La inefabilidad de ciertas emociones o conceptos plantea un desafío a la capacidad del lenguaje para representar y articular plenamente las complejidades de los mundos subjetivos internos. Además, la estructura y la gramática del lenguaje imponen restricciones a la expresión de ideas abstractas y complejas, lo que limita la precisión y exactitud de la transmisión de ciertos pensamientos o percepciones. Además, la influencia de las dinámicas de poder en el uso del lenguaje presenta otro desafío dentro del orden simbólico. Los discursos dominantes y las normas lingüísticas pueden marginar o silenciar ciertas voces, lo que lleva a la perpetuación de la desigualdad y la opresión dentro de la sociedad. Además, los sesgos y prejuicios arraigados en el lenguaje pueden contribuir al refuerzo de las jerarquías sociales y la discriminación sistémica. Estos desafíos y limitaciones subrayan la relación entre el lenguaje y el orden simbólico, lo que exige un examen crítico y una reflexión sobre el papel del lenguaje en la configuración de las subjetividades individuales y las estructuras sociales. Abordar estas complejidades es crucial para fomentar la inclusividad y la equidad dentro de diversos contextos lingüísticos y culturales, al tiempo que se reconocen las limitaciones inherentes del lenguaje para representar el rico tapiz de la experiencia humana.

Estructuras dentro del orden simbólico

1. Introducción a las estructuras simbólicas:

La exploración de las estructuras simbólicas constituye una piedra angular en el ámbito de la teoría psicoanalítica y la sociolingüística. En esencia, las estructuras simbólicas constituyen la red de significaciones y significantes que sustentan y organizan la realidad humana. Basado en las obras seminales de Ferdinand de Saussure y desarrollado por Jacques Lacan, el marco de las estructuras simbólicas gira fundamentalmente en torno a la capacidad del lenguaje y los símbolos para moldear nuestra comprensión del mundo. Esta red de códigos lingüísticos y culturales crea un entramado a través del cual los individuos se desenvuelven en su existencia, construyen sus identidades e interactúan con los demás.

En este discurso es central el concepto de significante: un elemento del lenguaje que transmite significado a través de su relación con otros significantes. Dentro de esta estructura, la interacción dinámica entre significante y significado da lugar al complejo sistema de significados y representaciones que abarca la experiencia humana. Además, las estructuras simbólicas se extienden más allá del ámbito del lenguaje, permeando las instituciones, los rituales y las normas sociales. La construcción de estos marcos simbólicos desempeña un papel fundamental en la configuración de las subjetividades individuales, las jerarquías sociales y las dinámicas de poder.

La influencia de las estructuras simbólicas se extiende al inconsciente, como postula la teoría lacaniana. El orden simbólico, uno de los tres registros de Lacan, constituye la cultura y el lenguaje, moldeando las maneras en que los individuos se perciben a sí mismos y se relacionan con el mundo exterior. En las estructuras simbólicas se encuentran los mitos, las narrativas y los arquetipos culturales que dotan de significado y significado a la experiencia humana.

2. El marco de la lingüística estructural:

La lingüística estructural ofrece una perspectiva distintiva para examinar la relación entre el lenguaje y el orden simbólico. En esencia, este marco profundiza en la estructura subyacente del lenguaje, enfatizando el papel fundamental de los significantes y los significados en la formación del significado. Desarrollada por lingüistas destacados como Ferdinand de Saussure y posteriormente adoptada y ampliada por Jacques Lacan, la lingüística estructural plantea implicaciones fundamentales para nuestra comprensión de la comunicación, la cultura y la psique humana.

El concepto de signo lingüístico, que comprende el significante (la imagen sonora) y el significado (el concepto que representa), es central en el marco de la lingüística estructural. La obra seminal de Saussure destacó la naturaleza arbitraria del signo, donde la conexión entre el significante y el significado no se basa en un significado inherente, sino en la convención dentro de una comunidad lingüística determinada. Esta idea repercute profundamente en el orden simbólico, subrayando la naturaleza construida del significado y la identidad.

El marco conceptual define la noción de *langue* (sistema lingüístico) y *parole* (actos de habla individuales), destacando la dualidad del lenguaje como sistema estructurado y manifestación dinámica en la comunicación cotidiana. En esta dicotomía reside la tensión entre lo colectivo y lo individual, reflejando la interacción entre las normas sociales y la expresión personal dentro del orden simbólico. Al analizar las reglas y patrones que rigen el uso del lenguaje, la lingüística estructural revela los mecanismos ocultos que rigen nuestras interacciones y nuestro discurso cultural.

El enfoque estructuralista trasciende los límites de la sintaxis y la semántica, ampliando su alcance para abarcar el tejido social y cultural más amplio. Mediante el análisis de mitos, rituales e instituciones sociales, se disciernen las estructuras lingüísticas, revelando patrones recurrentes y significados simbólicos profundamente arraigados. Este alcance interdisciplinario subraya las profundas implicaciones de la perspectiva estructuralista, que trasciende la investigación lingüística para ofrecer una profunda comprensión de los fundamentos simbólicos de la experiencia humana.

3. Redes simbólicas y sus implicaciones:

Al explorar las redes simbólicas y sus implicaciones, profundizamos en la red de significados y representaciones interconectadas que definen el Orden Simbólico. Las redes simbólicas abarcan un complejo sistema de significantes, códigos y símbolos que estructuran nuestra comprensión del mundo y median nuestras interacciones en él. Estas redes no se limitan a la comunicación lingüística, sino que se extienden a diversas formas de expresión cultural, incluyendo rituales, costumbres y tradiciones. Comprender las implicaciones de estas redes es crucial para comprender el profundo impacto que tienen en la identidad individual, las normas sociales y los comportamientos colectivos. Las redes simbólicas desempeñan un papel central en la configuración de nuestras percepciones, creencias y valores, influyendo no solo en nuestros pensamientos conscientes, sino también en nuestros deseos y motivaciones inconscientes. Además, estas redes contribuyen a la construcción y perpetuación de dinámicas de poder, jerarquías y estructuras sociales. Al examinar las implicaciones de las redes simbólicas, podemos comprender cómo influyen en nuestras experiencias, relaciones y sentido de pertenencia en diferentes contextos sociales. Además, el estudio de las redes simbólicas nos permite descubrir los mecanismos subyacentes a través de los cuales se produce, negocia y cuestiona el significado en diversos entornos culturales. Comprender las implicaciones de las redes simbólicas también arroja luz sobre las formas en que los individuos y las comunidades participan en procesos de construcción de significado, interpretación y negociación semiótica. Esta conciencia es esencial para fomentar la comprensión intercultural, abordar los conflictos derivados de interpretaciones divergentes y promover el diálogo inclusivo entre diversos grupos sociales. A medida que profundizamos en las implicaciones de las redes simbólicas, llegamos a apreciar el importante papel que desempeñan en la configuración de nuestras realidades, la construcción de nuestras identidades y la perpetuación de los sistemas culturales. Al examinar críticamente estas implicaciones, abrimos caminos para reimaginar y transformar los paisajes simbólicos de maneras que fomenten la equidad, la solidaridad y la apreciación intercultural.

4. Interconexiones con construcciones sociales:

Las interconexiones entre el orden simbólico y los constructos sociales son fundamentales para comprender las complejidades de la interacción humana y el funcionamiento social. El orden simbólico, tal como lo plantea la teoría lacaniana, está profundamente entrelazado con los constructos sociales, desempeñando un papel fundamental en la configuración y regulación del comportamiento humano en diversos contextos culturales.

En el centro de este debate se encuentra el concepto de normas y rituales simbólicos, que constituyen la piedra angular de las estructuras sociales. Estas normas y rituales están imbuidos de significados simbólicos que rigen las relaciones interpersonales, las identidades colectivas y las normas sociales. Las consideraciones sobre las dinámicas de poder, los roles de género, las distinciones de clase y las prácticas culturales tienen su raíz en el orden simbólico, permeando todos los aspectos de la vida social. Además, el orden simbólico sirve como marco a través del cual los individuos se orientan e interpretan su lugar en el panorama social más amplio, influyendo en sus percepciones, aspiraciones e interacciones.

Una exploración de los fundamentos simbólicos del lenguaje y la comunicación revela su vínculo indispensable con los constructos sociales. El lenguaje, como vehículo principal del orden simbólico, no solo refleja los valores y normas sociales imperantes, sino que también contribuye activamente a su perpetuación y evolución. A través de códigos lingüísticos y prácticas discursivas, los individuos interactúan con los constructos sociales establecidos y los refuerzan, perpetuando o cuestionando los sistemas de significado imperantes. La relación dialéctica entre el lenguaje y la sociedad revela así la naturaleza simbiótica de su interacción, subrayando la inextricable conexión entre el orden simbólico y los constructos sociales.

Además, un análisis de cómo las representaciones simbólicas y los símbolos culturales permean las instituciones sociales arroja luz sobre la profunda influencia del orden simbólico en los constructos sociales. Ya sea en sistemas legales, instituciones religiosas, marcos educativos o expresiones artísticas, los significados y las representaciones simbólicas desempeñan un papel fundamental en la configuración y perpetuación de jerarquías sociales, valores y sistemas de creencias. Al examinar estas manifestaciones simbólicas en diferentes entornos institucionales, se comprende mejor cómo los constructos sociales se mantienen, se cuestionan y se transforman dentro del orden simbólico.

5. La arquitectura de las relaciones simbólicas:

Al profundizar en las complejidades del orden simbólico, es esencial explorar la arquitectura de las relaciones simbólicas. El marco dentro del cual se establecen y mantienen estas relaciones desempeña un papel fundamental en la configuración de las interacciones del individuo con el mundo exterior y con los demás en la sociedad. Las relaciones simbólicas pueden considerarse como la red dinámica de significantes y símbolos mediante la cual los individuos crean significado e interactúan con su realidad social.

En el corazón de las relaciones simbólicas se encuentra el concepto de lenguaje y comunicación. El lenguaje sirve como el principal medio a través del cual se construyen y articulan las relaciones simbólicas. Dentro de las estructuras lingüísticas, las relaciones simbólicas se manifiestan mediante el uso de significantes y el proceso de significación. Esta base lingüística proporciona el andamiaje para la construcción de significados y representaciones simbólicas.

La arquitectura de las relaciones simbólicas trasciende las interacciones individuales para abarcar contextos sociales y culturales más amplios. Las instituciones sociales, como las unidades familiares, los sistemas educativos y las organizaciones religiosas, contribuyen al establecimiento y la perpetuación de las relaciones simbólicas en la sociedad. Estas instituciones sirven como plataformas a través de las cuales los individuos adquieren e internalizan significados simbólicos, normas y valores que configuran su comprensión del mundo.

Los códigos culturales también desempeñan un papel importante en la configuración de la arquitectura de las relaciones simbólicas. Los códigos culturales abarcan los sistemas compartidos de significado e interpretación dentro de una cultura o sociedad determinada. Estos códigos influyen en la forma en que los individuos interpretan y responden a las expresiones simbólicas, influyendo así en la dinámica de las relaciones simbólicas dentro de un contexto cultural.

Además, la arquitectura de las relaciones simbólicas se entrelaza con las dinámicas de poder y las jerarquías sociales. Las relaciones simbólicas no son neutrales; están imbuidas de dinámicas de poder que reflejan y perpetúan las desigualdades sociales. Ciertos símbolos y significantes pueden tener significados privilegiados, mientras que otros pueden ser marginados o excluidos dentro del orden simbólico, lo que contribuye a la estratificación y disparidad en las interacciones sociales.

6. La influencia de los códigos culturales:

Los códigos culturales son fundamentales para determinar cómo las personas perciben e interactúan con el mundo que les rodea. Estos códigos abarcan una amplia gama de convenciones sociales, normas, tradiciones, rituales y sistemas de creencias que se transmiten de generación en generación. Al examinar la influencia de los códigos culturales en el marco del orden simbólico, obtenemos información valiosa sobre los mecanismos que rigen la cognición, el comportamiento y la dinámica social humana.

En esencia, la codificación cultural opera como un conjunto de representaciones simbólicas que dotan de significado a objetos, acciones y fenómenos, creando un panorama semiótico compartido dentro de una comunidad o sociedad determinada. Esta semiótica comunitaria que sustenta los códigos culturales permite la interpretación de símbolos y la construcción de narrativas colectivas, fomentando un sentido de pertenencia e identidad entre los individuos. Además, los códigos culturales sirven como una lente a través de la cual los individuos dan sentido a sus experiencias, guiando su comprensión de las relaciones, las costumbres y las cuestiones existenciales.

Los códigos culturales permean diversas dimensiones de la vida, desde las expresiones artísticas y el lenguaje hasta los marcos morales y las jerarquías sociales. Contribuyen a la formación de estructuras de poder, influyen en los modos de comunicación y moldean la percepción de la realidad. Además, los códigos culturales suelen definir roles sociales, expectativas de comportamiento y estándares morales, generando una conciencia colectiva que ejerce un profundo impacto en la subjetividad individual y las interacciones intersubjetivas.

Comprender la importancia de los códigos culturales es fundamental para descifrar las complejidades de la existencia humana dentro del orden simbólico. Estos códigos no solo facilitan la transmisión de conocimientos y valores, sino que también actúan como mediadores entre el individuo y el tejido social más amplio, anclando a los individuos en una red de significados y prácticas compartidas. Al examinar críticamente los códigos culturales prevalecientes en diferentes sociedades, esclarecemos cómo las normas, tradiciones y rituales se entrelazan con el orden simbólico, arrojando luz sobre las fuerzas estabilizadoras y transformadoras inherentes a la codificación cultural.

7. Orden simbólico en la dinámica familiar:

La estructura familiar es un microcosmos del orden simbólico social más amplio, y desempeña un papel crucial en la formación de la comprensión individual del lenguaje, la cultura y las normas sociales. Dentro de la dinámica familiar, el orden simbólico se entrelaza con la estructura de las relaciones, influyendo en los patrones de comunicación, las dinámicas de poder y la transmisión de códigos culturales de una generación a otra. A través de las interacciones dentro de la unidad familiar, los individuos se familiarizan con el registro simbólico, donde el lenguaje y los significantes construyen significados y crean un marco para comprender el mundo. Este proceso comienza a una edad temprana, a medida que los niños internalizan los elementos lingüísticos y culturales presentes en su contexto familiar.

El orden simbólico en la dinámica familiar trasciende el lenguaje para abarcar un sistema de valores, creencias y tradiciones que se transmiten de generación en generación. Estas estructuras simbólicas configuran los roles y expectativas familiares, rigiendo el comportamiento y las interacciones de sus miembros. En este contexto, el orden simbólico sirve como mecanismo para mantener la continuidad y la coherencia dentro de la unidad familiar, proporcionando un marco para comprender el lugar que cada uno ocupa dentro de la jerarquía familiar y la sociedad en general.

La dinámica familiar se ve influenciada por las representaciones simbólicas de género, autoridad y parentesco, que se construyen y refuerzan mediante el lenguaje y las prácticas culturales. El orden simbólico dentro de las familias influye en la construcción de las identidades de género, la distribución del poder y la formación de vínculos familiares. Estas dinámicas simbólicas pueden contribuir a la perpetuación de los roles de género tradicionales, las estructuras jerárquicas y los paradigmas culturales, impactando las experiencias y la socialización de los individuos dentro del contexto familiar.

El orden simbólico dentro de la dinámica familiar desempeña un papel fundamental en la transmisión intergeneracional de códigos y prácticas culturales. Los rituales, tradiciones y narrativas familiares sirven como vehículos para la preservación y difusión del conocimiento cultural, configurando la identidad colectiva de la unidad familiar. Las estructuras simbólicas arraigadas en estas prácticas familiares reflejan y refuerzan valores sociales más amplios, sirviendo de vínculo entre la esfera privada de la familia y la esfera pública del entorno cultural más amplio.

8. Instituciones y estructura simbólica:

Las instituciones desempeñan un papel fundamental en la configuración y perpetuación de la estructura simbólica de la sociedad. Estos sistemas organizados, como los organismos gubernamentales, los centros educativos, las organizaciones religiosas y las entidades económicas, ejercen una influencia significativa en la construcción y difusión de significados y valores simbólicos. La dinámica estructural dentro de las instituciones está profundamente entrelazada con el funcionamiento del orden simbólico, sirviendo a menudo como canales para la transmisión y el refuerzo de representaciones simbólicas. Por ello, es esencial explorar la relación entre las instituciones y la estructura simbólica, arrojando luz sobre su impacto mutuo. Al examinar la intersección de las instituciones y el orden simbólico, es necesario considerar cómo las prácticas y normas institucionales contribuyen al mantenimiento de las jerarquías simbólicas y las dinámicas de poder. Asimismo, la institucionalización de ciertos símbolos y rituales puede consolidar su significado dentro del marco social más amplio, consolidando su papel como árbitros del significado y la identidad. Además, las instituciones a menudo actúan como guardianes de la producción y difusión del conocimiento, ejerciendo así una inmensa autoridad en la definición y regulación de los parámetros del registro simbólico. Además, la estructura simbólica ejerce su influencia dentro de las instituciones a través de la codificación del lenguaje, los mecanismos disciplinarios y los comportamientos normativos, generando un conjunto de reglas y normas que rigen las interacciones sociales y perpetúan el orden simbólico. Este proceso no solo refuerza las jerarquías simbólicas existentes, sino que también contribuye a la reproducción e internalización de las formas simbólicas dominantes. Además, las instituciones actúan como espacios para la negociación y la disputa de significados simbólicos, con diversos actores que buscan afirmar sus interpretaciones y valores dentro del contexto institucional. En consecuencia, la interacción dialéctica entre las instituciones y la estructura simbólica da lugar a complejas luchas de poder y conflictos ideológicos, que influyen en la trayectoria de la evolución simbólica dentro de la sociedad. En última instancia, desentrañar la red de relaciones entre las instituciones y la estructura simbólica es fundamental para comprender las formas multifacéticas en que los significados simbólicos se construyen, transmiten y transforman dentro del tejido de la vida social.

9. Los símbolos como mediadores de la realidad:

Desde la perspectiva del Orden Simbólico, los símbolos no son meras representaciones, sino entidades dinámicas que moldean nuestras percepciones, comportamientos e interacciones sociales. En el centro de esta exploración se encuentra el concepto de significación, donde los símbolos actúan como portadores de significado. A partir de la semiótica, examinamos cómo los símbolos funcionan como signos lingüísticos, transmitiendo significado cultural, social y psicológico. Ya sea en forma de lenguaje, imágenes o rituales, los símbolos encapsulan ricas capas de interpretación, reflejando las complejidades del pensamiento y la expresión humanos.

Los símbolos operan dentro de una red de significados interconectados, formando una red de asociaciones que construyen nuestra comprensión del mundo. La mediación simbólica de la realidad se extiende más allá de la experiencia personal para abarcar dinámicas sociales más amplias. Desde las banderas nacionales hasta los emblemas religiosos, los símbolos sirven como canales para expresar ideologías, valores e identidades colectivas. Estas representaciones simbólicas no solo reflejan narrativas sociales, sino que también influyen en la construcción de normas sociales y estructuras de poder.

Los símbolos, como mediadores de la realidad, están arraigados en los códigos y prácticas culturales, moldeando nuestra percepción de nosotros mismos y de los demás. Por ejemplo, el simbolismo de los roles y estereotipos de género abarca una amplia gama de claves y señales que influyen en las relaciones interpersonales y las expectativas sociales. Al analizar estos constructos simbólicos, comprendemos mejor los mecanismos mediante los cuales se atribuye y se negocia el significado en diversos contextos culturales.

Además, la mediación simbólica trasciende los ámbitos individual e interpersonal para permear los marcos institucionales. Dentro de los sistemas educativos, legales y políticos, los símbolos desempeñan un papel importante al dictar protocolos, jerarquías y medidas disciplinarias. Su influencia generalizada subraya el impacto de las estructuras simbólicas en la dinámica organizacional y las relaciones de poder, ilustrando cómo los símbolos sustentan y perpetúan los órdenes y acuerdos sociales.

En conclusión, la exploración de los símbolos como mediadores de la realidad reafirma su profunda influencia en la conciencia humana, las interacciones sociales y los paradigmas culturales. Comprender la compleja interacción entre los símbolos y la realidad arroja luz sobre los mecanismos subyacentes de la construcción de significado y la simbolización, ofreciendo valiosas perspectivas para campos interdisciplinarios como la psicología, la lingüística, la antropología y la sociología.

Identidad individual y estructuras sociales influenciadas por lo simbólico

1. El concepto de identidad en el psicoanálisis lacaniano:

A diferencia de las perspectivas psicológicas tradicionales, la teoría de Jacques Lacan profundiza en la noción de identidad como algo construido e influenciado por fuerzas externas, en particular a través del lenguaje y la interacción social. En el centro del pensamiento lacaniano se encuentra la comprensión de que la identidad no es fija ni inherente, sino que constituye un proceso continuo que se configura dentro del orden simbólico. En lugar de considerar la identidad como la esencia interna del individuo, Lacan postula que emerge a través de una compleja interacción de significantes lingüísticos, normas culturales y estructuras psíquicas.

Central para el psicoanálisis lacaniano es la idea del «yo» como producto de la identificación con representaciones simbólicas, dictadas por el Otro e internalizadas durante las etapas formativas del desarrollo. Este proceso de identificación sustenta la construcción de la identidad individual dentro del marco simbólico. En consecuencia, el Yo evoluciona como un reflejo de la percepción que el sujeto tiene de sí mismo en relación con las exigencias y normas sociales, más que como una expresión auténtica de su yo interior. El énfasis de Lacan en el «estadio del espejo» subraya la importancia de las imágenes externas en la configuración del sentido del Yo individual, destacando el impacto del registro simbólico en la autopercepción.

El análisis lacaniano reconoce la naturaleza fragmentaria de la identidad, donde la percepción del Yo del sujeto está plagada de contradicciones e inconsistencias. Esta disonancia surge de la disyunción entre el Yo real y la imagen idealizada construida dentro del orden simbólico. A medida que los individuos se esfuerzan por ajustarse a las expectativas sociales y establecer sus identidades dentro del marco simbólico, se enfrentan a inevitables rupturas y disrupciones que generan sentimientos de alienación e inadecuación.

Desde una perspectiva lacaniana, la identidad está profundamente entrelazada con el lenguaje y la red de representaciones simbólicas. El lenguaje sirve como el principal medio a través del cual los individuos negocian sus identidades dentro del orden simbólico, ya que proporciona el marco para la significación y la construcción de significados. El proceso de formación del sujeto se desarrolla a través de la mediación lingüística, abarcando la adquisición de códigos simbólicos, narrativas y discursos culturales que configuran la comprensión que cada individuo tiene de sí mismo y de su lugar en la sociedad.

En esencia, el concepto de identidad en el psicoanálisis lacaniano dilucida la red de influencias que moldean la identidad subjetiva dentro del orden simbólico. Al examinar cómo los individuos interactúan con la compleja interacción del lenguaje, los dictados culturales y los constructos sociales, la teoría lacaniana ofrece profundas perspectivas sobre la formación, la negociación y la disonancia de la identidad en la sociedad contemporánea.

2. Formación de la subjetividad en el orden simbólico:

La formación de la subjetividad en el orden simbólico constituye un aspecto central del psicoanálisis lacaniano, que profundiza en la construcción de la identidad individual en el marco del lenguaje y las estructuras sociales. Este proceso dilucida la interacción entre los significantes lingüísticos y la construcción del Yo en un contexto social más amplio. En este ámbito, la subjetividad no se genera de forma autónoma, sino que está profundamente entrelazada con el orden simbólico, que actúa como mecanismo regulador que configura la percepción individual de la realidad. El orden simbólico actúa como una vasta red de significantes que influyen y estructuran la forma en que los individuos interactúan con el mundo que los rodea. Mediante la adquisición del lenguaje y la entrada en el registro simbólico, los individuos internalizan estos constructos sociales, culturales y lingüísticos, lo que afecta sus experiencias y percepciones subjetivas. Además, el orden simbólico desempeña un papel crucial en la mediación y regulación de las relaciones e interacciones interpersonales, influyendo aún más en la formación de la subjetividad. A medida que los individuos interactúan con el ámbito simbólico, se integran en sistemas sociales más amplios, consolidando su sentido del Yo mediante la interacción de las normas, valores y expectativas sociales. Estas influencias externas se internalizan, imprimiéndose en la realidad subjetiva del individuo y contribuyendo al desarrollo de su identidad única. Además, la formación de la subjetividad dentro del orden simbólico implica la internalización de códigos lingüísticos y culturales, lo que lleva a la adopción de roles, comportamientos y sistemas de creencias específicos que se alinean con el marco social. Este proceso moldea la comprensión que el individuo tiene de sí mismo y de su posición dentro del tejido social, contribuyendo en última instancia a la construcción continua de su subjetividad. En consecuencia, la formación de la subjetividad en el orden simbólico abarca una compleja interrelación de elementos lingüísticos, culturales y sociales que moldean y esculpen el sentido de identidad del individuo dentro del panorama simbólico más amplio, enfatizando la profunda influencia del registro simbólico en la construcción de la identidad subjetiva.

3. El papel del «Otro» - El lenguaje y la interacción social:

Como se mencionó anteriormente, el «Otro» no se limita a una persona específica, sino que abarca la esfera social más amplia, que abarca el lenguaje, las normas culturales y las estructuras sociales. Las interacciones lingüísticas dentro de este «Otro» impactan profundamente la comprensión que el individuo tiene de sí mismo y de los demás. Dentro del Orden Simbólico, el lenguaje sirve como el principal medio a través del cual el «Otro» influye en la identidad personal. A través de los intercambios lingüísticos, las personas aprenden a interactuar con el panorama sociocultural, internalizando significados compartidos e integrándolos en su autopercepción. Este proceso implica inherentemente una negociación constante de significados e identidades dentro del contexto social más amplio. Además, el «Otro» también encarna la presencia de figuras de autoridad, instituciones y dinámicas de poder que contribuyen a la regulación de los comportamientos y las normas sociales. Las influencias del «Otro» a través del lenguaje y la interacción social no son meramente pasivas, sino que configuran activamente la construcción de la identidad y el rol de un individuo en la sociedad. Asimismo, la exposición a diversas perspectivas e ideologías dentro del «Otro» fomenta una compleja interacción de creencias, valores y roles sociales. En consecuencia, los individuos participan en diversas identificaciones simbólicas, posicionándose en relación con los discursos predominantes y las expectativas sociales. A través de esta interacción dinámica con el "Otro", los individuos forjan su subjetividad, a la vez que contribuyen a la perpetuación y evolución de las estructuras sociales. Es fundamental reconocer que el impacto del "Otro" no es unidireccional, ya que los individuos también participan en la construcción del registro simbólico a través de sus expresiones lingüísticas y sociales. Al participar en conversaciones, debates y discursos, los individuos influyen activamente y reconfiguran la red simbólica, perpetuando o desafiando paradigmas existentes. Por lo tanto, el "Otro" funciona como una fuerza multidimensional que moldea sustancialmente la identidad individual y la dinámica social a través de la red del lenguaje y la interacción.

4. Normas culturales y su impacto en la identidad personal:

En el psicoanálisis lacaniano, las normas culturales se consideran las influencias externas que contribuyen a la formación de la identidad subjetiva de un individuo. Estas normas abarcan una amplia gama de expectativas, valores, creencias y comportamientos sociales que se transmiten a través de los procesos de socialización, el lenguaje y las representaciones simbólicas dentro de una cultura o comunidad específica. El impacto de las normas culturales en la identidad personal es multifacético y puede manifestarse en diversos aspectos de la vida de un individuo, incluyendo la autopercepción, las relaciones interpersonales y los roles sociales. Es esencial reconocer la interacción entre las normas culturales y la identidad personal en el contexto del Orden Simbólico. Las normas culturales pueden influir en la comprensión que un individuo tiene de sí mismo y de los demás, así como en sus aspiraciones, expresiones y experiencias. Además, pueden moldear la construcción del género, la raza, la etnia, la sexualidad y otros aspectos de la identidad, contribuyendo a las complejidades de la subjetividad humana. Además, las normas culturales pueden crear expectativas y presiones que los individuos pueden internalizar, lo que lleva a la formación de deseos inconscientes, ansiedades y conflictos relacionados con la conformidad y la aceptación dentro de su entorno cultural. Además, la imposición de normas culturales puede afectar el posicionamiento simbólico de los individuos dentro de las estructuras sociales, delineando dinámicas de poder, privilegios y desigualdades. Comprender el impacto de las normas culturales en la identidad personal es crucial para evaluar las formas en que los individuos negocian su sentido de identidad dentro del contexto social más amplio. También plantea preguntas importantes sobre las posibles restricciones y libertades que resultan de las normas culturales, así como las posibilidades de agencia, resistencia y transformación. Explorar la relación entre las normas culturales y la identidad personal ofrece valiosas perspectivas sobre las complejas dinámicas de la subjetividad humana, la pertenencia social y la perpetuación o subversión de la hegemonía cultural.

5. Estructuras sociales - Autoridad, jerarquías e influencia:

Las estructuras sociales son componentes integrales del orden simbólico, que moldean las experiencias e identidades de los individuos. Dentro de estas estructuras, la autoridad, las jerarquías y la influencia desempeñan papeles cruciales en la determinación de la dinámica de poder y las relaciones sociales. La autoridad, a menudo conferida a instituciones o individuos, dicta normas, reglas y regulaciones que rigen el comportamiento y las interacciones dentro de una sociedad. Esta influencia autoritaria puede provenir de diversas fuentes, como organismos gubernamentales, organizaciones religiosas, sistemas educativos o tradiciones culturales, y moldea las expectativas y los límites de la conducta aceptable. Las jerarquías dentro de las estructuras sociales establecen niveles de estatus, privilegio y acceso a recursos, que impactan significativamente las oportunidades y trayectorias de vida de los individuos. Ya sea en el lugar de trabajo, la comunidad o contextos sociales más amplios, las jerarquías crean estratificaciones que influyen en el sentido de pertenencia y valor de las personas. Además, la influencia permea las estructuras sociales a través de medios persuasivos o coercitivos, moldeando actitudes, creencias y comportamientos colectivos. Las personas pueden ejercer influencia a través de roles de liderazgo, activismo o defensa, mientras que los medios de comunicación, la tecnología y los sistemas económicos también ejercen una influencia considerable en los valores y prácticas sociales. Comprender la dinámica de la autoridad, las jerarquías y la influencia dentro de las estructuras sociales es esencial para comprender la compleja interacción entre la identidad individual y el entorno sociocultural más amplio. Además, es crucial que los psicoanalistas exploren cómo estas dinámicas impactan las experiencias y percepciones de sus pacientes, así como que examinen críticamente sus propias posiciones y responsabilidades dentro de estas estructuras. Al reconocer e interrogar estas dinámicas, se puede fomentar una comprensión más matizada de cómo las estructuras sociales moldean la subjetividad, la identidad y las relaciones interpersonales, enriqueciendo así las intervenciones terapéuticas y el discurso social. Asimismo, reconocer las complejidades inherentes y las diferencias de poder dentro de las estructuras sociales permite una mayor comprensión de cómo el orden simbólico se intersecta con las fuerzas sociales para moldear las subjetividades individuales y las identidades colectivas.

6. Identidad de género y el dominio simbólico:

La identidad de género en el ámbito simbólico es un tema complejo y multifacético que se entrelaza con diversos aspectos del psicoanálisis lacaniano y la teoría social. Al examinar la identidad de género desde la perspectiva del orden simbólico, se hace evidente que el lenguaje, la cultura y las normas sociales desempeñan un papel crucial en la configuración de la comprensión y la experiencia que las personas tienen de su propio género. Un concepto fundamental es la idea de que la identidad de género no es únicamente producto de determinantes biológicos, sino que está significativamente influenciada por representaciones simbólicas y estructuras lingüísticas. La teoría lacaniana enfatiza el papel del lenguaje en la construcción de la subjetividad, lo que se extiende a la formación y expresión de la identidad de género. El ámbito simbólico proporciona un marco para comprender cómo las personas llegan a identificarse y expresarse dentro de las categorías de género definidas culturalmente. Además, el orden simbólico contribuye al establecimiento de normas y expectativas de género, que configuran las experiencias de las personas sobre su propio género y sus interacciones en la sociedad. Es en este contexto que el concepto de «Otro» cobra especial importancia en relación con la identidad de género. El «Otro» representa las fuerzas y expectativas sociales externas que influyen en el sentido de identidad y del Yo de una persona. Esto incluye las percepciones sociales de lo que significa ser masculino o femenino, así como la internalización de estas percepciones en la psique. La identidad de género, dentro del ámbito simbólico, también abarca cuestiones de dinámicas de poder, ya que el orden simbólico construye y perpetúa jerarquías y diferencias de poder entre los géneros. Estas dinámicas de poder son evidentes en las instituciones sociales, las representaciones culturales y las relaciones interpersonales, donde el género a menudo se intersecta con cuestiones de autoridad e influencia. Además, el ámbito simbólico influye en la forma en que se representa y percibe el género en los discursos culturales, los medios de comunicación y el uso del lenguaje. Comprender el impacto del orden simbólico en la identidad de género abre caminos para explorar las complejidades de la identificación simbólica. Al profundizar en estudios de caso y aplicaciones, podemos comprender mejor cómo las personas interactúan con sus identidades de género dentro del marco simbólico más amplio. A través de estas investigaciones, podemos analizar cómo el ámbito simbólico configura las relaciones de las personas con sus propias identidades de género, así como sus implicaciones para el bienestar psicológico, la integración social y las prácticas culturales. En última instancia, examinar la identidad de género dentro del dominio simbólico amplía nuestra comprensión de la interacción entre el lenguaje, la cultura y la subjetividad individual, ofreciendo información valiosa tanto para los desarrollos teóricos como para las aplicaciones prácticas dentro del campo del psicoanálisis y los estudios de género.

7. Conflicto y resolución - La interacción con lo real:

En el psicoanálisis lacaniano, el concepto de «lo real» se entrelaza con los registros simbólicos e imaginarios, contribuyendo a la formación de la identidad individual e influyendo en las estructuras sociales. En el centro de esta exploración se encuentra la tensión entre la experiencia inconsciente y consciente, así como la manifestación de deseos reprimidos y traumas no resueltos en la vida cotidiana. Lo real altera el orden simbólico establecido, introduciendo elementos que se resisten a la simbolización y la representación lingüística, dando lugar así a conflictos caracterizados por la disonancia y la ambigüedad. Estos conflictos permean las experiencias subjetivas de los individuos, generando luchas internas y tensiones externas dentro de los marcos sociales. Además, lo real se vincula al trauma, evocando experiencias angustiosas y a menudo inasimilables que desafían la autoconciencia del individuo y su relación con los demás. Por lo tanto, resulta imperativo investigar los mecanismos de resolución en la interacción con lo real. Superar estos conflictos exige un complejo proceso de reconocimiento, procesamiento e integración, esencial para la restauración del equilibrio y el bienestar. Además, interactuar con lo real exige reconocer las limitaciones del lenguaje y la incapacidad de los sistemas simbólicos para encapsular ciertos aspectos de la experiencia humana. Al aceptar estas limitaciones, las personas pueden aspirar a una introspección genuina y a conexiones auténticas, fomentando así el crecimiento personal y enriqueciendo las interacciones sociales. Además, la resolución de los conflictos que surgen de lo real trasciende lo individual, permeando las dimensiones comunitarias y sociales. Abordar los traumas colectivos y reconocer las vulnerabilidades compartidas se vuelve fundamental para construir estructuras sociales empáticas e inclusivas.

Funcionalidad del orden simbólico en la práctica psicoanalítica

1. Introducción a la relevancia clínica de lo simbólico

La relevancia clínica del Orden Simbólico trasciende la abstracción teórica; permea la esencia misma de la práctica psicoanalítica y define los contornos de la transformación psicológica. A medida que el analista asume la responsabilidad de mediar lo Simbólico, la interacción entre el lenguaje, los significantes y los marcos culturales se manifiesta palpablemente en el proceso terapéutico. Lo Simbólico funciona como una lente indispensable a través de la cual se descifran los matices de la subjetividad humana, lo que lo hace indispensable para comprender las complejidades de los procesos inconscientes y la comunicación simbólica. Al profundizar en lo Simbólico, los analistas comprenden los fundamentos estructurales del mundo psíquico de sus pacientes, facilitando así una comprensión más profunda de la narrativa individual y las dinámicas intersubjetivas en juego. Además, lo Simbólico se despliega como una piedra angular que dilucida el impacto de los constructos lingüísticos y los contextos socioculturales en la formación de deseos inconscientes y las complejidades de la construcción de la identidad. Esta conciencia crítica permite explorar cómo el lenguaje y las costumbres culturales configuran la manifestación de los síntomas y la articulación del malestar subjetivo en el contexto terapéutico. Además, al reconocer el papel fundamental de lo Simbólico en la mediación del significado y la estructuración del terreno de la experiencia humana, los analistas pueden explorar con destreza la red de representaciones simbólicas, fomentando así una interacción más profunda con el mundo interno del paciente. Es importante destacar que, al integrar el marco Simbólico en el proceso terapéutico, los analistas pueden esclarecer los intercambios simbólicos ocultos que subyacen a las comunicaciones inconscientes, mejorando así la perspicacia interpretativa necesaria para descubrir los significados latentes presentes en las expresiones verbales, los sueños y las interacciones interpersonales. De este modo, la terapia trasciende los límites de las manifestaciones superficiales, permitiendo una exploración profunda del sustrato simbólico que informa la realidad subjetiva del paciente.

2. El papel del analista como mediador de lo simbólico:

En la práctica psicoanalítica, el analista actúa como mediador del registro simbólico dentro del contexto terapéutico. En este rol, es fundamental su capacidad para interactuar con el inconsciente del paciente a través del lenguaje y los símbolos que permean el orden simbólico. El analista actúa como traductor, descifrando las expresiones, sueños y fantasías del paciente para identificar los significantes subyacentes que se manifiestan dentro del marco simbólico. Al profundizar en la red de constructos lingüísticos y culturales, el analista facilita la exploración e interpretación de las experiencias subjetivas del paciente. Interactuar con lo simbólico requiere la destreza del analista para navegar entre las capas de significado asociadas a las palabras y los símbolos, reconociendo al mismo tiempo los matices y ambigüedades que caracterizan estas manifestaciones. Además, el analista debe estar atento a sus propias reacciones contratransferenciales, ya que podrían proyectar inadvertidamente sus propias interpretaciones simbólicas sobre el paciente, distorsionando potencialmente el proceso terapéutico. Por lo tanto, la capacidad del analista para la autorreflexión y la introspección es crucial para mantener la integridad de la mediación simbólica. Como mediador, el analista se esfuerza por conectar los registros consciente e inconsciente, proporcionando un espacio seguro para que el paciente articule y explore las representaciones simbólicas que sustentan su realidad psíquica. Esto implica fomentar un diálogo colaborativo donde el paciente se sienta empoderado para articular sus pensamientos, permitiendo al analista discernir patrones y temas que emergen del tejido simbólico. El rol del analista va más allá de la mera interpretación; abarca la creación de un entorno donde el paciente se sienta validado en sus expresiones simbólicas, fomentando una exploración y comprensión más profundas. Mediante una mediación eficaz, el analista ayuda al paciente a desentrañar las complejidades de su mundo interno, promoviendo la comprensión y la transformación.

3. Dinámica de transferencia simbólica y contratransferencia:

El concepto de transferencia, tal como lo conceptualizó originalmente Sigmund Freud y desarrolló Jacques Lacan, se refiere a la redirección inconsciente de los sentimientos, deseos y expectativas del paciente hacia el analista, a menudo reflejando relaciones pasadas significativas. Dentro del orden simbólico, esta transferencia de emociones y apego puede manifestarse a través del lenguaje y la comunicación, lo que ilustra la conexión entre los símbolos lingüísticos y la estructura psíquica. Por consiguiente, comprender e interpretar la transferencia en el contexto del orden simbólico es esencial para sortear las complejidades del proceso terapéutico.

La contratransferencia, por otro lado, abarca las reacciones emocionales y las respuestas subjetivas del analista hacia el paciente, influenciadas por sus propios conflictos no resueltos y procesos inconscientes. En el ámbito simbólico, la dinámica contratransferencial puede aportar valiosas perspectivas sobre la interacción de los significantes y la subjetividad del analista, ofreciendo una comprensión más profunda de los intercambios simbólicos que ocurren en la relación terapéutica.

La teoría lacaniana enfatiza la importancia de la capacidad del analista para transitar la dimensión simbólica, estableciendo un espacio intersubjetivo donde tanto la transferencia como la contratransferencia pueden examinarse críticamente. Este enfoque exige una mayor conciencia de los componentes lingüísticos y simbólicos subyacentes a las narrativas y expresiones del paciente. Al reconocer las estructuras simbólicas en juego, los analistas pueden orquestar las dinámicas de transferencia y contratransferencia para descubrir significados latentes y significantes inconscientes incrustados en el discurso del paciente.

Las dinámicas de transferencia y contratransferencia simbólica también arrojan luz sobre las influencias sociales y culturales más amplias que configuran las interacciones simbólicas de un individuo. Las representaciones simbólicas colectivas y los significantes compartidos presentes en el entorno cultural contribuyen a la formación y expresión de los fenómenos de transferencia, lo que enriquece la comprensión de cómo los marcos culturales afectan el desarrollo psíquico y los procesos terapéuticos.

Al analizar las dinámicas de transferencia y contratransferencia simbólicas, se hace evidente que el orden simbólico funciona como un rico tapiz entrelazado con hilos lingüísticos, culturales e históricos, que configura fundamentalmente el encuentro psicoanalítico. Interactuar con éxito con estas dinámicas permite a los analistas facilitar transformaciones profundas y promover la evolución de la subjetividad individual en el contexto del registro simbólico.

4. Técnicas lacanianas para abordar el orden simbólico:

En el ámbito del psicoanálisis, las técnicas lacanianas para interactuar con el orden simbólico desempeñan un papel fundamental en el descubrimiento de las dinámicas inconscientes que rigen la psique individual. El concepto de «estadio del espejo» es central en la teoría lacaniana, donde el bebé comienza a formar su identidad a través de su reflejo en el espejo y, posteriormente, accede al orden simbólico mediante el lenguaje y las interacciones sociales. Partiendo de esta base, el proceso terapéutico emplea diversas técnicas para interactuar con el orden simbólico.

Una técnica significativa es el uso de la asociación libre, en la que el paciente verbaliza pensamientos, sentimientos e imágenes sin censura. Esta expresión sin filtros proporciona acceso al inconsciente del paciente y permite al analista discernir patrones y conflictos simbólicos subyacentes. Además, el terapeuta puede introducir el "tercero analítico" como herramienta para ubicar al paciente en el contexto más amplio del orden simbólico. A través de esta perspectiva, las experiencias individuales se replantean dentro de las estructuras sociales y lingüísticas, lo que permite una comprensión más profunda de la realidad subjetiva del paciente.

El psicoanálisis lacaniano también utiliza la interpretación de los sueños para decodificar el contenido simbólico incrustado en el inconsciente. El sueño, considerado como la "vía principal hacia el inconsciente", constituye una rica fuente de material simbólico, ofreciendo una comprensión de los deseos, conflictos y ansiedades inconscientes del paciente. Al decodificar el contenido latente de los sueños, el terapeuta interactúa con las manifestaciones simbólicas del mundo interior del paciente, facilitando una comprensión profunda y promoviendo el crecimiento terapéutico.

El lenguaje en sí mismo se convierte en una herramienta crucial para interactuar con el orden simbólico. Lacan enfatiza la importancia del habla y su impacto en la formación del sujeto, postulando que el lenguaje construye y moldea la experiencia de la realidad. Los terapeutas expertos en técnicas lacanianas exploran los matices del lenguaje para desvelar los fundamentos simbólicos de las narrativas del paciente, arrojando luz sobre los símbolos reprimidos y los significados culturales.

Finalmente, las técnicas lacanianas emplean el análisis de la resistencia como una vía fructífera para interactuar con el orden simbólico. La resistencia, a menudo manifestada en forma de oposición o reticencia, revela conflictos y defensas subyacentes arraigadas en el marco simbólico. Al examinar cuidadosamente la resistencia, los terapeutas acceden a las redes simbólicas que contribuyen a los impasses psicológicos, allanando el camino para intervenciones transformadoras y una mayor autoconciencia.

5. El lenguaje como herramienta en la intervención psicoanalítica:

En el contexto del orden simbólico, el lenguaje sirve como vehículo principal para expresar y explorar los deseos y conflictos inconscientes. A medida que los pacientes participan en el discurso, proporcionan valiosas pistas lingüísticas que arrojan luz sobre sus pensamientos y emociones más íntimos. El analista, dotado de un profundo conocimiento de los significantes lingüísticos y sus significados simbólicos, es capaz de descifrar estas expresiones lingüísticas, desentrañando la compleja red de significados que tejen las palabras del paciente.

La teoría lacaniana subraya la importancia del lenguaje no solo como medio de comunicación, sino también como determinante fundamental de la subjetividad. Mediante el análisis lingüístico, el analista identifica el uso que el paciente hace de significantes específicos y considera cómo estas manifestaciones verbales configuran la realidad subjetiva del individuo dentro del orden simbólico. El lenguaje se convierte así en una herramienta indispensable para profundizar en la construcción de la identidad, dilucidar el inconsciente y recorrer el terreno de la psique humana.

El psicoanalista experto en el uso del lenguaje como herramienta emplea intervenciones lingüísticas para romper patrones arraigados de pensamiento y comportamiento. Al impulsar al paciente a examinar los significados subyacentes de su discurso, el analista facilita una mayor conciencia de las fuerzas inconscientes en juego. Este proceso analítico promueve un proceso transformador, que permite al individuo confrontar aspectos previamente desconocidos de su mundo interior.

El lenguaje funciona en el entorno terapéutico como un mecanismo para fomentar la catarsis y la introspección. A medida que el paciente articula sus experiencias y dialoga, verbalizar emociones y recuerdos profundos puede generar revelaciones profundas y liberación emocional. El intercambio lingüístico, cuidadosamente guiado, se convierte en un conducto para la expresión catártica y la exploración introspectiva, catalizando el proceso terapéutico.

En el marco del orden simbólico, el lenguaje asume un papel multifacético, sirviendo tanto como medio de comunicación como portal a las profundidades del inconsciente. Aprovechando el poder del lenguaje, el psicoanalista se involucra en una danza matizada de interpretación, diálogo y exploración lingüística, desvelando finalmente las complejidades de la psique humana y sentando las bases para una profunda transformación terapéutica.

6. Las interpretaciones de los sueños a través del lente simbólico:

Como psicoanalistas, a menudo recurrimos a los sueños como una rica fuente de material para comprender las dinámicas inconscientes que operan en nuestros pacientes. Los sueños, en su naturaleza fragmentada y a menudo absurda, ofrecen una vía directa al inconsciente, representando deseos insatisfechos, ansiedades y emociones reprimidas.

Al aplicar la perspectiva simbólica a la interpretación de los sueños, es crucial reconocer que el contenido manifiesto de los sueños, o los eventos e imágenes reales que experimenta el soñador, disfraza el contenido latente, que encapsula el verdadero significado simbólico. Al interactuar con los pacientes para explorar el contenido latente de sus sueños, los analistas obtienen conocimiento de los significantes y estructuras inconscientes que configuran la psique.

El énfasis de Lacan en el lenguaje y los significantes subraya la importancia de interpretar los símbolos presentes en los sueños. Mediante el análisis de estos elementos simbólicos, como objetos, personas y acciones, podemos descubrir los significados ocultos en el inconsciente del soñador. Además, el uso de herramientas lingüísticas, como la asociación libre y la exploración de las múltiples interpretaciones posibles de un símbolo, nos permite recorrer la compleja red de asociaciones del sueño.

El acto de interpretar los sueños a través de la lente simbólica también requiere ser consciente de la interacción entre los diversos órdenes —simbólico, imaginario y real— dentro del paisaje onírico. Al discernir cómo estos órdenes se entrecruzan y entrelazan, los analistas pueden descifrar los conflictos y tensiones subyacentes que se manifiestan en la narrativa onírica. Este enfoque holístico no solo enriquece el proceso interpretativo, sino que también proporciona una comprensión más profunda del mundo interno del paciente.

7. Resistencia y aceptación en el marco simbólico:

Cuando las personas acuden a terapia, suelen mostrar resistencia a profundizar en aspectos de su inconsciente. Esta resistencia puede manifestarse como mecanismos de defensa, como la negación o la represión, en un esfuerzo por protegerse de experimentar malestar emocional o enfrentarse a conflictos no resueltos. Es crucial que los psicoanalistas reconozcan y exploren estos patrones de resistencia para facilitar avances significativos en el proceso terapéutico.

Por otro lado, la aceptación dentro del marco simbólico se refiere a la disposición de la persona a reconocer y confrontar los símbolos, significantes y representaciones inconscientes que surgen durante el proceso terapéutico. Aceptar estos elementos permite una comprensión más profunda del Yo y allana el camino hacia perspectivas transformadoras y el crecimiento personal. Mediante la aceptación de sus realidades simbólicas internas, las personas pueden desentrañar las capas de su psique y trabajar para resolver sus conflictos y angustias internas.

En la práctica psicoanalítica, gestionar la resistencia y fomentar la aceptación implica un equilibrio entre empatía, paciencia e interpretación hábil. Los analistas deben abordar la resistencia con comprensión, reconociéndola como una respuesta natural a la incomodidad asociada a revelar pensamientos y emociones reprimidas. Al crear un espacio seguro y sin prejuicios, los analistas pueden ayudar a los clientes a superar gradualmente su resistencia y a explorar el paisaje simbólico de su subconsciente sin temor a la crítica ni la condena.

Cultivar la aceptación dentro del marco simbólico requiere fomentar un ambiente de confianza y apertura. Las personas necesitan sentirse validadas y apoyadas mientras gestionan las complejidades de su mundo interior. Al enfatizar la importancia del autodescubrimiento y el potencial de sanación a través de la aceptación, los analistas pueden empoderar a sus clientes para que acepten las manifestaciones simbólicas que emergen, allanando el camino hacia la autorrealización y la comprensión.

8. Consideraciones éticas al interactuar con lo simbólico:

Abordar el complejo terreno del Orden Simbólico en la práctica psicoanalítica exige una profunda comprensión de las consideraciones éticas que sustentan esta delicada labor. Las consideraciones éticas en el psicoanálisis son fundamentales, dado el potencial para descubrir aspectos profundamente personales y sensibles del mundo interior de los individuos. En el contexto del Orden Simbólico, la deliberación ética se vuelve aún más crucial a medida que los analistas interactúan con los significados simbólicos y los constructos culturales que configuran la identidad y la percepción de la realidad de un individuo.

Una consideración ética importante al abordar lo Simbólico gira en torno a la confidencialidad. Dado que la exploración de lo Simbólico a menudo implica adentrarse en las esferas íntimas del marco lingüístico y cultural del paciente, es imperativo mantener una estricta confidencialidad. Los analistas deben velar por la privacidad y la dignidad de sus pacientes, garantizando que la información sensible permanezca estrictamente dentro de los límites del espacio terapéutico.

Las implicaciones éticas de las dinámicas de poder cobran relevancia al explorar el registro simbólico. Los psicoanalistas ejercen una influencia significativa en el proceso interpretativo de lo simbólico y deben gestionar concienzudamente esta dinámica de poder. Es fundamental que los analistas reconozcan y aborden cualquier posible desequilibrio de poder que pueda surgir durante la exploración de lo simbólico, garantizando que la relación terapéutica se base en el respeto mutuo y la autonomía. La gestión transparente de las diferencias de poder contribuye a la integridad ética del proceso terapéutico y fomenta un entorno de confianza y colaboración.

Además, las consideraciones éticas se extienden al uso del lenguaje y la interpretación dentro del Orden Simbólico. Dado el papel fundamental del lenguaje en la configuración de lo Simbólico, los analistas deben abordar la interpretación lingüística con sensibilidad y competencia cultural. El compromiso respetuoso con los diversos trasfondos lingüísticos y culturales es vital para reconocer las ricas complejidades inherentes al marco Simbólico. Asimismo, el uso ético de la interpretación exige que los analistas sean conscientes del posible impacto de sus interpretaciones en la autopercepción y la cosmovisión del paciente, priorizando la preservación de su autonomía y autenticidad.

Finalmente, las consideraciones éticas abarcan la integración de las perspectivas simbólicas en el proceso terapéutico más amplio. Garantizar que las revelaciones simbólicas se integren éticamente en los planes de tratamiento requiere un discernimiento profundo y la consideración del bienestar del paciente. La aplicación ética de las perspectivas simbólicas busca empoderar a las personas para que atraviesen y trasciendan las limitaciones simbólicas que puedan haber obstaculizado su desarrollo psicológico, fomentando un sentido de autoconciencia y autonomía dentro de las realidades construidas del Orden Simbólico. Al incorporar las dimensiones éticas de lo Simbólico en la práctica psicoanalítica, los analistas pueden esforzarse por crear un entorno terapéutico que defienda los principios de beneficencia, no maleficencia y justicia, promoviendo así el bienestar holístico de sus pacientes.

Interacción entre los órdenes imaginarios y reales

1. Simbólico e imaginario - Dinámicas y tensiones:

El orden imaginario, como se explicó previamente, abarca imágenes y percepciones que contribuyen a la percepción individual de sí mismo y de los demás. En este marco, el orden simbólico opera como un sistema estructurador, empleando el lenguaje y los significantes para organizar y dar sentido a estos constructos percibidos. Esta relación entre los órdenes simbólico e imaginario genera tensiones dinámicas, a medida que lo simbólico impone sus propias estructuras a los aspectos fluidos e imaginativos del imaginario.

En el centro de la dinámica entre estos dos órdenes se encuentra el concepto de la etapa del espejo, un momento crucial en el desarrollo temprano, postulado por la teoría lacaniana. Esta fase marca el reconocimiento por parte del bebé de su imagen en el espejo como algo separado de su yo real, iniciando así una relación dual con el mundo exterior: una a través del simbolismo de la imagen y la otra a través de la experiencia corporal. Esta dualidad sienta las bases para tensiones continuas entre lo simbólico y lo imaginario, a medida que el individuo oscila entre las representaciones lingüísticas estructuradas y la dimensión fluida y prelingüística de lo imaginario.

Las tensiones que surgen de esta interacción se ven agravadas por las diferentes temporalidades inherentes a cada orden. Mientras que el orden simbólico se caracteriza por una temporalidad lineal y secuencial, el orden imaginario se caracteriza por una cualidad atemporal y simultánea, encapsulada en imágenes visuales y fantasías. Esta incongruencia temporal infunde tensión en la relación, ya que los individuos oscilan entre interpretar sus experiencias dentro de las limitaciones del lenguaje y las estructuras sociales, y experimentar la naturaleza ilimitada y no lineal de sus imaginaciones internas.

Las imágenes y representaciones dentro del imaginario a menudo sirven como fuente de resistencia a la imposición simbólica. El orden simbólico intenta imponer significados y categorizaciones cohesivos sobre los diversos y multifacéticos aspectos del imaginario, lo que genera tensiones y resistencias constantes. Esta resistencia desempeña un papel crucial en el fomento de la creatividad y el pensamiento divergente, a medida que los individuos transitan los intersticios entre el orden simbólico prescrito y el terreno caleidoscópico del imaginario.

Es en estas tensiones y dinámicas donde emerge la riqueza de la subjetividad humana, a medida que los individuos lidian con las influencias entrelazadas de lo simbólico y lo imaginario. Comprender y desentrañar estas complejidades profundiza nuestra comprensión de la psique humana y las interacciones del lenguaje, la representación y la imaginación.

2. Simbólico y real - Puntos de convergencia:

Mientras que el Orden Simbólico opera en el contexto del lenguaje, los significantes y las normas culturales, el Orden Real se caracteriza por las experiencias y sensaciones crudas e inmediatas que se resisten a la simbolización. A pesar de sus naturalezas aparentemente dispares, estos dos órdenes se intersecan de maneras significativas que influyen profundamente en la constitución de la psique humana y la realidad social. Los puntos de convergencia entre los órdenes Simbólico y Real no solo son fundamentales para comprender las complejidades de la formación de la identidad individual, sino que también tienen profundas implicaciones para la práctica psicoanalítica y contextos socioculturales más amplios.

Para el análisis de su convergencia, es fundamental reconocer que tanto el Orden Simbólico como el Real configuran y son configurados por las interacciones del sujeto con las estructuras sociales, los marcos lingüísticos y las experiencias encarnadas. Este proceso interactivo resalta la naturaleza coconstitutiva de los órdenes, donde lo Simbólico no solo influye en la percepción e interpretación que el sujeto tiene de lo real, sino que también se ve influenciado por sus aspectos no simbolizables. Además, en los puntos de convergencia, surge una tensión entre los significados simbólicos atribuidos a las experiencias y la cualidad inefable e inmediata de lo real, lo que expone las paradojas inherentes a la subjetividad humana.

La intersección de los órdenes simbólico y real genera momentos de disrupción y disonancia que impulsan transformaciones cruciales en las relaciones del sujeto consigo mismo y con los demás. Estas coyunturas transicionales, marcadas por rupturas en la coherencia simbólica y encuentros con lo real, desafían las posiciones establecidas del sujeto e invitan a la reconfiguración de las comprensiones subjetivas. Estos momentos de convergencia y ruptura ofrecen un terreno fértil para la exploración clínica dentro de la práctica psicoanalítica, invitando a los analistas a interactuar con las complejidades de la psique humana mientras lidia con las tensiones dialécticas entre los órdenes simbólico y real.

En última instancia, los puntos de convergencia entre los órdenes simbólico y real invitan a cuestionar las fronteras fluidas entre lenguaje y experiencia, representación y encarnación, y narrativas colectivas y realidades vividas. Reconocer y explorar estas intersecciones no solo enriquece nuestra comprensión teórica del psicoanálisis lacaniano, sino que también profundiza nuestra apreciación del entramado de la subjetividad humana dentro del tejido más amplio de la cultura y la sociedad.

3. Fases de transición entre las órdenes:

Las fases de transición entre los órdenes representan momentos cruciales en el desarrollo y la formación de la subjetividad de un individuo, a medida que atraviesan el complejo terreno de la representación simbólica, las identificaciones imaginarias y los encuentros con la realidad cruda y directa. Los cambios entre estos órdenes no siempre son discretos ni lineales; a menudo ocurren de forma fluida y superpuesta, dando lugar a procesos psicológicos multidimensionales que configuran la experiencia humana.

Una fase de transición significativa es el estadio del espejo, un concepto central para la comprensión de Lacan sobre la formación del Yo y la entrada en el orden simbólico. Durante este estadio, el bebé reconoce su propio reflejo en un espejo y experimenta una sensación de unidad y coherencia, lo que marca el surgimiento del orden imaginario. Este momento sienta las bases para la continua negociación entre las imágenes idealizadas del Yo y los aspectos fragmentados y alienantes de la realidad. Representa un movimiento crucial desde lo real prelingüístico e indiferenciado hasta la significación simbólica, sentando las bases para la construcción de la identidad simbólica.

Otra fase de transición ocurre en los planos de la adquisición del lenguaje y la socialización temprana. A medida que los niños comienzan a interactuar con otros e internalizar las estructuras lingüísticas, experimentan un profundo proceso de incorporación al orden simbólico. Esta transición implica adaptarse a las reglas y normas que rigen el uso del lenguaje y participar en la construcción de significados compartidos dentro de un contexto cultural específico. Simultáneamente, lidian con el impacto del orden simbólico en su experiencia subjetiva, negociando las limitaciones y posibilidades que presenta en relación con sus identificaciones imaginarias y sus encuentros con lo real.

La adolescencia constituye una fase de transición crítica, caracterizada por la intensificación de los conflictos y los desafíos para conciliar las exigencias de las dimensiones simbólica, imaginaria y real. La búsqueda de identidad y autonomía del adolescente implica lidiar con las expectativas sociales, la influencia parental y las aspiraciones personales, lo que complica aún más la interacción entre los tres órdenes. Esta fase pone de relieve la continua negociación de representaciones simbólicas, proyecciones imaginarias y encuentros con lo real, contribuyendo a la compleja formación de la subjetividad individual.

4. Formación de la identidad en los tres órdenes:

La formación de la identidad se produce en el contexto de los órdenes Simbólico, Imaginario y Real, cada uno de los cuales influye en la percepción del Yo del individuo. Las tensiones e interacciones inherentes entre estos órdenes moldean profundamente la construcción de la identidad. En el orden Simbólico, la formación de la identidad está profundamente arraigada en el lenguaje, la cultura y las estructuras sociales. Este orden proporciona a las personas un marco a través del cual se comprenden y definen en relación con los demás. La adquisición del lenguaje, la internalización de las normas sociales y la asimilación de valores culturales contribuyen a la construcción simbólica de la identidad. El orden Imaginario también desempeña un papel importante en la formación de la identidad, en particular a través del desarrollo del ego y la formación de imágenes mentales o representaciones idealizadas del Yo. Este proceso a menudo implica la reflexión e identificación con figuras externas, como cuidadores y compañeros, que influyen significativamente en la formación de la autoimagen. Además, el orden Real, aunque inherentemente elusivo y resistente a la representación simbólica, también contribuye a la formación de la identidad. El encuentro con experiencias y sensaciones corporales crudas y sin filtros moldea la percepción subjetiva del Yo y la comprensión de la realidad. La interacción de estos órdenes durante las etapas formativas del desarrollo sienta las bases para la perdurable identidad individual. Además, las perturbaciones o desequilibrios en la interacción de estos órdenes pueden generar conflictos psicológicos y dificultar el mantenimiento de una identidad estable y coherente. Comprender la compleja dinámica de la formación de la identidad en los tres órdenes puede ofrecer una profunda comprensión de la naturaleza multifacética de la subjetividad humana. Además, subraya las formas en que los individuos interactúan con sus mundos interno y externo, negociando constantemente las influencias contrapuestas del lenguaje, la percepción y la experiencia vivida.

5. Influencia en la subjetividad y la percepción:

La interacción de los órdenes Simbólico, Imaginario y Real influye significativamente en la subjetividad y la percepción del individuo. La subjetividad se refiere a la experiencia individual del mundo, moldeada por sus perspectivas, emociones y creencias únicas. La percepción abarca cómo los individuos interpretan y dan sentido al mundo externo y a sus experiencias internas. La dinámica entre los tres órdenes impacta profundamente estos aspectos fundamentales de la experiencia humana.

En la intersección de los órdenes Simbólico e Imaginario, la subjetividad se forja a través del lenguaje, la cultura y las normas sociales. El lenguaje, como producto del orden Simbólico, no solo proporciona un medio de comunicación, sino que también construye el marco mediante el cual los individuos comprenden y articulan sus experiencias subjetivas. El orden Imaginario contribuye a la subjetividad al fomentar la formación del ego y la autoimagen, basados en interacciones e identificaciones tempranas. Estas impresiones tempranas moldean la percepción que el individuo tiene de sí mismo e influyen en su interacción con el mundo que lo rodea.

Simultáneamente, el orden Real perturba y desafía la subjetividad y la percepción del individuo. A diferencia de los órdenes Simbólico e Imaginario, el Real desafía la simbolización y la representación. Introduce elementos como el trauma, la desorientación y la alteración del significado, que impactan profundamente la autoconciencia del individuo y su comprensión de la realidad. Esta perturbación puede llevar a la reevaluación y reconstrucción de la experiencia y la percepción subjetivas en respuesta a los encuentros con los aspectos inexplicables de lo real.

La interacción de estos órdenes configura realidades subjetivas, lo que lleva a las personas a percibir e interpretar el mundo a través de sus experiencias y marcos simbólicos únicos. Esto a menudo resulta en diversas interpretaciones de experiencias compartidas, ya que la subjetividad de cada persona se ve influenciada por su historia específica de interacciones con los órdenes Simbólico, Imaginario y Real. Además, esta interacción subraya la naturaleza fluida de la subjetividad y la percepción, destacando que estos constructos se ven continuamente influenciados y remodelados por las interacciones constantes con los tres órdenes.

Clínicamente, comprender la influencia de los órdenes Simbólico, Imaginario y Real en la subjetividad y la percepción es crucial en la práctica psicoanalítica. Al descubrir cómo estos órdenes operan en la psique individual, los terapeutas pueden comprender mejor las complejas capas de la subjetividad del paciente, lo que mejora su capacidad para ofrecer intervenciones terapéuticas eficaces. Además, reconocer el impacto de la interacción entre los órdenes permite una comprensión más profunda de las diversas maneras en que los individuos construyen e interactúan con sus mundos subjetivos y perceptuales, lo que en última instancia contribuye a enfoques psicoanalíticos más matizados e integrales.

Críticas y debates en torno al orden simbólico

1. Desafíos filosóficos:

Dentro del discurso filosófico, uno de los desafíos centrales a la teoría lacaniana gira en torno a la naturaleza del lenguaje y su relación con la construcción de la realidad. Los críticos argumentan que el énfasis de Lacan en el lenguaje como el principal mediador de la experiencia humana pasa por alto las complejidades de la existencia corpórea y los aspectos no lingüísticos de la subjetividad. Esta crítica plantea preguntas fundamentales sobre las limitaciones del lenguaje para representar y moldear la experiencia vivida. Además, el marco simbólico de Lacan ha sido cuestionado por pensadores postestructuralistas y deconstruccionistas que cuestionan la estabilidad de los significantes y la posibilidad de una estructura simbólica coherente. Estos desafíos filosóficos han impulsado una reevaluación de la conceptualización de Lacan del Orden Simbólico y su relación con la formación de identidades individuales y colectivas. Además, las críticas desde perspectivas fenomenológicas y existenciales enfatizan la importancia de la experiencia subjetiva y la corporización vivida, destacando posibles puntos ciegos en el enfoque de la teoría lacaniana en las estructuras lingüísticas y simbólicas. Estos desafíos exigen una exploración matizada de la interacción entre lenguaje, subjetividad e intersubjetividad en el contexto de debates filosóficos más amplios. Además, la incorporación de elementos de la lingüística estructuralista por parte de Lacan ha suscitado el escrutinio de pensadores críticos de los paradigmas estructuralistas, quienes afirman que su dependencia de la lingüística saussureana simplifica excesivamente las complejidades de la construcción de significado y la comunicación. Estos desafíos obligan a académicos y profesionales a entablar diálogos interdisciplinarios que integren conceptos psicoanalíticos con diversos marcos filosóficos.

2. Objeciones empíricas y clínicas en psicoanálisis:

En el ámbito del psicoanálisis, los críticos han expresado su preocupación por la aplicación práctica de la teoría lacaniana en la práctica clínica, cuestionando su capacidad para abordar eficazmente la diversa gama de trastornos y afecciones psicológicas que presentan los pacientes. Una objeción clave gira en torno a la naturaleza interpretativa de la práctica psicoanalítica en el marco del Orden Simbólico. Los críticos argumentan que las interpretaciones subjetivas pueden carecer de evidencia empírica y validación científica. Esto plantea interrogantes sobre la fiabilidad y validez de los resultados clínicos derivados de un marco teórico que prioriza la lingüística, los significantes y el significado inconsciente. Además, han surgido desafíos empíricos en cuanto a la contrastabilidad y replicabilidad de los conceptos lacanianos, ya que la naturaleza abstracta del Orden Simbólico dificulta su verificación o refutación empírica. Los críticos argumentan que la falta de fundamento empírico limita significativamente la credibilidad y la aplicabilidad generales del psicoanálisis lacaniano en la práctica clínica contemporánea. Asimismo, las implicaciones clínicas del Orden Simbólico han suscitado polémicos debates entre los profesionales, algunos de los cuales se muestran escépticos sobre su capacidad para proporcionar una comprensión y un tratamiento integrales para los problemas de salud mental. Quienes se oponen cuestionan si el Orden Simbólico aborda adecuadamente las complejidades de la experiencia humana, especialmente en casos donde los síntomas psiquiátricos se manifiestan de maneras que difieren de los marcos lingüísticos y simbólicos propuestos por Lacan. Esto ha dado lugar a debates continuos sobre la integración del Orden Simbólico con otras modalidades terapéuticas y la necesidad de un enfoque más inclusivo que considere la naturaleza multifacética del sufrimiento psicológico. Estas objeciones subrayan la necesidad de una investigación empírica rigurosa y una evaluación crítica de la utilidad clínica de los conceptos lacanianos en el panorama más amplio de las prácticas psicoanalíticas.

3. Perspectivas feministas:

En la teoría feminista, las académicas han indagado en las formas en que el lenguaje, la significación y las estructuras simbólicas perpetúan las diferencias de poder de género en la sociedad. Los fundamentos patriarcales del Orden Simbólico han sido un punto central de las investigaciones feministas, destacando cómo la construcción de normas lingüísticas y culturales dominadas por los hombres contribuye a la marginación de las mujeres y las personas no binarias. Las perspectivas feministas sobre el Orden Simbólico también examinan la privilegiación del simbolismo fálico y sus implicaciones para la subyugación de la feminidad.

Además, las teóricas feministas abordan el psicoanálisis lacaniano desde una perspectiva crítica, cuestionando la universalidad de las formulaciones de Lacan y su aplicabilidad a diversas experiencias de género y sexualidad. Argumentan que el énfasis de Lacan en el complejo de Edipo y el papel del falo en la estructuración de la subjetividad ignora las complejidades del deseo femenino y el impacto de identidades interseccionales como la raza, la clase y la orientación sexual. Además, las críticas feministas cuestionan la noción de un sistema lingüístico fijo y universal, postulando, en cambio, que el lenguaje está intrínsecamente ligado a contextos sociales y culturales y, por lo tanto, sujeto a continua redefinición y transformación.

Las perspectivas feministas sobre el Orden Simbólico trascienden el análisis teórico para abarcar intervenciones prácticas destinadas a desestabilizar y reconstruir las jerarquías simbólicas existentes. Estas intervenciones incluyen la deconstrucción del lenguaje y el discurso de género, la subversión de las representaciones simbólicas tradicionales y la promoción de modos alternativos de significación que validen las diversas identidades y expresiones de género. Además, los movimientos feministas han buscado desmantelar las estructuras patriarcales arraigadas en las instituciones y el discurso social, abogando por el reconocimiento y la validación de las voces marginadas dentro del registro simbólico.

A medida que la investigación feminista continúa evolucionando, la exploración del Orden Simbólico sigue siendo un área central de investigación, donde las teóricas contemporáneas abordan la interseccionalidad del género, la raza, la clase y otros ejes de identidad dentro del panorama simbólico. Las perspectivas feministas interseccionales ofrecen una comprensión matizada de la compleja interacción entre lenguaje, poder y subjetividad, y subrayan la necesidad imperiosa de cuestionar y reconceptualizar los marcos simbólicos que configuran nuestra realidad social.

4. Críticas culturales y posmodernas:

Las críticas culturales y posmodernas del orden simbólico surgen en el contexto más amplio de cuestionar las estructuras tradicionales de poder, los paradigmas lingüísticos y las normas socioculturales. El rechazo del posmodernismo a las metanarrativas y su énfasis en la pluralidad y la fragmentación plantean un desafío significativo a la teoría psicoanalítica lacaniana, la cual se basa intrínsecamente en una comprensión estructurada de la subjetividad y el lenguaje. Los críticos argumentan que el orden simbólico, tal como lo concibió Lacan, perpetúa sesgos culturales, de género y raciales particulares, reforzando así las jerarquías existentes y marginando experiencias alternativas. La privilegiación de ciertos significantes y la construcción de un marco simbólico universalizador son objeto de escrutinio por descuidar las diversas expresiones de subjetividad e identidad presentes en los paisajes culturales contemporáneos. Además, los críticos posmodernos cuestionan la supuesta estabilidad y coherencia del orden simbólico, destacando la naturaleza fluida y contingente del significado y la representación. Esta crítica desafía la noción de un sistema simbólico fijo y autoritario, abogando en cambio por una comprensión más dinámica y abierta de las formas en que los individuos atraviesan realidades sociales complejas. Además, las críticas culturales del orden simbólico interrogan su interacción con las dinámicas de poder, particularmente en el contexto de los discursos coloniales y poscoloniales. Estas críticas iluminan cómo el orden simbólico se entrelaza con los sistemas de opresión y control hegemónico, arrojando luz sobre las formas en que el lenguaje y los símbolos se movilizan para reforzar las narrativas dominantes y subyugar las voces marginadas. Los académicos que se basan en los estudios culturales, la teoría crítica de la raza y la teoría poscolonial proporcionan una perspectiva invaluable sobre las intersecciones del lenguaje, la cultura y el poder, lo que impulsa una reevaluación de las implicaciones del orden simbólico dentro de diversos contextos sociales. Además, la influencia de las tecnologías digitales y la proliferación de nuevas plataformas mediáticas han introducido nuevos desafíos a los contornos tradicionales del orden simbólico. Las críticas culturalmente situadas cuestionan el impacto de los espacios virtuales, la hiperrealidad y las identidades fluidas en el marco simbólico establecido, instando a una reconceptualización de la subjetividad y los procesos de construcción de significado social. Al analizar estas críticas multifacéticas, se hace evidente que el orden simbólico se entrelaza con las complejidades de la producción, la representación y la resistencia culturales dentro de un panorama global en constante evolución.

5. El papel del orden simbólico en la política de identidad:

La política identitaria se ha convertido en un eje central de los discursos contemporáneos, con implicaciones que repercuten en diversos campos, como la psicología, la sociología y la teoría política. En el contexto del psicoanálisis lacaniano, el concepto de Orden Simbólico ofrece una perspectiva para analizar y comprender las dinámicas que intervienen en la política identitaria.

Uno de los principios fundamentales del Orden Simbólico es su papel en la formación y negociación de las identidades individuales y colectivas. Al profundizar en el lenguaje, los significantes y las estructuras sociales, el Orden Simbólico moldea la manera en que los individuos construyen y perciben sus identidades dentro de los marcos sociales. En consecuencia, este proceso se entrelaza con las políticas de identidad, donde los grupos marginados buscan reconocimiento y representación dentro de las estructuras de poder dominantes.

Tanto críticos como defensores del Orden Simbólico mantienen debates constantes sobre las implicaciones del Orden Simbólico en la política identitaria. Algunos argumentan que este perpetúa dinámicas de poder hegemónicas al imponer estándares normativos y restringir la autonomía de las comunidades marginadas. Esta perspectiva enfatiza cómo el Orden Simbólico puede utilizarse como herramienta para perpetuar la opresión y la marginación.

Por el contrario, quienes defienden el Orden Simbólico afirman que este proporciona un marco para comprender las complejidades de las políticas identitarias sin reducirlas a meras categorías esencialistas. Argumentan que el Orden Simbólico ofrece un espacio para negociar múltiples subjetividades y fomentar diálogos inclusivos que trasciendan los constructos identitarios reductivos. Sus defensores abogan por aprovechar el Orden Simbólico para deconstruir las narrativas dominantes y desafiar las desigualdades sistémicas arraigadas en las políticas identitarias.

Los matices interseccionales de las políticas de identidad se entrecruzan con la capacidad del Orden Simbólico para dilucidar las complejidades de las múltiples identidades sociales superpuestas. El Orden Simbólico arroja luz sobre cómo el lenguaje y los símbolos culturales configuran e interconectan diversas facetas de la identidad individual, reconociendo la compleja interacción entre factores como la raza, el género, la sexualidad, la clase y la etnia.

A medida que la investigación académica continúa evolucionando, examinar las dinámicas entrelazadas del Orden Simbólico y las políticas de identidad sigue siendo fundamental para fomentar una comprensión más matizada del poder, la agencia y la representación en diversos contextos sociales. Incita a académicos y profesionales a cuestionar críticamente los vínculos entre el lenguaje, la cultura y las normas sociales en la formación de la identidad, a la vez que exploran el multifacético panorama de las políticas de identidad contemporáneas.

6. Estrategias de defensa de los lacanianos contemporáneos:

Los teóricos lacanianos contemporáneos ofrecen una defensa convincente del Orden Simbólico en respuesta a las críticas y debates surgidos en el psicoanálisis. Una estrategia clave de defensa consiste en explorar la relación entre el lenguaje, la subjetividad y las estructuras sociales. Al dilucidar cómo el lenguaje configura la entrada del individuo en el registro simbólico, los lacanianos contemporáneos afirman la necesidad del Orden Simbólico para comprender la construcción de la subjetividad humana. Enfatizan que el Orden Simbólico no es simplemente una construcción lingüística, sino un marco fundamental a través del cual los individuos interactúan con sus identidades y relaciones dentro de la sociedad. Además, sus defensores argumentan que el Orden Simbólico proporciona una perspectiva crucial para examinar las dinámicas de poder, la ideología y la perpetuación de las normas sociales. Esta defensa subraya la relevancia del Orden Simbólico para esclarecer la compleja interacción entre el lenguaje, la cultura y la agencia individual. Otro aspecto fundamental de la defensa presentada por los lacanianos contemporáneos consiste en abordar las críticas relacionadas con el género y la sexualidad. Las académicas en este marco abordan perspectivas feministas para subrayar cómo el Orden Simbólico puede utilizarse para desentrañar las complejidades de la formación de la identidad de género y el impacto de las normas patriarcales en la subjetividad. Al destacar la capacidad del Orden Simbólico para revelar las estructuras de poder subyacentes que configuran las dinámicas de género, estas defensoras buscan demostrar su continua relevancia en el discurso contemporáneo. Además, sus proponentes confrontan los desafíos que plantean las críticas posmodernas al abogar por una comprensión matizada de la adaptabilidad del Orden Simbólico a identidades fluidas e híbridas. Afirman que, en lugar de ser rígido o limitante, el Orden Simbólico ofrece un marco para comprender la multiplicidad y complejidad de las construcciones de identidad en un panorama cultural en constante cambio. A través de estas diversas estrategias, las teóricas lacanianas contemporáneas buscan fortalecer la integridad conceptual y la aplicabilidad práctica del Orden Simbólico dentro del panorama cambiante de la teoría psicoanalítica y la práctica clínica.

7. Importancia de los debates actuales sobre lo simbólico:

Los debates actuales en torno al Orden Simbólico revisten una profunda importancia en el psicoanálisis y disciplinas afines. Una dimensión crucial de estos debates reside en la oportunidad que ofrecen para la reflexividad crítica. Al dialogar sobre el Orden Simbólico, los investigadores cuestionan simultáneamente sus propias suposiciones, prejuicios y preconcepciones. Este proceso de autoexamen es esencial para cultivar un discurso matizado y dinámico, capaz de integrar diversos puntos de vista y enfoques metodológicos. De esta manera, los debates impulsan el campo hacia una comprensión más rica y completa del Orden Simbólico.

Los debates actuales sirven como catalizadores de la innovación y la evolución dentro de la práctica psicoanalítica. Al destacar áreas de controversia y divergencia, estas discusiones estimulan el desarrollo de nuevos marcos teóricos, metodologías clínicas y colaboraciones interdisciplinarias. A través de este proceso, el campo se vuelve receptivo a las necesidades y complejidades cambiantes de las personas y comunidades a las que busca servir.

Los debates también son significativos por sus amplias ramificaciones culturales y sociales. A medida que los conceptos relacionados con el Orden Simbólico se entrelazan con cuestiones de poder, lenguaje y subjetividad, las conversaciones en curso repercuten más allá del discurso académico. Inspiran el discurso público sobre la identidad, la agencia y la naturaleza de la experiencia humana, ofreciendo valiosas perspectivas para abordar los múltiples desafíos de la vida contemporánea.

Finalmente, la importancia de estos debates reside en su potencial para generar un renovado interés en las preguntas que sustentan el psicoanálisis y sus conceptos fundamentales. Al reavivar la curiosidad intelectual y fomentar un entorno de investigación rigurosa, los debates dinamizan la búsqueda continua de una comprensión más profunda de la condición humana y la interacción de las fuerzas psíquicas y sociales.

EL ORDEN IMAGINARIO - ILUSIONES E IDENTIFICACIONES

Conceptos y constructos básicos

1. Introducción:

Definido como uno de los tres órdenes cruciales en el marco psicoanalítico de Lacan, lo Imaginario se refiere a las imágenes, representaciones e identificaciones que configuran la autopercepción del individuo y su relación con los demás dentro de su entorno social y cultural. Abarca la imaginería visual, las representaciones mentales y la formación temprana del Yo a través de objetos simbólicos, especialmente resaltada en el Estadio del Espejo. El concepto de lo Imaginario no se limita a las percepciones visuales literales, sino que se extiende para incluir las identificaciones simbólicas e imaginarias que influyen en la realidad subjetiva del individuo.

La estructuración de lo Imaginario está íntimamente ligada al surgimiento de una identidad propia unificada, a menudo mediada por imágenes idealizadas y reflejos distorsionados en el paisaje psíquico del sujeto. Mediante un proceso de desconocimiento e idealización, los individuos internalizan y proyectan imágenes que generan una sensación de plenitud y coherencia, contribuyendo así a la formación del ideal del Yo, un aspecto central de la teoría lacaniana.

Fundamentalmente, lo Imaginario no opera de forma aislada, sino que interactúa dinámicamente con los órdenes Simbólico y Real, lo que da lugar a procesos multifacéticos de subjetivación y deseo en el individuo. Al desentrañar estas dinámicas interrelacionadas, comprendemos la compleja interacción entre el lenguaje, la representación y la constitución de la subjetividad.

2. La etapa del espejo - La génesis de las identificaciones imaginarias:

La Etapa del Espejo, que ocurre durante el desarrollo infantil temprano, se caracteriza por el encuentro inicial del bebé con su propio reflejo en un espejo. A través de esta experiencia, el bebé entra en un momento crucial de autorreconocimiento e identificación, que posteriormente sienta las bases de su sentido del Yo y la identidad. La Etapa del Espejo representa la estructura embrionaria del orden Imaginario, mediante el cual el bebé construye un sentido coherente del Yo mediante el acto de reflejarse en el espejo. En este contexto, el espejo mismo sirve como metáfora del Otro, ya que la identificación del bebé con su imagen reflejada impulsa un doble proceso de fascinación y alienación. Esta dicotomía se vuelve fundamental en la formación de la subjetividad emergente del niño y sienta las bases para futuras relaciones, tanto consigo mismo como con los demás. Además, la Etapa del Espejo trasciende el mero reflejo físico y encarna una dimensión simbólica, encapsulando la formación del Yo y su entrelazamiento con la imaginería. Asimismo, la Etapa del Espejo subraya la naturaleza ilusoria inherente a la formación del Yo, ya que la imagen idealizada que se refleja en el bebé cultiva una base de idealización y desconocimiento. Lacan enfatiza que el Yo arraigado en esta etapa se convierte en una «función imaginaria» en lugar de una verdadera representación del Yo, estableciendo así la noción de una ruptura fundamental entre el Yo y la verdadera esencia del sujeto. Además, el Estadio del Espejo se extiende más allá de sus implicaciones inmediatas, ejerciendo una profunda influencia en el desarrollo psíquico y la dinámica relacional del individuo en etapas posteriores de la vida. Esto se evidencia en la perpetuación de autoimágenes idealizadas y la búsqueda de validación externa a lo largo de las etapas de maduración.

3. Ilusiones, fantasías y el orden imaginario:

En la teoría lacaniana, el concepto de Orden Imaginario abarca un complejo entramado de ilusiones y fantasías que moldean profundamente la subjetividad humana. Parte integral de este marco es el papel de las ilusiones y fantasías en la construcción y perpetuación de dicho Orden, el cual desempeña un papel fundamental en la formación y comprensión individual de sí mismo y de los demás. En esencia, el Orden Imaginario está plagado de la interacción de percepciones engañosas, imágenes idealizadas y realidades distorsionadas, que se entrelazan para tejer la experiencia humana. Es dentro de las ilusiones y fantasías que los individuos a menudo construyen sus identificaciones más profundas y duraderas, las cuales ejercen una influencia profunda en sus relaciones, deseos y sentido de sí mismos. El atractivo de lo imaginario está irrevocablemente entrelazado con el atractivo de la perfección y el deseo de una autoimagen cohesiva e intachable. En este contexto, resulta esencial interactuar con la red entrelazada de ilusiones y fantasías para comprender las complejidades del Orden Imaginario. Esto incluye explorar cómo estas ilusiones y fantasías impactan directamente la subjetividad individual, las dinámicas interpersonales y el tejido social en general. Profundizar en las diversas manifestaciones de ilusiones y fantasías dentro del Orden Imaginario revela las complejidades de la experiencia humana y arroja luz sobre la construcción matizada de narrativas personales e identidades sociales. Además, examinar la interconexión entre la ilusión y la realidad dentro del Orden Imaginario sirve para subrayar la relación entre la verdad y la ficción en la configuración de la psique humana.

4. El papel de las imágenes en la formación del sujeto:

El Orden Imaginario, basado en la imaginería visual y la identificación, destaca la importancia de las imágenes en la constitución de la subjetividad. La aprehensión de la propia imagen en el espejo durante la Etapa del Espejo inicia un proceso de identificación fundamental, donde el sujeto se percibe a sí mismo como una entidad unificada y coherente. Este momento crucial marca la génesis del ego, a medida que el sujeto se esfuerza por integrar las percepciones fragmentadas de sí mismo en una imagen singular y cohesiva. Este proceso sustenta la formación del ideal del ego, que representa la imagen idealizada a la que el sujeto aspira continuamente. Sin embargo, junto a esta imagen idealizada se encuentra la dimensión sombría del desconocimiento, donde la relación del sujeto con su propia imagen se ve enredada en ilusiones y distorsiones. Por lo tanto, la continua negociación entre el ideal y la imagen distorsionada influye profundamente en el autoconcepto del sujeto y en sus dinámicas interpersonales. Además, la omnipresencia de imágenes sociales y culturales complica aún más la autoformación del sujeto. Desde las representaciones mediáticas hasta las expectativas sociales, el sujeto se encuentra con una multitud de imágenes externas que interactúan con su autoimagen interna, moldeando su percepción de autoestima y atractivo. El cultivo de estas representaciones de imagen, tanto internas como externas, contribuye significativamente a la autoidentificación del sujeto y a la construcción de su identidad. Además, la internalización de dichas imágenes se manifiesta en las fantasías y deseos del sujeto, entrelazando aún más la esfera imaginativa con la formación del sujeto. Estas fantasías sirven como un puente crucial entre el mundo interior de las imágenes y las realidades externas, ilustrando la influencia omnipresente del Orden Imaginario en la psique del sujeto.

5. Lo imaginario y su relación con el ego:

Lo imaginario, entendido en este contexto, abarca imágenes, identificaciones y representaciones visuales que contribuyen a la identidad individual. En esta construcción es central el concepto de la etapa del espejo, donde el bebé se encuentra por primera vez con su propio reflejo y comienza a formar una identidad coherente, aunque ilusoria.

En este contexto, el Ego emerge como producto del proceso Imaginario, representando la autoimagen idealizada del individuo y su sentido de coherencia encarnado. Sin embargo, es crucial reconocer que el Ego, más que una entidad estable y unificada, está intrínsecamente vinculado a la naturaleza fragmentada y a menudo contradictoria del Imaginario. Esta dualidad presenta una tensión fundamental en la formación del Yo, ya que el Ego busca simultáneamente la plenitud y, al mismo tiempo, está intrínsecamente entrelazado con la multiplicidad de imágenes e identificaciones que constituyen el Imaginario.

La relación entre el Yo imaginario y el Yo no se limita únicamente a la dimensión psíquica interna; también abarca las dinámicas externas y las interacciones con los demás. A medida que los individuos transitan por los paisajes sociales, participan en un proceso continuo de proyección y recepción de imágenes, moldeando y reconfigurando así su Yo en relación con los demás. Esta interacción dinámica no solo influye en la autopercepción del individuo, sino que también determina la manera en que es percibido y se relaciona con el mundo exterior.

Lacan postula que el Yo se caracteriza por una alienación fundamental: una discordancia inherente entre la autoimagen idealizada y la experiencia vivida. Esta disonancia da lugar a una lucha perpetua por la autenticidad y el reconocimiento, a medida que el Yo se esfuerza por reconciliar su identidad construida con las realidades de la existencia cotidiana. Desde esta perspectiva, el Yo puede verse como un espacio de conflicto y negociación constantes entre el mundo subjetivo interior y las exigencias externas de la sociedad.

En definitiva, la relación entre lo Imaginario y el Yo constituye una piedra angular para comprender las complejidades de la subjetividad humana dentro del marco psicoanalítico lacaniano. Ofrece profundas reflexiones sobre las tensiones, ilusiones y aspiraciones persistentes que sustentan la construcción de la identidad, arrojando luz sobre la interacción entre las fantasías internas, las percepciones externas y la esquiva búsqueda de coherencia y autenticidad.

6. Distorsiones y reconocimientos erróneos

Las distorsiones se refieren a las formas en que las personas perciben e interpretan la realidad externa a través del filtro de su paisaje psicológico interno. Estas distorsiones no son meros errores de percepción, sino que están profundamente entrelazadas con la construcción y el mantenimiento del ego. En la teoría lacaniana, los reconocimientos erróneos, también conocidos como identificaciones erróneas, implican la incomprensión o interpretación errónea fundamental de la propia autoimagen en relación con los ideales sociales percibidos o con otras personas significativas. Este proceso contribuye significativamente a la formación de la identidad y la subjetividad dentro del orden imaginario. Es crucial explorar los mecanismos centrales que subyacen a estos procesos para comprender sus implicaciones psicológicas. Uno de los principales impulsores de las distorsiones y los reconocimientos erróneos es el fenómeno de la proyección, donde las personas atribuyen inconscientemente sus propios pensamientos, deseos o emociones a los demás. Esta proyección a menudo configura cómo las personas evalúan e interactúan con el mundo externo, reforzando sus percepciones subjetivas y conceptos erróneos. Además, el concepto de introyección desempeña un papel vital en la internalización de influencias externas, como las normas sociales, las expectativas culturales y las dinámicas familiares, contribuyendo así a la formación de autopercepciones distorsionadas. Además, la interacción entre las autoimágenes idealizadas y las experiencias vividas reales complica aún más la red de desconocimientos y distorsiones. Estas autoimágenes idealizadas, o ideales del Yo, a menudo sirven como puntos de referencia con los que los individuos evalúan su propio valor y adecuación, perpetuando un ciclo continuo de desconocimiento. Además, Lacan enfatiza el papel del lenguaje y las representaciones simbólicas en el fomento de distorsiones y desconocimientos dentro del orden imaginario. El uso de constructos lingüísticos y discursos sociales puede crear conflictos internos y discrepancias entre la autopercepción y las normas sociales aceptadas, lo que conduce a profundas distorsiones e identificaciones erróneas.

7. El modelo estructural de Lacan - Componentes de lo imaginario:

En la teoría lacaniana, lo Imaginario ocupa un lugar central dentro del marco más amplio de la psique humana. En el corazón de esta conceptualización se encuentra el modelo estructural de Lacan, que delinea los componentes que constituyen el orden Imaginario. Para comprender la esencia de este modelo estructural, primero es necesario reconocer el papel fundamental del estadio del espejo en la formación de lo Imaginario. Esta fase crítica, que ocurre en la primera infancia, establece la relación diádica entre el niño y su propia imagen reflejada, inaugurando así la construcción del Yo como una entidad unificada y coherente.

Más allá del estadio del espejo, el modelo estructural de Lacan se despliega para abarcar elementos clave como la imagen especular, el Yo ideal y la relación dual. La imagen especular, a menudo percibida como una contraparte ilusoria de la realidad, tiene profundas implicaciones para la identidad del sujeto y su percepción de los demás. Simultáneamente, el Yo ideal emerge como un constructo regulador, derivado de la inclinación del individuo hacia la perfección y la totalidad unitaria. Esta proyección idealizada configura la manera en que los individuos aspiran a ser percibidos y reconocidos por entidades externas.

El modelo estructural revela la noción de la relación dual, elucidando la interacción dinámica entre el ego y su reflejo. En este marco, el ego busca validación y coherencia a través de la imagen reflejada, generando una dialéctica continua de identificación y desidentificación. Como resultado, el proceso de identificación con la imagen especular se vuelve parte integral de la búsqueda del sujeto de autoafirmación y confirmación de su identidad.

Del modelo estructural de Lacan emana el concepto de imago, que encapsula los atributos y rasgos manifiestos que pueblan el registro imaginario. La imago representa un vestigio de experiencias pasadas y representaciones colectivas, entrelazadas con la interpretación e internalización subjetiva del individuo. Esta amalgama da lugar a una red de imágenes y símbolos que configuran los cimientos de lo Imaginario, moldeando las percepciones y autoconstrucciones del individuo dentro del paisaje psíquico.

8. Implicaciones psicodinámicas de lo imaginario:

Al profundizar en lo Imaginario, exploramos las complejidades de la formación del sujeto y la dinámica de los procesos psicológicos. Una de las implicaciones psicodinámicas clave de lo Imaginario reside en su papel en la configuración del mundo interno del individuo. A través de la interacción de imágenes, identificaciones e ilusiones, lo Imaginario se convierte en un aspecto fundamental para comprender la formación y el funcionamiento del Yo. El estadio del espejo, un concepto fundamental dentro de lo Imaginario, ilustra cómo las experiencias tempranas de autorreconocimiento y reflejo contribuyen a la construcción de la identidad y las estructuras psíquicas. La forma en que se desarrollan estos procesos tiene profundas implicaciones para el desarrollo psicológico y el bienestar mental general del individuo. Además, lo Imaginario desempeña un papel crucial en la formación de fantasías y deseos, ofreciendo perspectivas sobre el funcionamiento interno de los procesos inconscientes y las formas en que los individuos crean y se relacionan con sus propias realidades. Comprender las implicaciones psicodinámicas de lo Imaginario proporciona a los profesionales clínicos herramientas valiosas para la intervención terapéutica. Al reconocer la influencia de lo Imaginario en la experiencia subjetiva, los psicoterapeutas pueden ofrecer intervenciones más perspicaces y eficaces que abordan cuestiones subyacentes relacionadas con la identidad, los trastornos emocionales y la autopercepción. Además, explorar las implicaciones psicodinámicas de lo Imaginario abre caminos para una comprensión más profunda del comportamiento humano y las dinámicas interpersonales. Este marco conceptual permite a los profesionales de diversos campos obtener una comprensión matizada de las formas en que las personas construyen y mantienen su sentido de identidad y se relacionan.

La interacción entre los órdenes imaginario y simbólico

1. Modalidades de operaciones que se cruzan:

La interacción entre los órdenes imaginario y simbólico da lugar a modalidades de operaciones que se entrecruzan y que influyen profundamente en la subjetividad humana y las formaciones sociales. Dentro de este entrelazamiento, el orden imaginario fomenta la construcción de experiencias subjetivas basadas en imágenes, percepciones e identificaciones arraigadas en las primeras etapas del desarrollo. Por otro lado, el orden simbólico opera a través de sistemas lingüísticos, normas culturales y estructuras sociales que moldean la comprensión que los individuos tienen de sí mismos y de su lugar en el marco social más amplio. Estas modalidades se entrecruzan de maneras profundas, ejerciendo influencias simultáneas en la autopercepción del individuo y en sus interacciones con el mundo exterior. La intersección de estas modalidades ocurre en múltiples niveles, desde la identidad personal hasta las prácticas culturales colectivas, y comprender estas intersecciones es vital para desvelar las complejidades de la experiencia humana. A nivel individual, esta intersección se manifiesta en los mecanismos a través de los cuales las imágenes y los símbolos se entrelazan para moldear el sentido de identidad y la relación con los demás. Es crucial examinar cómo las imágenes y los símbolos internalizados a través de los órdenes imaginario y simbólico informan la cosmovisión, los valores y los comportamientos de un individuo. Además, la intersección de estas modalidades revela la naturaleza dinámica de la formación del sujeto, arrojando luz sobre la continua negociación entre el imaginario personal y los símbolos sociales. Asimismo, a nivel social, la interacción entre lo imaginario y lo simbólico contribuye a la construcción de relaciones intersubjetivas y a la formación de identidades colectivas. Mediante la mediación de sistemas simbólicos, narrativas culturales compartidas e imaginarios colectivos, las comunidades desarrollan modos únicos de interactuar y comprenderse mutuamente. Comprender los efectos convergentes de estas modalidades resulta fundamental para comprender las complejidades de las dinámicas sociales y los fenómenos culturales.

2. Caracterización de las relaciones intersubjetivas:

Dentro del marco psicoanalítico, las relaciones intersubjetivas son esenciales para comprender la interacción dinámica entre los órdenes imaginario y simbólico. Caracterizar las relaciones intersubjetivas implica profundizar en la red de significados, emociones y experiencias compartidas que configuran las conexiones humanas. Estas relaciones abarcan diversas interacciones, desde intercambios diádicos íntimos hasta dinámicas sociales más amplias, todas las cuales contribuyen a la construcción y negociación de realidades subjetivas. Comprender la naturaleza de la intersubjetividad requiere explorar cómo las personas se perciben y se relacionan entre sí en el contexto de sistemas culturales y sociales más amplios. Este análisis implica examinar la influencia de los contextos históricos, culturales y familiares en la formación de vínculos intersubjetivos, así como el impacto de las diferencias de poder, las normas sociales y las creencias colectivas en estas relaciones. Además, la perspectiva de la intersubjetividad proporciona una perspectiva sobre las formas en que las personas llegan a identificarse con ciertos grupos sociales, a afrontar conflictos y a negociar su sentido de identidad dentro del marco de las dinámicas relacionales. Desde una perspectiva clínica, la comprensión de las relaciones intersubjetivas orienta las intervenciones terapéuticas, ya que arroja luz sobre la complejidad de la transferencia, la contratransferencia y la alianza terapéutica. Al delinear los contornos de las dinámicas intersubjetivas, los profesionales clínicos pueden gestionar con mayor eficacia las complejidades de la relación terapéutica, perfeccionando su capacidad para sintonizar y comprender las experiencias subjetivas de sus pacientes. El estudio de las relaciones intersubjetivas también trasciende la práctica clínica, ofreciendo valiosas perspectivas para campos como la sociología, la antropología y los estudios culturales. Proporciona una perspectiva a través de la cual examinar los fenómenos sociales, la resolución de conflictos y la formación de la identidad en diversos contextos culturales, iluminando las formas sutiles en que los individuos construyen realidades compartidas.

3. Dinámica psicológica y sus manifestaciones:

En el contexto de la interacción entre los órdenes imaginario y simbólico, las dinámicas psicológicas adquieren una relevancia significativa, ya que influyen en la percepción que los individuos tienen de sí mismos y de los demás en sus contextos sociales y culturales. En esta exploración, es central la noción de representaciones internalizadas, que informan el autoconcepto y los patrones relacionales del individuo. El orden imaginario, con su énfasis en las imágenes visuales y las identificaciones, desempeña un papel fundamental en la formación de estas representaciones internas. A través de la lente de lo imaginario, los individuos construyen imágenes idealizadas de sí mismos y de los demás, que sirven como puntos de referencia para la comparación y la evaluación. Simultáneamente, el orden simbólico, con su sistema de lenguaje y símbolos culturales compartidos, media la internalización de las normas y valores sociales, contribuyendo a la formación del sentido de identidad y la conducta interpersonal.

Las manifestaciones de las dinámicas psicológicas se extienden al deseo y la carencia. En el marco lacaniano, el deseo se vincula con los mecanismos de reflejo de lo Imaginario y la función estructurante de lo Simbólico. Las personas interactúan con sus deseos a través de la interacción con otros, en una búsqueda continua de reconocimiento y validación, mientras lidian con la carencia inherente que sustenta la subjetividad humana. Estas dinámicas se manifiestan de diversas maneras, desde la búsqueda de reconocimiento simbólico hasta el cultivo de ideales imaginarios, todo lo cual repercute en la construcción de narrativas personales y esquemas relacionales.

La interacción entre lo Imaginario y lo Simbólico influye en la manifestación de mecanismos de defensa y estrategias de afrontamiento. Los individuos despliegan una multitud de mecanismos de defensa para gestionar las tensiones derivadas de la disonancia entre sus experiencias subjetivas y la realidad externa. Estos mecanismos, que abarcan desde la proyección y la represión hasta la identificación y la sublimación, reflejan la interacción entre el mundo interno del individuo y las exigencias externas impuestas por el orden Simbólico. Comprender estas manifestaciones ofrece perspectivas cruciales sobre las complejidades del comportamiento humano y los mecanismos subyacentes que intervienen en la gestión de los conflictos psíquicos.

4. La influencia de la estructura simbólica en lo imaginario:

En esencia, el orden simbólico abarca el entorno lingüístico, las normas culturales, las instituciones sociales y la multitud de representaciones simbólicas que configuran la experiencia humana. Estos constructos simbólicos no solo proporcionan el andamiaje para la construcción de significado, sino que también desempeñan un papel fundamental en la construcción y configuración de la dimensión imaginaria de la subjetividad humana. Es dentro de este marco que los individuos negocian sus identidades, deseos y comprensión de la realidad.

La estructura simbólica ejerce una profunda influencia en el imaginario mediante su función reguladora. A medida que las representaciones simbólicas permean diversos aspectos de la vida individual, se internalizan y se integran en el tejido del imaginario. Este proceso de internalización configura la construcción del mundo imaginario, impactando la autopercepción, las relaciones y la orientación existencial del individuo. Además, el orden simbólico establece los parámetros dentro de los cuales el imaginario puede manifestarse, lo que conduce a la formación de fantasías, aspiraciones e ideales socialmente mediados.

El orden simbólico no solo configura el contenido del imaginario, sino que también media su expresión y recepción. El lenguaje, como componente principal del orden simbólico, sirve como vehículo para articular y comunicar fenómenos imaginarios. A través de las expresiones lingüísticas, las personas interactúan con sus experiencias subjetivas y las comunican, dotando sus construcciones imaginarias de significado y trascendencia simbólica.

La interacción dinámica entre lo simbólico y lo imaginario trasciende las subjetividades individuales, permeando las dimensiones colectivas y culturales. Los sistemas simbólicos y los discursos culturales influyen en el imaginario colectivo, moldeando representaciones, mitos y narrativas compartidas que contribuyen a la construcción de identidades colectivas. Esta interacción subraya la relación entre el simbolismo cultural y los marcos imaginarios compartidos dentro de la sociedad.

5. Distorsiones imaginarias dentro de marcos simbólicos:

En la red de la cognición humana, la interacción entre los órdenes imaginario y simbólico se manifiesta a través de una compleja gama de procesos cognitivos y fenómenos psicológicos. Un aspecto central de esta dinámica es la manifestación de distorsiones imaginarias dentro de los marcos simbólicos, lo que justifica un examen minucioso. La construcción de la identidad, la percepción de la realidad y la comprensión de uno mismo y de los demás pueden verse entrelazadas en las estructuras simbólicas, dando lugar a menudo a distorsiones que impactan profundamente las relaciones interpersonales y los paisajes psíquicos internos. Estas distorsiones pueden conducir a interpretaciones erróneas, conceptos erróneos e ilusiones que influyen en los pensamientos, emociones y comportamientos del individuo. Comprender estas distorsiones requiere profundizar en las capas de las estructuras simbólicas y su interacción con el orden imaginario. Los marcos simbólicos, caracterizados por el lenguaje, la cultura y las normas sociales, proporcionan el contexto contextual en el que se configura el imaginario. Sin embargo, es dentro de estos mismos marcos donde pueden surgir las distorsiones, impactando significativamente las experiencias subjetivas y la dinámica relacional del individuo. La influencia del lenguaje como sistema simbólico en la construcción de significado y la formación de representaciones imaginarias es fundamental. El lenguaje no solo moldea nuestras percepciones, sino que también actúa como conducto para que las distorsiones simbólicas impregnen nuestras construcciones imaginarias. Además, las normas culturales y sociales sirven como marcos simbólicos generalizados que moldean con fuerza el registro imaginario. En consecuencia, las distorsiones que surgen en estos contextos influyen en la forma en que las personas se perciben a sí mismas y a los demás, lo que a menudo genera malentendidos y conflictos. Es fundamental explorar estas distorsiones a través de diversas viñetas clínicas y del mundo real para comprender su naturaleza multifacética.

Imágenes, formación de la identidad y el papel del estadio del espejo

1. Fundamentos teóricos:

El concepto lacaniano del Estadio del Espejo ilustra el papel fundamental de la percepción visual y la psique en la formación del sentido de identidad individual. Este estadio representa una coyuntura crítica en el desarrollo humano, que suele ocurrir entre los 6 y los 18 meses de edad, cuando el niño se encuentra por primera vez con su imagen reflejada. Este encuentro desencadena una serie de complejos procesos psicológicos que forman la base de su yo y contribuyen a la evolución de su identidad. Lacan postula que durante el Estadio del Espejo, el niño experimenta un doble reconocimiento: primero, una fascinación por la imagen externa que se refleja en él, y segundo, una identificación interna con la imagen idealizada y unificada. Este proceso genera una sensación de plenitud y cohesión en la psique del niño. Además, Lacan afirma que este momento también inaugura una búsqueda permanente de unidad y dominio, que a menudo lleva a las personas a interactuar más con entidades y representaciones reflexivas a medida que gestionan las complejidades de su entorno social. Además, el Estadio del Espejo ilustra el alejamiento de Lacan de las perspectivas psicoanalíticas tradicionales, como las de Freud, al enfatizar la dimensión visual en la formación de la subjetividad. Este énfasis en el componente visual reposiciona la mirada y la representación visual como fuerzas fundamentales que configuran las relaciones interpersonales y la construcción del Yo. Cabe destacar que el Estadio del Espejo de Lacan arroja luz sobre el influyente papel de la imagen y el ideal del Yo, ofreciendo profundas perspectivas sobre los mecanismos que sustentan la cognición y la identidad humanas. Por lo tanto, comprender los fundamentos teóricos del Estadio del Espejo es esencial para comprender la interacción entre los estímulos visuales, la construcción psicológica y el surgimiento de la identidad, ofreciendo una perspectiva convincente a través de la cual apreciar la subjetividad humana.

2. La percepción visual y la psique:

La percepción visual desempeña un papel fundamental en la formación de la psique de un individuo, actuando como un canal crucial a través del cual percibe el mundo externo y construye sus representaciones mentales internas. La interacción entre los estímulos visuales y el procesamiento cognitivo da lugar a una compleja red de asociaciones, emociones y autopercepciones. En el centro de este proceso se encuentra el concepto de esquema visual, mediante el cual los individuos construyen marcos cognitivos basados en sus experiencias, encuentros e interpretaciones de la información visual. Estos esquemas moldean profundamente su comprensión de sí mismos y de su lugar en el mundo. Además, estos marcos están intrínsecamente entrelazados con el desarrollo y la construcción de la identidad. A través de la percepción visual, los individuos no solo observan objetos y eventos externos, sino que también los internalizan y reflexionan sobre ellos, influyendo así en su sentido de identidad. La importancia de la percepción visual en relación con la psique se acentúa especialmente durante las etapas formativas del desarrollo, cuando los niños participan en un proceso de exploración y aprendizaje activos a través de sus experiencias visuales. Este período es crucial para sentar las bases de la posterior formación de la identidad, ya que marca la génesis del autorreconocimiento y la comprensión de la propia fisicalidad. Además, las señales visuales de los cuidadores y del entorno circundante influyen significativamente en la construcción del autoconcepto en desarrollo del niño. Además, la profunda influencia de la percepción visual en la psique se extiende hasta la edad adulta, abarcando la asimilación e interpretación continuas de los estímulos visuales en relación con la evolución de la identidad. Esta interacción continua moldea la percepción que los individuos tienen de sí mismos, de los demás y del mundo, contribuyendo a la configuración de su estructura psicológica.

3. Hitos del desarrollo en la etapa del espejo:

La etapa del espejo suele ocurrir durante los primeros años de vida del niño, principalmente entre los seis y los dieciocho meses. En esta etapa, el niño experimenta un importante reconocimiento psicológico al encontrarse con su reflejo en un espejo u otras superficies reflectantes. Este encuentro trascendental no es simplemente un acto de autopercepción, sino que marca el inicio del proceso de individuación.

Durante la etapa del espejo, el niño experimenta una profunda interacción con su propia imagen reflejada, lo que genera una sensación de unidad y coherencia entre la autopercepción y la representación visual externa. Esta nueva comprensión cataliza un cambio fundamental en el desarrollo cognitivo y psicológico del niño, sentando las bases para una comprensión más compleja de sí mismo en el mundo. La identificación con la imagen reflejada desencadena una oleada de placer narcisista y sirve como primer paso para la formación de una identidad egoica estable, aunque ilusoria.

A medida que el niño progresa en la etapa del espejo, exhibe comportamientos observables que denotan un creciente reconocimiento de su propia imagen. Estos comportamientos pueden incluir acciones como sonreír o hacer gestos hacia su reflejo, lo que indica una creciente conciencia de autorreconocimiento.

Además, el niño puede mostrar signos de fascinación y curiosidad hacia el espejo, demostrando una comprensión incipiente de la correlación entre sus movimientos físicos y los reflejos correspondientes.

Un aspecto destacable del estadio del espejo es la dicotomía entre la totalidad de la imagen reflejada y la naturaleza fragmentada del cuerpo y la autopercepción del niño. Esta disyunción da lugar a una experiencia dualista, donde el niño oscila entre un reflejo cohesivo e idealizado y la cruda realidad de su control corporal y autoconciencia incompletos. Esta divergencia confiere una sensación de alienación y discrepancia, lo que alimenta la afirmación de Lacan de que la construcción del Yo se basa intrínsecamente en el desconocimiento.

4. Fragmentación y totalidad:

En la etapa del espejo, el bebé se encuentra por primera vez con su imagen reflejada y experimenta un doble proceso de fragmentación e integración que moldea profundamente su constitución psicológica. Esta dualidad abarca la fragmentación del Yo, ya que el bebé percibe un reflejo inconexo e incompleto, junto con la aspiración a la plenitud, la búsqueda de una autoimagen coherente e idealizada.

La naturaleza fragmentada del reflejo en el espejo sirve como metáfora de la vulnerabilidad y el desorden inherentes que caracterizan las primeras etapas de la formación de la identidad. El encuentro inicial del bebé con su imagen reflejada introduce una ruptura entre su experiencia subjetiva y la percepción externa de sí mismo, lo que genera una sensación interna de incompletitud y discordancia. Esta etapa marca la génesis de una identidad fragmentada, en la que el ego aún no se ha realizado plenamente y el orden simbólico aún no se ha internalizado.

Por el contrario, la búsqueda de la plenitud representa la inclinación humana innata hacia la unidad y la integración. A medida que el bebé se esfuerza por conciliar la disparidad entre su autopercepción y la imagen reflejada, emerge gradualmente una sensación idealizada de coherencia y completitud. A través de este proceso, el ego comienza a cristalizarse, sentando las bases del autoconcepto del individuo y sus relaciones con el mundo exterior. Así, la dualidad de fragmentación y plenitud encapsula la compleja interacción entre la desintegración y la unificación que sustenta las etapas formativas de la subjetividad humana.

Esta dualidad en el Estadio del Espejo tiene profundas implicaciones para comprender la dinámica matizada de la identidad humana y las complejidades del ego. Ilumina el equilibrio entre los aspectos fragmentados del Yo, caracterizados por inconsistencias e incongruencias internas, y la tendencia unificadora hacia una autopercepción cohesiva e integrada. Además, subraya la naturaleza dialéctica de la formación de la identidad, destacando la negociación continua entre fragmentos dispares y el impulso aspiracional hacia una autorrepresentación unificada y armoniosa.

En esencia, la dualidad de fragmentación y totalidad encarna una paradoja fundamental en la construcción de la subjetividad humana, ofreciendo valiosas perspectivas sobre los procesos de autodescubrimiento, autorrepresentación y relaciones interpersonales. Es a través de esta dualidad que el Estadio del Espejo trasciende la mera percepción visual, convirtiéndose en una profunda metáfora de las profundas complejidades que subyacen en la formación de la identidad y la evolución del ego.

5. El Yo - Surgimiento del ego:

El surgimiento del Yo, aspecto fundamental en la formación de la identidad, se produce a través de la compleja interacción entre el individuo y sus percepciones del entorno. Como componente central de la psique, el Yo actúa como mediador entre los deseos internos y la realidad externa, desempeñando así un papel crucial en la construcción del propio sentido del Yo. Este proceso implica la asimilación de experiencias, impresiones e interacciones con los demás, lo que conduce al desarrollo de una autoimagen distintiva. Además, la formación del Yo está profundamente entrelazada con el encuentro del individuo con el estadio del espejo, donde se confronta con su propio reflejo como una entidad separada. Lacan postula que este encuentro inicial con el espejo desempeña un papel significativo en la formación del Yo, ya que el individuo comienza a identificarse con su imagen reflejada, iniciando así la construcción de su «yo». La dualidad inherente a este proceso reside en la fragmentación y cohesión simultáneas del Yo. Por un lado, el Yo busca la unidad y la coherencia, buscando integrar las múltiples facetas del Yo en un todo cohesivo. Por otro lado, el ego también lidia con la naturaleza fragmentada de la experiencia humana, encontrando contradicciones internas y externas que desafían su búsqueda de plenitud. Esta tensión entre fragmentación y plenitud influye profundamente en la lucha constante del individuo por reconciliar los diversos aspectos de su identidad. Además, el surgimiento del ego implica una negociación entre la representación simbólica y la imagen reflejada. El individuo confronta las representaciones simbólicas proporcionadas por el lenguaje, la cultura y las normas sociales, que configuran su comprensión de sí mismo, yuxtapuestas con el reflejo que se presenta en el espejo, que representa una encarnación física de su autopercepción. Esta interacción introduce complejidades y conflictos, a medida que el ego intenta negociar entre el Yo construido internamente y los reflejos y proyecciones externas que se depositan sobre él. Al comprender el surgimiento del ego, obtenemos valiosas perspectivas sobre las complejidades de la formación de la identidad, arrojando luz sobre los procesos multifacéticos que contribuyen a la construcción del «yo».

6. Representación simbólica versus reflexión de imágenes:

Mientras que la representación simbólica se refiere a los aspectos lingüísticos y culturalmente mediados de la identidad, la reflexión de la imagen encapsula las dimensiones visuales y perceptuales que contribuyen al autorreconocimiento. Comprender la distinción entre estos dos conceptos es fundamental para comprender las complejidades de la subjetividad humana. La representación simbólica abarca el uso del lenguaje, los símbolos y las normas culturales para asignar significado y construir narrativas sobre la propia identidad. Esto implica la internalización de valores, creencias y normas sociales, que informan la comprensión que un individuo tiene de sí mismo dentro del contexto social más amplio. Es a través de este marco simbólico que los individuos interpretan y comunican sus experiencias, emociones y aspiraciones, contribuyendo así a la compleja trama de su identidad. Por otro lado, la reflexión de la imagen profundiza en los aspectos visuales y perceptuales de la formación de la identidad, particularmente elucidados por el Estadio del Espejo de Lacan. Esta etapa marca el momento crucial en el que un bebé se identifica por primera vez con su propia imagen reflejada, iniciando así el proceso de autorreconocimiento y la construcción gradual del "yo". El espejo sirve simultáneamente como reflejo metafórico de los ideales y estándares sociales que el individuo se esfuerza por encarnar. Sin embargo, es esencial reconocer que la imagen reflejada en el espejo constituye una versión idealizada y fragmentada del Yo, lo que a menudo genera discrepancias entre la imagen percibida y la representación simbólica internalizada. Estas incongruencias pueden generar conflictos y dificultades internas para reconciliar el Yo idealizado con la realidad de la propia existencia, lo que posteriormente influye en la autoestima y el bienestar emocional del individuo. Además, la tensión inherente entre la representación simbólica y el reflejo de la imagen subraya la compleja negociación de la identidad tanto en el contexto personal como en el social. Esta interacción implica la naturaleza fluida de la identidad, enfatizando el proceso dinámico de autoconstrucción a medida que los individuos interactúan con las innumerables influencias que configuran su sentido del Yo.

7. Impactos psicológicos del reconocimiento erróneo:

El desconocimiento, según lo propone la teoría lacaniana, es un concepto crucial que contribuye significativamente a nuestra comprensión del desarrollo psicológico y su complejo impacto en la subjetividad individual. Dentro del marco lacaniano, el desconocimiento se refiere a la percepción errónea o la incomprensión de la propia identidad o imagen, a menudo derivada de las percepciones erróneas impuestas por el mundo externo, en particular a través de las expectativas sociales y las normas culturales.

Esta discrepancia entre la identidad autopercibida y las normas sociales proyectadas puede acarrear profundas consecuencias psicológicas. El individuo, atormentado por una brecha cada vez mayor entre el Yo "real" y la persona idealizada creada por la falta de reconocimiento, experimenta profundos sentimientos de incompetencia, alienación y conflicto interno. Esta agitación interna puede manifestarse de diversas formas, como ansiedad, depresión o una abrumadora sensación de disonancia con el entorno.

Las repercusiones psicológicas de la falta de reconocimiento trascienden el estado emocional del individuo y permean diversos aspectos de sus relaciones interpersonales e interacciones sociales. La incapacidad de reconciliar la propia autenticidad con el reflejo distorsionado que perpetúa la falta de reconocimiento puede dificultar la creación de vínculos genuinos con los demás, fomentando una sensación de aislamiento y desapego del tejido social más amplio.

La falta de reconocimiento puede ejercer una influencia notable en los procesos cognitivos de una persona, distorsionando potencialmente su percepción de la realidad y obstaculizando su capacidad para tomar decisiones acertadas. Esta disonancia cognitiva puede contribuir a un ciclo de inseguridad y perpetuar una sensación generalizada de síndrome del impostor, en el que las personas cuestionan constantemente su competencia y sus logros, atribuyendo sus éxitos a factores externos en lugar de reconocer sus capacidades inherentes.

En la práctica clínica, abordar el terreno psicológico generado por la falta de reconocimiento exige un enfoque matizado que implica empoderar a las personas para que se embarquen en un viaje de autodescubrimiento y autoaceptación, desenredando la red de percepciones erróneas que obstaculizan su bienestar emocional. Al desentrañar las capas de la falta de reconocimiento mediante técnicas terapéuticas y exploración introspectiva, las personas pueden esforzarse por reconstruir una relación más armoniosa consigo mismas, fomentando en última instancia un mayor sentido de autenticidad y resiliencia frente a las presiones y expectativas sociales.

En conclusión, comprender los profundos impactos psicológicos del reconocimiento erróneo dentro del marco lacaniano ilumina la interacción entre los constructos sociales y la subjetividad individual, revelando el tapiz de la experiencia humana y los procesos cognitivos en el contexto de la existencia.

Mecanismos de ilusiones y desconocimientos

1. La formación de lo imaginario - Fundamentos históricos:

El concepto de lo imaginario tiene profundas raíces históricas que trascienden la teoría lacaniana y se remontan a las antiguas indagaciones filosóficas sobre la naturaleza de la percepción y la realidad. Los primeros filósofos griegos, como Platón y Aristóteles, contemplaron la relación entre el mundo percibido y el mundo de las ideas, lo que sentó las bases para posteriores exploraciones de lo imaginario en el contexto de la conciencia y la cognición humanas.

Durante el Renacimiento, los avances en el arte, la literatura y la filosofía despertaron un renovado interés por la naturaleza de la representación y la construcción de la realidad. Artistas y pensadores abordaron la idea de la mímesis (la imitación o representación del mundo exterior), lo que impulsó reflexiones sobre la naturaleza subjetiva de la percepción y el papel de la imaginación en la configuración de las perspectivas individuales.

La Ilustración marcó un hito en la comprensión de lo imaginario, ya que pensadores como René Descartes e Immanuel Kant profundizaron en cuestiones de subjetividad, cognición y la formación de representaciones mentales. La exploración de Descartes de la dualidad mente-cuerpo y la noción de un «demonio maligno» que engaña las percepciones subrayó la influencia generalizada de las ilusiones y los errores de percepción en la conciencia humana, mientras que el idealismo trascendental de Kant enfatizó el papel constructivo de la mente en la configuración de las experiencias sensoriales mediante categorías de comprensión.

El surgimiento del psicoanálisis a finales del siglo XIX y principios del XX impulsó aún más la exploración de lo imaginario en el contexto clínico. El trabajo pionero de Sigmund Freud sobre el inconsciente y los sueños sentó las bases para la conceptualización de Lacan de los tres registros psicoanalíticos: lo simbólico, lo imaginario y lo real. Basándose en la teoría freudiana y la lingüística estructuralista, Lacan posicionó lo imaginario como una dimensión fundamental de la subjetividad humana, contribuyendo a una comprensión más profunda de las complejidades inherentes a nuestros procesos perceptivos y a la autoidentificación.

En el discurso contemporáneo, el estudio de lo imaginario continúa cruzándose con diversos campos como la psicología cognitiva, los estudios culturales y la teoría de los medios, fomentando diálogos interdisciplinarios sobre la naturaleza de la representación, la cognición y las realidades mediadas.

2. El estadio del espejo de Lacan como precursor:

El Estadio del Espejo de Lacan es un concepto fundamental para comprender la formación del imaginario. Lacan postuló que el encuentro del niño con su imagen reflejada inicia un doble proceso: la transformación de su percepción visual y el surgimiento de un yo idealizado y unificado. Este yo idealizado es inherentemente ilusorio y sirve como base fundamental para la formación del imaginario. Un aspecto clave reside en reconocer el importante impacto psicológico de esta identificación inicial. En consecuencia, el estadio del espejo sienta las bases para la interacción constante del individuo con imágenes y superficies en la construcción de su identidad. Además, Lacan enfatizó que el reflejo reflejado simboliza una gestalt de totalidad y coherencia que trasciende la experiencia fragmentada del niño. Como tal, esta unidad simbólica dentro del espejo fomenta una sensación ilusoria de completitud, que contrasta con el desorden psicológico inherente a la infancia. La etapa del espejo también introduce el elemento de la falta de reconocimiento, donde el niño confunde su imagen idealizada en el espejo con su verdadero yo, perpetuando así la ilusión de una identidad unificada y autónoma. Además, la etapa del espejo actúa como precursora de la formación del ego, que se entrelaza con las imágenes e ideales proyectados dentro del orden imaginario.

3. Mecanismos de construcción y distorsión imaginaria:

La construcción del imaginario implica la formación de imágenes mentales, representaciones e identificaciones que contribuyen a la percepción individual del Yo y de la realidad. Sin embargo, estas construcciones son susceptibles de distorsión, influenciadas por factores internos y externos. Es fundamental profundizar en los mecanismos subyacentes que impulsan este proceso para comprender las complejidades de la conciencia y el comportamiento humanos.

En el marco de la teoría lacaniana, lo imaginario opera como un componente fundamental del aparato psíquico, entrelazándose con los órdenes simbólico y real. Esta integración se caracteriza por la interacción entre el Yo y las imágenes idealizadas creadas mediante procesos de identificación. Los individuos se autorrepresentan y proyectan sobre los demás, construyendo imágenes mentales que sirven de base para sus percepciones e interacciones.

La distorsión dentro del imaginario surge de la brecha inherente entre las autoimágenes idealizadas y las experiencias vividas. Esta disonancia provoca perturbaciones en la percepción, contribuyendo a la formación de ilusiones y la falta de reconocimiento. Además, las influencias culturales y sociales moldean la construcción del imaginario, imponiendo a menudo ideales y valores normativos que pueden entrar en conflicto con las experiencias personales, lo que genera nuevas distorsiones.

A medida que las personas interactúan con su entorno social, el proceso de introyección y proyección desempeña un papel crucial en la construcción de sus realidades percibidas. La introyección implica la internalización de experiencias, creencias y actitudes externas, lo que contribuye a la formación de la autoimagen del individuo. Por otro lado, la proyección implica la externalización de conflictos internos, lo que permite atribuir a otros ciertas cualidades o rasgos que les cuesta reconocer en sí mismos. Estos mecanismos influyen significativamente en la percepción que las personas tienen de sí mismas y de los demás, influyendo en sus dinámicas interpersonales y respuestas emocionales.

Las reflexiones de Lacan sobre el lenguaje y su papel en la sustentación del imaginario dilucidan aún más las complejidades de la construcción y la distorsión. El lenguaje sirve como medio de significación y representación, influyendo en la forma en que los individuos articulan e interpretan sus experiencias. Dentro del imaginario, el lenguaje contribuye a la perpetuación de ciertas ilusiones y desconocimientos mediante expresiones simbólicas y la comunicación. La construcción lingüística de narrativas y discursos configura la comprensión que los individuos tienen de sí mismos y de sus relaciones con los demás, reforzando o cuestionando los marcos imaginarios existentes.

4. Proyección, introyección y su papel en la percepción:

La proyección y la introyección dilucidan los procesos mediante los cuales las personas perciben e interactúan con el mundo exterior. La proyección implica atribuir los propios deseos, sentimientos o pensamientos inconscientes a otros, haciéndolos externos a uno mismo y atribuyéndolos a otros. Por el contrario, la introyección ocurre cuando una persona internaliza estímulos externos o cualidades ajenas en su propia psique, lo que lleva a la asimilación de pensamientos o atributos externos. Tanto la proyección como la introyección desempeñan un papel fundamental en la configuración de la percepción individual de la realidad y la autoidentidad dentro del marco del Orden Imaginario. A medida que las personas gestionan las complejidades de las relaciones humanas y las interacciones sociales, los mecanismos de proyección e introyección influyen significativamente en sus marcos interpretativos y respuestas emocionales. A través del proceso de proyección, las personas a menudo externalizan conflictos internos, miedos o deseos no resueltos en otros, alterando así su percepción de quienes les rodean. Este mecanismo puede conducir a la falta de reconocimiento de los demás y contribuir a la perpetuación de ilusiones dentro del registro Imaginario. Por el contrario, la introyección contribuye a la internalización de normas, creencias e ideales externos, moldeando el autoconcepto del individuo e influyendo en sus comportamientos y actitudes. La interacción entre la proyección, la introyección y la percepción está profundamente entrelazada con la teoría lacaniana, ya que revela la dinámica entre el sujeto y el mundo externo. Comprender estos mecanismos no solo arroja luz sobre la construcción del Imaginario, sino que también proporciona perspectivas sobre las complejidades de la subjetividad humana y las relaciones interpersonales. Además, reconocer el impacto de la proyección y la introyección permite a los clínicos y profesionales sanitarios descubrir problemas psicosociales subyacentes y guiar a las personas hacia una comprensión más integral de sus experiencias subjetivas.

5. Interacción simbólica y discrepancias imaginarias:

En el contexto de la teoría lacaniana, el dominio de lo Simbólico es esencial para comprender las complejidades que surgen de las interacciones dentro del Orden Imaginario. El registro

Simbólico abarca el lenguaje, la cultura, las normas sociales y los sistemas generales de significado que influyen en la subjetividad humana. Una exploración de la interacción simbólica en el marco de lo Imaginario revela sutiles discrepancias y tensiones que configuran la identidad y la percepción individual. Dentro del registro simbólico, el lenguaje actúa como mediador principal, codificando y organizando experiencias y percepciones, moldeando así la formación de lo Imaginario. Esta interacción entre lo Simbólico y lo Imaginario subraya las formas sutiles en que los individuos interactúan con la realidad y construyen su sentido de identidad. A partir de las teorías sociolingüísticas, la dimensión simbólica revela las implicaciones de las influencias culturales y lingüísticas en la construcción de lo Imaginario. Además, las discrepancias que surgen entre los registros Simbólico e Imaginario ponen de relieve los conflictos y desajustes inherentes a la subjetividad humana. Estas discrepancias a menudo se manifiestan como luchas internas, discordia social externa e incongruencias en la comunicación, lo que contribuye a una miríada de desafíos psicológicos e interpersonales. Comprender la interacción simbólica dentro del contexto de lo Imaginario es vital para reconocer las complejidades que sustentan la cognición, la comunicación y el comportamiento humanos. Ofrece valiosas perspectivas sobre la construcción de identidades, la perpetuación de ilusiones y la propagación de reconocimientos erróneos. Desentrañar las complejidades de la interacción simbólica y su impacto en lo Imaginario permite a los profesionales y académicos comprender la naturaleza multifacética de la experiencia humana y proporciona una base para la intervención y el análisis crítico. Finalmente, reconocer la interacción dinámica entre lo Simbólico y lo Imaginario invita a un examen más profundo de los determinantes socioculturales, lingüísticos y contextuales que sustentan la subjetividad humana, allanando el camino para una comprensión más integral de los complejos mecanismos en juego dentro de la psique.

6. El papel del lenguaje en el sostenimiento de la falacia imaginaria:

El lenguaje desempeña un papel fundamental en la perpetuación de las falacias en el ámbito imaginario. Su naturaleza simbólica permite a las personas transmitir significados y construir representaciones de la realidad. Sin embargo, en el contexto de lo imaginario, el lenguaje también puede servir como mecanismo para sustentar y reforzar ideas erróneas e ilusiones. A través de las expresiones lingüísticas, las personas pueden contribuir inadvertidamente a la construcción de percepciones distorsionadas y patrones de reconocimiento erróneo.

Una de las maneras en que el lenguaje sustenta la falacia imaginaria es mediante el uso de significantes simbólicos inherentemente ligados a interpretaciones subjetivas. Las palabras y frases, si bien conllevan significados culturales compartidos, están sujetas a la interpretación y proyección individual dentro del registro imaginario. Esta filtración subjetiva de los símbolos lingüísticos contribuye a la formación de representaciones ilusorias, lo que lleva a las personas a malinterpretar sus propias identidades y dinámicas relacionales. Además, la naturaleza simbólica del lenguaje facilita la proliferación de expectativas, normas y estereotipos sociales, que consolidan aún más las construcciones imaginarias que las personas internalizan.

El papel del lenguaje en el mantenimiento de la falacia imaginaria se extiende a las esferas de la narrativa y el discurso. A través de la narración y el refuerzo de las narrativas sociales, el lenguaje se convierte en un vehículo para perpetuar autoimágenes idealizadas y sofocar la autoexpresión auténtica. Las personas pueden verse conformadas con guiones socialmente construidos y tropos lingüísticos que se alinean con las ilusiones propagadas por el orden imaginario, perpetuando así patrones de desconocimiento y obstaculizando la autorrealización.

Las complejidades del lenguaje en lo imaginario se vinculan con el concepto lacaniano del «gran Otro», el orden simbólico que representa el sistema general de normas sociales y lenguaje. El «gran Otro» influye en las construcciones individuales del Yo y la realidad, enmarcándolas en marcos lingüísticos que sustentan falacias imaginarias. Esta perpetuación se produce mediante la internalización de las expectativas sociales y la incorporación de las normas sociales en los autoconceptos individuales.

7. Revelaciones clínicas:

En el ámbito clínico, identificar y comprender los patrones de reconocimiento erróneo dentro del imaginario es fundamental para los psicoanalistas. Ante todo, los psicoanalistas deben estar atentos a las sutiles manifestaciones del reconocimiento erróneo, que a menudo trascienden las señales conductuales evidentes. Mediante un análisis meticuloso de las expresiones verbales, las señales no verbales y las respuestas afectivas, los clínicos pueden discernir los desajustes subyacentes entre el significado simbólico y la representación imaginaria en la psique de un individuo.

Por otro lado, basándose en la teoría lacaniana, los profesionales deben desentrañar la interacción entre el significante y el significado, destacando cómo el reconocimiento erróneo distorsiona la comprensión subjetiva de uno mismo y de los demás. Desentrañar esta distorsión requiere un equilibrio entre empatía, introspección y perspicacia teórica.

Además, explorar el papel de las experiencias de la primera infancia en la formación de patrones de reconocimiento erróneo resulta fundamental en la práctica clínica. Examinar la dinámica de las relaciones familiares, las influencias sociales y el condicionamiento cultural permite a los profesionales clínicos rastrear las raíces del reconocimiento erróneo y revelar su profundo impacto en el desarrollo psicosocial del individuo.

Los profesionales clínicos emplean un enfoque multimodal para descubrir patrones de reconocimiento erróneo, integrando métodos como la asociación libre, el análisis de sueños y la dinámica transferencial-contratransferencial. Estas técnicas facilitan la exploración de los registros subconscientes, allanando el camino para una comprensión integral de la red de reconocimiento erróneo en la psique del paciente.

La conceptualización del caso constituye una fase crucial donde los profesionales clínicos sintetizan sus observaciones e interpretaciones, discerniendo los temas generales y los motivos recurrentes que sustentan los patrones de reconocimiento erróneo del paciente. Mediante este proceso, los profesionales clínicos construyen una narrativa coherente que delinea los matices del reconocimiento erróneo del paciente, proporcionando una base sólida para las estrategias de intervención.

En última instancia, la capacidad de identificar y desentrañar patrones de reconocimiento erróneo dentro de lo imaginario enriquece el proceso terapéutico, fomentando conocimientos profundos y avances transformadores para las personas que luchan con el tapiz de su realidad subjetiva.

Implicaciones de lo imaginario en la subjetividad humana

1. La interrelación entre la autopercepción y el orden imaginario:

La autopercepción se entrelaza con el concepto lacaniano del Orden Imaginario, que sirve como lente crucial a través del cual los individuos construyen sus identidades e interactúan con sus realidades subjetivas. La formación de la autopercepción implica una compleja interacción entre la imagen interna de uno mismo y el reflejo externo que proporcionan los demás y el contexto social. En el contexto del Orden Imaginario, este proceso adquiere mayor relevancia, ya que es en este ámbito donde los individuos se involucran en constantes negociaciones entre su autoimagen idealizada y su verdadero sentido del Yo. Esta negociación está influenciada por las experiencias tempranas de la etapa del espejo, donde los individuos encuentran su imagen reflejada y comienzan el viaje vital de construcción de sus identidades subjetivas. En el centro de esta interrelación se encuentra la noción del «yo ideal», una imagen proyectada de perfección y plenitud que los individuos buscan encarnar. Este yo ideal, arraigado en lo imaginario, se convierte en un punto de referencia con el que los individuos miden y moldean sus autopercepciones, lo que a menudo conduce a una búsqueda perpetua de un ideal inalcanzable. El Orden Imaginario impacta aún más la autopercepción al moldear el proceso de individuación, influir en el desarrollo de narrativas personales y modelar las respuestas emocionales evocadas por las interacciones con el Yo reflejado y construido. Además, el funcionamiento sostenido del Orden Imaginario perpetúa la dicotomía entre un yo idealizado superficial y las percepciones más profundas y desfavorables subyacentes, generando tensión y conflicto constantes dentro del autoconcepto individual. Como resultado, las personas se enfrentan con frecuencia a una divergencia entre su autopresentación consciente y su autoimagen subyacente, menos pulida, lo que genera disonancia interna y sentimientos de desconexión. Dentro del marco psicoanalítico, comprender esta interrelación ofrece valiosas perspectivas sobre el profundo impacto del Orden Imaginario en la subjetividad humana, arrojando luz sobre los mecanismos mediante los cuales la autopercepción se moldea, se mantiene y se negocia constantemente.

2. Exploración del papel del estadio del espejo en la formación del sujeto:

La Etapa del Espejo ocurre durante la primera infancia, cuando el niño reconoce por primera vez su reflejo en un espejo y comienza a desarrollar su sentido de identidad. En esta etapa, su descoordinada identidad se alinea temporalmente con la imagen unificada y completa que se refleja, lo que genera un profundo momento de desconocimiento, donde se forma inicialmente el Yo ideal (la autoimagen coherente).

La experiencia de la Etapa del Espejo sienta las bases para la relación continua del individuo con su propia imagen, así como su percepción de la imagen de los demás. La gestación del ideal del ego se cataliza mediante este proceso de identificación visual, estableciendo un estándar con el que el individuo se medirá a lo largo de su vida. Este proceso sienta las bases para los deseos y aspiraciones, a la vez que fomenta una disonancia cognitiva entre el Yo idealizado y el Yo real, perpetuando una búsqueda constante de plenitud y coherencia.

La Etapa del Espejo desempeña un papel fundamental en la construcción de la subjetividad al iniciar la diferenciación entre el sujeto y el mundo exterior. A medida que el niño se identifica con la imagen especular, surgen nociones de separación y distinción del entorno externo. Esta delimitación crucial es precursora de la entrada del sujeto en el registro simbólico, donde los sistemas lingüísticos y culturales moldean aún más la subjetividad.

Es importante destacar que la influencia de la Etapa del Espejo en la formación del sujeto trasciende la psicología individual y se intersecta con dinámicas socioculturales. La naturaleza intersubjetiva de la autoimagen reflejada perpetúa una cultura social de comparación, competencia y búsqueda de validación. Estas dimensiones culturales distorsionan la autopercepción del individuo y contribuyen a la perpetuación de ideales normativos, evocando sentimientos de insuficiencia o logro basados en la percepción de alineamiento o divergencia con estos estándares.

3. Dinámica del deseo y la identificación en lo imaginario:

Durante las etapas formativas del desarrollo humano, el Orden Imaginario manifiesta una profunda influencia en la dinámica del deseo y los procesos de identificación. En este contexto, el deseo se entrelaza con la autoimagen fragmentada del individuo, moldeada por el proceso de reflejo que ocurre durante el Estadio del Espejo. La teoría lacaniana postula que el deseo surge de la carencia, inscrita a través de la experiencia alienante del autorreconocimiento. La imagen idealizada del sujeto, construida dentro del registro imaginario, se convierte en objeto de deseo, lo que conduce a una búsqueda perpetua de plenitud y validación.

Dentro del Imaginario, la identificación desempeña un papel fundamental en la formación de la subjetividad. Los individuos participan en un proceso continuo de identificación con imágenes, representaciones y constructos idealizados propagados por las normas sociales, los paradigmas culturales y las interacciones interpersonales. Esta identificación constante contribuye a la creación y el mantenimiento del ego, entrelazando la autopercepción del individuo con referencias externas, perpetuando un ciclo de deseo y reconocimiento.

La interacción entre el deseo y la identificación dentro del Orden Imaginario trasciende el ámbito individual y permea las experiencias colectivas, moldeando nociones compartidas de identidad y plenitud. Los constructos culturales y sociales proyectados en el ámbito imaginario a menudo se convierten en los focos de deseos e identificaciones colectivas, influyendo en la formación de normas sociales, aspiraciones y patrones de comportamiento. Estas dinámicas subrayan el profundo impacto del Orden Imaginario en las subjetividades tanto individuales como comunitarias.

Dentro del marco psicoanalítico, la exploración del deseo y la identificación en lo Imaginario presenta profundas implicaciones para la práctica clínica y el análisis sociocultural. Comprender los mecanismos a través de los cuales el deseo y la identificación se despliegan en el registro imaginario proporciona una perspectiva sobre las complejidades de la subjetividad humana, ofreciendo una perspectiva para interpretar e intervenir en una multitud de fenómenos psicológicos y dinámicas sociales.

Mediante un análisis matizado del deseo y la identificación dentro del Orden Imaginario, los profesionales pueden obtener valiosas perspectivas sobre los determinantes del comportamiento individual, las raíces de los conflictos psicológicos y las complejidades de las estructuras sociales. Además, esta exploración invita a reflexiones críticas sobre la construcción de narrativas personales y colectivas, arrojando luz sobre las motivaciones subyacentes que impulsan las acciones, aspiraciones y dinámicas interpersonales humanas.

4. La influencia de los constructos imaginarios en la percepción de la realidad:

El Orden Imaginario, postulado por Jacques Lacan, desempeña un papel fundamental en la configuración de la percepción individual de la realidad. En esencia, el Imaginario abarca no solo imágenes visibles, sino también una compleja red de representaciones simbólicas y concepciones idealizadas que informan la comprensión individual del mundo. Es a través de este marco que los individuos construyen sus realidades, percibiendo e interpretando el mundo exterior según patrones imaginarios internalizados. Estos constructos no son meros reflejos pasivos, sino filtros activos a través de los cuales los individuos procesan y dan sentido a sus experiencias. Desde el proceso de reflejo que comienza en las primeras etapas del desarrollo hasta la formación continua de la identidad, el Imaginario ejerce una profunda influencia en la percepción individual de su entorno y su lugar en él. Además, la imposición de normas e ideales sociales, perpetuados por el Imaginario, distorsiona aún más la experiencia auténtica de la realidad, generando una perspectiva sesgada y subjetiva. Desde una perspectiva lacaniana, la sutil relación entre el Imaginario y la percepción de la realidad subraya la importancia de explorar cómo los constructos internalizados alteran la comprensión individual del mundo. Esta investigación desafía las nociones convencionales de objetividad y destaca la naturaleza subjetiva de la construcción de la realidad. De hecho, la influencia de los constructos imaginarios en la percepción de la realidad no solo moldea la cosmovisión individual, sino que también influye en las dinámicas sociales, los sistemas de creencias y los patrones de comportamiento. Al desentrañar las complejidades de esta influencia, comprendemos el profundo impacto de lo imaginario en la subjetividad humana y la psique colectiva. Investigar estas complejidades abre caminos para la reflexión crítica, profundizando nuestra comprensión de las interconexiones entre las esferas interna y externa.

5. La subjetividad en la encrucijada - El impacto de la mediación simbólica:

La subjetividad es una compleja red de percepciones, deseos e identificaciones internalizadas que configuran la experiencia individual del Yo y su interacción con el mundo exterior. En el nexo de esta estructura se encuentra el concepto de mediación simbólica, que desempeña un papel fundamental en la influencia y la delimitación de la subjetividad humana. El registro simbólico, según la teoría lacaniana, abarca el lenguaje, la cultura y los significados socialmente construidos que pueden tanto dilucidar como oscurecer la verdadera naturaleza de la experiencia subjetiva. Para comprender el impacto de la mediación simbólica en la subjetividad, resulta imperativo reconocer su función como facilitadora y limitadora de la identidad individual.

La mediación simbólica funciona como un arma de doble filo en la formación de la subjetividad. Por un lado, proporciona el marco a través del cual las personas interpretan sus experiencias y construyen significado dentro de los contextos sociales y culturales. El lenguaje, las narrativas y los símbolos compartidos forman la base sobre la que se construye la realidad subjetiva, permitiendo a las personas comprender su lugar en el panorama sociocultural más amplio. Por otro lado, lo simbólico también impone limitaciones y restricciones a la subjetividad, al imponer marcos normativos y expectativas sociales que pueden restringir la plena expresión de los deseos e identidades individuales. Esta tensión entre los aspectos liberadores y restrictivos de la mediación simbólica subraya su papel fundamental en la formación de la subjetividad humana.

La influencia de la mediación simbólica en la subjetividad trasciende la cognición y el comportamiento individual, permeando las relaciones interpersonales, las estructuras sociales y las ideologías colectivas. El ámbito simbólico genera sistemas compartidos de significados, roles y normas que generan una interacción matizada entre la subjetividad personal y el entorno sociocultural más amplio. Como resultado, los individuos negocian constantemente sus experiencias subjetivas dentro del orden simbólico mayor, lidiando con la tensión entre conformarse a los dictados simbólicos establecidos y afirmar su visión subjetiva única. Esta negociación configura fundamentalmente los contornos de la subjetividad, revelando cuán profundamente arraigada está la mediación simbólica en la estructura de la experiencia humana.

En consecuencia, el impacto de la mediación simbólica exige una reevaluación de cómo entendemos y nos relacionamos con la subjetividad humana. Al interrogar las maneras en que las estructuras simbólicas habilitan y limitan la experiencia subjetiva, podemos desenterrar las complejidades que sustentan la formación de la identidad individual y las dinámicas interpersonales. Esto requiere una exploración más profunda de cómo los individuos cuestionan las restricciones simbólicas que informan su subjetividad, abriendo caminos para concepciones más matizadas e inclusivas de la identidad y la agencia humanas.

6. Implicaciones psicológicas del reconocimiento erróneo y sus consecuencias:

En esencia, la falta de reconocimiento se refiere a la desalineación entre la autopercepción y la realidad externa, a menudo alimentada por las proyecciones de lo Imaginario en el registro Simbólico. Este proceso genera múltiples consecuencias, cada una de las cuales deja una huella imborrable en la psique del individuo. Desde una perspectiva emocional, la falta de reconocimiento puede sembrar la discordia interna, generando una disonancia entre el Yo construido y la realidad desconcertante. Esta discordancia puede manifestarse como un aumento de la ansiedad, una disminución de la autoestima o una sensación generalizada de ser fundamentalmente incomprendido. Estas repercusiones emocionales pueden influir significativamente en las dinámicas interpersonales, generando tensiones en las relaciones y fomentando una propensión a mecanismos de afrontamiento desadaptativos. Cognitivamente, la constante falta de reconocimiento puede culminar en una percepción distorsionada del mundo, donde la comprensión del entorno externo se ve nublada por la lente idiosincrásica de lo Imaginario. Este sesgo cognitivo puede afectar los procesos de toma de decisiones, dando lugar a elecciones arraigadas en el mantenimiento de constructos ilusorios en lugar de responder a las exigencias genuinas de la realidad. Además, el efecto acumulativo de la falta de reconocimiento prolongada se extiende a la formación de la identidad, introduciendo complejidades que permean la esencia misma del sentido de identidad de un individuo. Existe una tensión palpable entre el Yo idealizado proyectado y las crudas realidades de las experiencias vividas, lo que precipita un dilema existencial que requiere una recalibración de las propias orientaciones existenciales. Este desencanto puede no solo impedir el crecimiento personal, sino también volver a la persona susceptible a crisis existenciales, fomentando una lucha perpetua por reconciliar la disyunción entre lo imaginado y lo auténtico. Aprovechar estas perspectivas es fundamental para promover intervenciones terapéuticas capaces de paliar las heridas psicológicas infligidas por los abismos provocados por la falta de reconocimiento.

7. Manifestaciones de la vida real de la subjetividad impulsada por la imaginación:

El concepto de subjetividad impulsada por lo imaginario se manifiesta en numerosos escenarios de la vida real, influyendo en las percepciones y experiencias individuales desde la perspectiva del marco lacaniano. Una manifestación destacada se da en las relaciones interpersonales. El Yo idealizado imaginado, construido dentro del Imaginario, a menudo determina cómo las personas se perciben a sí mismas en relación con los demás. Esto puede generar una discrepancia entre el Yo real y el Yo idealizado, generando sentimientos de incompetencia, inseguridad o la búsqueda de una perfección inalcanzable. Además, la influencia del Imaginario se hace evidente en las redes sociales, donde imágenes y narrativas seleccionadas contribuyen a la construcción de identidades idealizadas, perpetuando el ciclo de desconocimiento y las implicaciones psicológicas. Asimismo, en entornos profesionales, las personas pueden albergar subjetividades impulsadas por lo imaginario que afectan sus elecciones profesionales, aspiraciones y percepciones de éxito. La búsqueda de una imagen idealizada de éxito, poder o estatus, a menudo arraigada en el Imaginario, puede afectar los procesos de toma de decisiones y la satisfacción general en la trayectoria profesional. Además, en el contexto de la imagen corporal y la autoestima, el orden imaginario influye significativamente en las experiencias subjetivas. Los estándares de belleza poco realistas y los constructos sociales contribuyen a la formación de la autopercepción, impactando la confianza, el bienestar emocional y las conductas de las personas. Desde la perspectiva de la teoría lacaniana, estas manifestaciones brindan valiosas perspectivas sobre la interacción entre lo imaginario y la subjetividad humana. Al desentrañar estos sucesos de la vida real, los profesionales adquieren una comprensión más profunda de las múltiples formas en que el orden imaginario moldea las percepciones, emociones y conductas de las personas. Esta conciencia facilita intervenciones y enfoques terapéuticos más efectivos que abordan las complejidades de la subjetividad impulsada por lo imaginario, fomentando una autopercepción más saludable, mejores relaciones interpersonales y un mayor bienestar general.

8. Intervenciones y transformaciones desde una perspectiva lacaniana:

Las intervenciones y transformaciones desde una perspectiva lacaniana invitan a una profunda reevaluación de los enfoques tradicionales de la psicoterapia. En el contexto del Orden Imaginario, las estrategias de intervención deben abordar las complejidades de la subjetividad humana, moldeada por imágenes e ilusiones internalizadas. El marco lacaniano subraya la importancia de reconocer y desestabilizar estas narrativas construidas para facilitar una transformación auténtica. En lugar de centrarse únicamente en pensamientos conscientes o comportamientos manifiestos, las intervenciones lacanianas profundizan en las asociaciones simbólicas, los deseos y las identificaciones subyacentes que operan en el ámbito imaginario. Este enfoque requiere un alejamiento de los métodos terapéuticos convencionales, exigiendo un compromiso con las formaciones inconscientes que dominan la experiencia subjetiva del individuo. Los profesionales lacanianos tienen la tarea de descifrar la red de relaciones interpersonales e influencias culturales que contribuyen a la construcción del Yo dentro del registro imaginario. Desde esta perspectiva, las intervenciones se convierten en un proceso para desentrañar los hilos enredados del desconocimiento y fomentar momentos de desestabilización que pueden anunciar cambios significativos en la subjetividad. Al romper con las autoimágenes fijas e ilusorias que propaga el Orden Imaginario, las intervenciones lacanianas abren el camino a encuentros transformadores con lo Simbólico y lo real. Estas intervenciones pueden adoptar diversas formas, incluyendo intervenciones basadas en el lenguaje que desafían patrones discursivos arraigados, fomentando la deconstrucción de narrativas dominantes y abriendo caminos para una nueva significación. Asimismo, la exploración de aspectos fragmentados e inconexos del Yo mediante el uso de metáforas, analogías e interpretaciones sirve para desestabilizar las nociones establecidas de la individualidad arraigadas en lo Imaginario. Asimismo, las intervenciones lacanianas pueden implicar la indagación de motivos simbólicos recurrentes presentes en la narrativa del cliente, invitando a una reevaluación de sus significados subyacentes e implicaciones para la experiencia subjetiva. Un aspecto central del enfoque lacaniano es la noción de que la transformación genuina ocurre mediante el reconocimiento y la renegociación de los sistemas de creencias y fantasías inconscientes perpetuados dentro del Orden Imaginario. En consecuencia, estas intervenciones buscan no solo decodificar patrones desadaptativos, sino también generar posibilidades creativas para reestructurar la subjetividad en medio de la interacción de los tres órdenes propuestos por Lacan. Mediante el compromiso de forjar nuevos significantes y cultivar un encuentro más nítido con el «Otro», las intervenciones lacanianas prevén la formación de un sujeto capaz de recorrer el complejo terreno de la existencia subjetiva más allá de los confines de las autoimagenes ilusorias.

Aplicaciones clínicas de lo imaginario

1. El papel del terapeuta en el marco imaginario:

El terapeuta, posicionado como el orquestador del entorno terapéutico, se convierte en un agente esencial para facilitar la exploración y la deconstrucción de las realidades construidas por los pacientes, incrustadas en la dimensión imaginaria. Un aspecto crucial de su rol reside en fomentar un espacio seguro y reflexivo, que permita a los clientes entablar diálogos significativos para revelar sus percepciones erróneas e ilusiones profundamente arraigadas, derivadas del registro imaginario. Además, el terapeuta debe comprender profundamente cómo las identificaciones de los clientes con imágenes idealizadas y su interacción con las autopercepciones influyen en el proceso terapéutico. Esto requiere un equilibrio entre la empatía y la introspección analítica para discernir las dinámicas subyacentes.

Asumir el rol del terapeuta dentro del marco imaginario implica una travesía activa de los procesos de reflejo sin sucumbir al refuerzo de las autoimágenes distorsionadas de los clientes. Por lo tanto, el terapeuta asume la responsabilidad de proporcionar una superficie reflexiva correctiva, pero empática, para que los clientes confronten sus reflexiones erróneas mientras desenredan la maraña de significantes imaginarios. Además, la capacidad del terapeuta para negociar la tensión entre reconocer la validez de las experiencias de los clientes dentro del imaginario y desafiar el impacto limitante de estas manifestaciones es esencial para facilitar resultados terapéuticos constructivos.

Los profesionales que operan dentro del marco imaginario tienen la tarea de fomentar una profunda conciencia de las dinámicas de poder inherentes a la relación terapéutica, especialmente en lo que respecta al cultivo de significados alternativos y la deconstrucción de las representaciones simbólicas arraigadas de los clientes. Esto requiere cultivar una reflexividad proactiva que permita al terapeuta trascender los sesgos y prejuicios personales, promoviendo un entorno donde los clientes se sientan empoderados para desafiar sus ilusiones y reevaluar sus interpretaciones de la realidad dentro de los límites de la clínica. Por lo tanto, el rol del terapeuta implica adoptar una comprensión matizada de la danza entre lo imaginado y lo auténtico, a la vez que fomenta un entorno propicio para descubrir los territorios inexplorados que residen en los registros imaginarios de los clientes.

2. Presentaciones de clientes a través de la lente de lo imaginario:

Al analizar las presentaciones de los clientes desde la perspectiva de lo imaginario, los terapeutas deben gestionar la compleja interacción entre la autoimagen individual y su realidad percibida. La presentación del cliente a menudo revela indicadores clave de su interacción con el orden imaginario, tal como lo articula la teoría lacaniana. Un aspecto crucial consiste en comprender cómo la autopercepción del cliente se intersecta con el mundo externo y las dinámicas sociales, que están fuertemente influenciadas por los constructos de lo imaginario. A medida que los terapeutas profundizan en el análisis, deben observar cuidadosamente las discrepancias entre la autoimagen idealizada del cliente y sus experiencias reales, revelando tensiones y conflictos subyacentes dentro del marco imaginario.

El análisis de las presentaciones de los clientes desde la perspectiva de lo imaginario requiere una profunda comprensión del papel de las imágenes y representaciones en la configuración de su experiencia subjetiva. Los terapeutas examinan no solo lo que los clientes expresan verbalmente, sino también sus señales no verbales, incluyendo el lenguaje corporal, los gestos y las respuestas afectivas. Estas manifestaciones a menudo proporcionan información valiosa sobre las luchas internas del cliente y sus interacciones con los constructos imaginarios. Además, la tarea del terapeuta es descifrar cómo estas señales visuales y emocionales se conectan con las proyecciones e identificaciones del cliente dentro del registro imaginario, arrojando luz sobre la red de ilusiones y desconocimientos que configuran su autopercepción.

A medida que los terapeutas analizan las presentaciones de sus clientes a través de la perspectiva de lo imaginario, se encuentran con diversas manifestaciones de identificación y alienación en sus narrativas. Esto exige una exploración minuciosa de sus patrones relacionales, deseos y ansiedades, todos ellos profundamente entrelazados con la influencia de lo imaginario. Al reconocer cómo las narrativas de sus clientes reflejan su interrelación con ideales imaginarios y normas sociales, los terapeutas profundizan en los complejos mecanismos en juego. Esta evaluación exhaustiva fundamenta las estrategias terapéuticas destinadas a fomentar la autoconciencia del cliente y facilitar una reconfiguración fundamental de su relación con lo imaginario en pos de un cambio psicológico positivo.

Analizar los matices de las presentaciones de los clientes a través de la perspectiva imaginaria exige que los terapeutas se mantengan en sintonía con el contexto sociocultural más amplio que informa la construcción del paisaje imaginario del individuo. Esto implica identificar las normas, valores y estándares sociales que contribuyen a la internalización de imágenes idealizadas por parte del cliente y las consiguientes desilusiones cuando estas imágenes no se alinean con sus experiencias vividas. Mediante este proceso, los terapeutas construyen una comprensión integral de la interacción entre el individuo, sus identificaciones imaginarias y las fuerzas culturales más amplias, sentando las bases para intervenciones terapéuticas empáticas y transformadoras.

3. Técnicas para abordar los desconocimientos y las ilusiones:

Los desconocimientos e ilusiones en el contexto del marco Imaginario pueden presentar desafíos significativos en el proceso terapéutico. Es imperativo que los profesionales clínicos se doten de un repertorio de técnicas destinadas a abordar y deconstruir estos fenómenos para promover un progreso significativo en sus pacientes.

Una técnica fundamental consiste en crear un espacio seguro y reflexivo donde los clientes puedan explorar y expresar sus experiencias subjetivas. Esto puede implicar el uso de preguntas abiertas, la escucha activa y la validación sin prejuicios para animar a los clientes a expresar sus conflictos internos y confrontar sus percepciones distorsionadas. Es a través de este proceso que los errores de reconocimiento y las ilusiones pueden salir a la luz gradualmente, lo que permite la exploración y la reinterpretación colaborativas.

Integrar la psicoeducación en la labor terapéutica puede ser fundamental para ayudar a los clientes a comprender la naturaleza de los desconocimientos y las ilusiones. Al ofrecer explicaciones accesibles sobre cómo se manifiestan estos fenómenos dentro del marco Imaginario, los terapeutas pueden empoderar a sus clientes para que desarrollen una perspectiva más crítica y consciente de sus propios procesos cognitivos. Profundizar en las formas en que las influencias sociales y culturales contribuyen a la formación de desconocimientos e ilusiones también puede contribuir a enriquecer la comprensión de los clientes sobre sus experiencias.

Las técnicas de reestructuración cognitiva son otra herramienta valiosa para abordar las percepciones erróneas y las ilusiones. Al guiar a los clientes en la identificación y reevaluación de patrones de pensamiento distorsionados, los terapeutas pueden ayudar a desmantelar marcos cognitivos perjudiciales y fomentar modos de percepción más adaptativos. Mediante intervenciones específicas, como ejercicios cognitivo-conductuales y prácticas de atención plena, los clientes pueden comenzar a cuestionar y recalibrar sus percepciones erróneas arraigadas, lo que conduce a una mayor regulación emocional y flexibilidad cognitiva.

El uso estratégico de la metáfora y la narración en la terapia ofrece un enfoque innovador para superar los errores de reconocimiento y las ilusiones. Las metáforas tienen la capacidad de superar la resistencia cognitiva y conectar directamente con la imaginación del paciente, permitiendo la exploración de dinámicas preconscientes e inconscientes. Al cocrear narrativas que encapsulan simbólicamente la realidad experiencial del paciente, los terapeutas pueden dilucidar procesos psicológicos complejos y facilitar una comprensión transformadora.

Finalmente, fomentar una relación terapéutica colaborativa y de apoyo es fundamental para abordar los desconocimientos y las ilusiones. Los terapeutas deben cultivar un entorno empático y de validación donde los clientes se sientan empoderados para confrontar y deconstruir activamente sus percepciones erróneas. Esto puede implicar fomentar la resiliencia, enfatizar la autocompasión y afirmar la capacidad del cliente para reconstruir su sentido de identidad dentro del marco Imaginario.

4. Integración de lo simbólico y lo imaginario en la práctica terapéutica:

El orden simbólico, caracterizado por el lenguaje, la cultura y las normas sociales, influye en la percepción individual de la realidad y la construcción de la identidad. Por otro lado, el ámbito imaginario abarca imágenes, fantasías y desconocimientos que configuran la autoimagen y las relaciones interpersonales del individuo. La integración de estos dos órdenes permite a los terapeutas acceder a una comprensión más profunda de los procesos inconscientes del cliente y facilita intervenciones terapéuticas significativas.

Un enfoque para integrar lo simbólico y lo imaginario en la práctica terapéutica es la exploración de símbolos lingüísticos y visuales. Al involucrar a los clientes en el diálogo verbal y examinar sus narrativas, los terapeutas pueden descubrir los constructos simbólicos arraigados que contribuyen a sus experiencias vividas. Simultáneamente, explorar las visualizaciones y representaciones internas del cliente, como sueños o ensoñaciones, proporciona una comprensión de los aspectos imaginarios que influyen en sus emociones y comportamientos. Este enfoque dual fomenta una comprensión holística de la dinámica psicológica del cliente y enriquece el proceso terapéutico.

La integración de lo simbólico y lo imaginario puede aprovecharse en técnicas como el análisis transferencial y contratransferencial. Los terapeutas que conocen las dimensiones simbólicas de la transferencia pueden decodificar las proyecciones y asociaciones inconscientes del cliente, arrojando luz sobre sus conflictos internos y patrones relacionales. Simultáneamente, reconocer e interpretar los aspectos imaginarios dentro de los fenómenos contratransferenciales permite a los terapeutas gestionar sus respuestas emocionales y mantener una sintonía empática con el mundo subjetivo del cliente. Esta utilización simbiótica de las perspectivas simbólicas e imaginarias fortalece la alianza terapéutica y fomenta un espacio seguro para la sanación transformadora.

Además, aplicar los conceptos lacanianos de lo simbólico y lo imaginario en la práctica terapéutica implica desmitificar las nociones preconcebidas de la realidad y la identidad. A través de procesos de deconstrucción y reconstrucción, se invita a los clientes a cuestionar los aspectos ilusorios de su autopercepción y roles sociales, fomentando una reimaginación de su verdad subjetiva. Participar en este viaje dialéctico entre lo simbólico y lo imaginario no solo dilucida las profundidades de la subjetividad humana, sino que también empodera a los clientes para trascender las narrativas restrictivas y cultivar nuevos significados en sus vidas.

5 errores comunes de los médicos:

Los profesionales clínicos que operan en el marco del orden Imaginario a menudo se enfrentan a diversos desafíos que pueden afectar significativamente el proceso terapéutico. Comprender y abordar estos obstáculos comunes es crucial para mejorar la eficacia de la práctica clínica y garantizar resultados óptimos para los pacientes. Un desafío frecuente que enfrentan los profesionales clínicos es la posibilidad de una dependencia excesiva de los constructos Imaginarios, descuidando otras dimensiones esenciales de la relación terapéutica. Si bien el Imaginario ofrece valiosas perspectivas sobre la formación de la subjetividad y la identidad, centrarse exclusivamente en esta dimensión puede inhibir la exploración de aspectos simbólicos y reales más amplios, esenciales para el trabajo psicoterapéutico integral. Este desequilibrio puede limitar la profundidad de la comprensión y obstaculizar el progreso terapéutico. Además, los profesionales clínicos pueden encontrar desafíos relacionados con el equilibrio entre fomentar la autonomía del paciente y desafiar los reconocimientos erróneos o las ilusiones. Lograr el equilibrio adecuado entre fomentar la independencia e intervenir para abordar patrones perjudiciales arraigados en el registro Imaginario exige un enfoque matizado. Guiar hacia este equilibrio implica permanecer en sintonía con las necesidades de desarrollo del paciente, a la vez que lo guía hacia una comprensión más precisa de sus experiencias. Además, los profesionales clínicos deben mantenerse alerta ante el riesgo de perpetuar o reforzar percepciones erróneas perjudiciales durante el proceso terapéutico. Otro obstáculo frecuente es la posible interpretación o aplicación errónea de los principios lacanianos dentro del marco imaginario. Malentendidos o tergiversaciones de conceptos clave, como el estadio del espejo o la naturaleza de las identificaciones imaginarias, pueden conducir a intervenciones ineficaces y conclusiones erróneas sobre las experiencias del cliente. Por lo tanto, es imperativo que los profesionales clínicos participen en formación continua, supervisión y autorreflexión para garantizar que su comprensión de la teoría lacaniana se mantenga precisa y fortalezca, en lugar de obstaculizar, la alianza terapéutica. Además, la complejidad inherente del ámbito imaginario puede presentar dificultades para integrar eficazmente el conocimiento teórico con la práctica clínica. Los profesionales clínicos pueden tener dificultades para traducir conceptos abstractos en intervenciones tangibles y para analizar la interacción dinámica entre los registros simbólicos e imaginarios en la terapia.

Superar este desafío requiere dedicación al aprendizaje continuo, la colaboración entre pares y la disposición a adaptar los enfoques terapéuticos a las necesidades individuales del cliente. Por último, las consideraciones éticas cobran gran importancia a medida que los profesionales clínicos operan en el panorama de lo Imaginario. Garantizar que las intervenciones respeten los principios de beneficencia, no maleficencia, autonomía y justicia, al tiempo que transitan éticamente el terreno de la ilusión y el desconocimiento, representa un desafío formidable. Los médicos deben evaluar constantemente sus prácticas para asegurarse de que se adhieren a las pautas éticas y priorizan el bienestar de sus clientes por encima de todo.

6. Consideraciones éticas en la aplicación de constructos imaginarios:

A medida que los profesionales se adentran en lo Imaginario, deben gestionar un complejo panorama de consideraciones éticas para garantizar el bienestar de sus clientes y mantener los estándares profesionales. Una preocupación ética fundamental reside en la posibilidad de que se manifiesten diferencias de poder dentro de la relación terapéutica. La autoridad inherente del terapeuta puede intersectar con la vulnerabilidad del cliente, especialmente al abordar constructos profundamente personales como la identidad y los desconocimientos arraigados en lo Imaginario. Es imperativo que los profesionales clínicos reconozcan y aborden las dinámicas de poder en juego, asegurando que el espacio terapéutico siga siendo propicio para el empoderamiento y la autorrealización del cliente, utilizando los conceptos lacanianos. Además, mantener la confidencialidad y la privacidad se vuelve cada vez más complejo al adentrarse en las profundidades de lo Imaginario. La revelación e interpretación de los constructos imaginarios de un cliente requieren un equilibrio entre la exploración y la protección de sus paisajes mentales privados. Los profesionales deben participar en la reflexión y la consulta continuas para gestionar éticamente estos territorios sensibles. Asimismo, las consideraciones éticas se extienden a la perspectiva teórica a través de la cual los terapeutas enmarcan las experiencias de un cliente. Si bien lo Imaginario ofrece valiosas perspectivas, es crucial abordar sus interpretaciones con una comprensión matizada, evitando la patologización o el reduccionismo. Al fundamentar las aplicaciones clínicas en un marco ético, los profesionales pueden aprovechar conscientemente la teoría lacaniana para mejorar sus intervenciones terapéuticas, promoviendo el bienestar holístico de sus pacientes. Además, el compromiso ético dentro del marco Imaginario exige un compromiso continuo con la autoconciencia y la reflexividad por parte del clínico. Esta postura introspectiva permite a los terapeutas evaluar críticamente sus propios sesgos, suposiciones y limitaciones al emplear los constructos lacanianos, preservando así la integridad y la profundidad ética del proceso terapéutico.

7. Formación y desarrollo para profesionales que utilizan la teoría lacaniana:

Los profesionales que buscan integrar la teoría lacaniana en su práctica clínica deben realizar una formación integral y un desarrollo profesional. Comprender las complejidades del pensamiento lacaniano y su aplicación en la terapia requiere una profunda comprensión de los principios psicoanalíticos y de los matices singulares del Orden Imaginario.

En primer lugar, quienes aspiren a aplicar la teoría lacaniana en el ámbito clínico deberían buscar formación académica y programas de formación especializados que profundicen en las complejidades del marco teórico de Jacques Lacan. Estos programas suelen abarcar la evolución histórica de la teoría lacaniana, los conceptos clave de los órdenes imaginario, simbólico y real, y métodos prácticos para integrar estos constructos en la terapia.

La mentoría y la supervisión desempeñan un papel fundamental en el desarrollo de profesionales que utilizan la teoría lacaniana. Los futuros clínicos se benefician significativamente de la colaboración con mentores experimentados que les brindan orientación, apoyo y oportunidades para la práctica reflexiva. Además, la consulta entre pares y la participación en comunidades profesionales centradas en la teoría lacaniana contribuyen al aprendizaje y crecimiento continuos en esta área específica del psicoanálisis.

Paralelamente, desarrollar la competencia en la aplicación de la teoría lacaniana requiere autorreflexión y análisis personal continuos. Se anima a los profesionales a realizar su propia psicoterapia para comprender mejor sus procesos inconscientes, mejorando así su capacidad para trabajar eficazmente dentro del Orden Imaginario. Este viaje introspectivo fomenta la autoconciencia, la empatía y la apreciación de las complejidades inherentes al trabajo psicoanalítico.

Las actividades de desarrollo profesional continuo, como la asistencia a congresos, talleres y seminarios dedicados al pensamiento lacaniano, enriquecen los conocimientos y las habilidades de los profesionales. La interacción con la investigación contemporánea y los estudios de caso permite integrar perspectivas y perspectivas en constante evolución en la práctica clínica, lo que promueve la adaptabilidad y la relevancia en las intervenciones terapéuticas.

Críticas y debates

1. Críticas históricas del orden imaginario:

A lo largo de la historia, el concepto de Orden Imaginario ha recibido diversas críticas, ofreciendo valiosas perspectivas sobre sus implicaciones y limitaciones. Una crítica histórica destacada proviene de la metafísica, donde académicos y filósofos han cuestionado el estatus ontológico del registro imaginario y su impacto en la conciencia humana. Esta línea crítica profundiza en las indagaciones existenciales sobre la naturaleza de la realidad y los desafíos que plantea la construcción de percepciones subjetivas. Además, durante la Ilustración, el escepticismo cartesiano respecto a la fiabilidad de las percepciones sensoriales y la posibilidad del autoengaño contribuyó a un discurso crítico sobre la validez de las construcciones imaginarias. Estas perspectivas históricas ofrecen un rico abanico de debates intelectuales que continúa informando los discursos contemporáneos sobre el Orden Imaginario. Ya entrado el siglo XX, teóricos críticos como Theodor Adorno y Max Horkheimer introdujeron una crítica mordaz del papel de los medios de comunicación en la perpetuación de imágenes ilusorias que configuran las identidades individuales y colectivas. Su obra fundamental sobre la "Industria Cultural" cuestionó la noción de agencia dentro del Orden Imaginario y destacó las fuerzas manipuladoras que fomentan la falsa conciencia. Esta crítica se extiende hasta la actualidad, con académicos modernos que examinan la influencia generalizada de las redes sociales y la publicidad en la construcción de imágenes idealizadas que perpetúan la insatisfacción y la alienación. Además, las académicas feministas han ofrecido críticas históricas perspicaces, desentrañando las dimensiones de género del Orden Imaginario y su complicidad en la perpetuación de normas e ideales estereotipados. Al escudriñar textos históricos, obras de arte y prácticas culturales, estas críticas subrayan la interseccionalidad de las dinámicas de poder dentro de las representaciones imaginarias, arrojando luz sobre las implicaciones sociopolíticas de estas construcciones. Además, críticos psicoanalíticos como Sigmund Freud y Carl Jung han participado en rigurosos debates en torno a la objetividad percibida del Orden Imaginario. La interpretación de Freud de la formación del Yo a través de los procesos de identificación y los conflictos derivados de las discrepancias entre el ideal del Yo ha impulsado análisis críticos de los mecanismos psíquicos que sustentan las manifestaciones imaginarias. La teoría arquetípica de Jung, si bien ofrece una perspectiva única para explorar el inconsciente colectivo, también ha suscitado críticas que cuestionan el posible esencialismo inherente a su conceptualización de los símbolos imaginarios.

2. Debates filosóficos - Interpretación y mala interpretación:

Los debates filosóficos en torno a la interpretación del Orden Imaginario han sido objeto de un intenso escrutinio dentro de los marcos teóricos, en particular en el ámbito del psicoanálisis. Las complejidades inherentes a la teoría lacaniana han suscitado innumerables debates sobre la naturaleza de la interpretación y la interpretación errónea. En el centro de estos debates se encuentra el desafío de comprender adecuadamente el concepto de lo imaginario y sus implicaciones para la comprensión de la subjetividad humana. Filósofos, psicólogos y académicos de diversas disciplinas han entablado un diálogo crítico para desentrañar los matices de la interpretación y los posibles errores que pueden ocurrir al comprender la estructura del Orden Imaginario.

Desde una perspectiva filosófica, el debate suele centrarse en los enfoques hermenéuticos de la teoría lacaniana, donde los académicos profundizan en cuestiones relativas a la correcta interpretación de conceptos clave como el estadio del espejo, el narcisismo y la formación del Yo. Esto ha dado lugar a un amplio espectro de perspectivas, desde quienes abogan por una estricta adhesión a las formulaciones originales de Lacan hasta quienes proponen interpretaciones innovadoras que adaptan sus ideas al panorama intelectual contemporáneo.

La noción de mala interpretación cobra gran importancia en estos debates, ya que los académicos lidian con la posibilidad de malinterpretar o distorsionar los conceptos lacanianos al integrarlos en marcos filosóficos más amplios. El riesgo de pasar por alto las sutilezas inherentes al Orden Imaginario, lo que llevaría a conclusiones erróneas, constituye una preocupación central en estas discusiones. Los críticos argumentan que la mala interpretación puede derivar de una simplificación excesiva de las teorías de Lacan o de abordarlas con nociones preconcebidas que podrían no estar en consonancia con la naturaleza matizada de la dimensión imaginaria.

En la intersección de la filosofía y el psicoanálisis, surgen preguntas sobre la legitimidad de las diversas perspectivas interpretativas a través de las cuales se examina el Orden Imaginario. ¿Deberían los conceptos lacanianos analizarse exclusivamente dentro del discurso psicoanalítico, o justifican su exploración desde perspectivas filosóficas multidisciplinarias? Estas preguntas suscitan una extensa reflexión sobre los fundamentos epistemológicos que sustentan las interpretaciones del Orden Imaginario, lo que subraya la complejidad de conciliar puntos de vista divergentes dentro de este rico terreno intelectual.

3. Controversias en las teorías de construcción de la identidad:

Las teorías de la construcción de la identidad han sido objeto de intensos debates en el campo de la psicología y el psicoanálisis. En el centro de estas controversias se encuentra la cuestión de si la identidad se configura principalmente por procesos psicológicos internos o por factores sociales y culturales externos. Quienes defienden el primer punto de vista argumentan que la formación de la identidad está predominantemente influenciada por mecanismos psicológicos innatos, como los delineados en los marcos freudianos y lacanianos. Destacan el papel de los deseos inconscientes, el desarrollo del Yo y el estadio del espejo en la formación del sentido del Yo individual. Por otro lado, quienes defienden la segunda perspectiva sostienen que la identidad está profundamente entrelazada con las normas culturales, las expectativas sociales y las relaciones interpersonales. Afirman que la identidad personal está vinculada al entorno social en el que se encuentra y que las narrativas culturales desempeñan un papel fundamental en la configuración de la autocomprensión. Estas diferentes perspectivas han dado lugar a intensos debates sobre la importancia relativa de los procesos psicológicos internos frente a las influencias socioculturales externas en la construcción de la identidad. Además, las implicaciones de estas controversias trascienden los marcos teóricos y tienen repercusiones prácticas en entornos clínicos y terapéuticos. Comprender las controversias en torno a las teorías de la construcción de la identidad es fundamental para los profesionales que trabajan en diversos campos, ya que influye en la forma en que se evalúa, comprende y apoya a las personas. Además, estos debates sirven como catalizador para la investigación continua y la indagación crítica, lo que conduce al desarrollo de perspectivas más matizadas e integradas sobre la compleja interacción entre las fuerzas psíquicas internas y las influencias culturales externas en la construcción de la identidad.

4. El papel de la cultura en la configuración de las construcciones imaginarias:

La intersección de la cultura y el orden imaginario ofrece perspectivas sobre cómo las normas, creencias y valores sociales impactan la construcción de la identidad propia y la percepción de la realidad de un individuo. En diversos contextos culturales, el imaginario se entrelaza con representaciones colectivas, rituales y prácticas simbólicas que contribuyen a la formación de la identidad.

Un aspecto significativo es la influencia de las narrativas y mitologías culturales en el imaginario. La narrativa cultural, el folclore y las tradiciones orales incrustan imágenes y símbolos arquetípicos en el inconsciente colectivo, afectando así los imaginarios personales. Por ejemplo, la trayectoria del héroe en diversas culturas moldea las aspiraciones, el autoconcepto y los ideales de logro de los individuos. Además, las manifestaciones artísticas culturales como la literatura, las artes visuales y las artes escénicas sirven como reservorios de mundos imaginados y representaciones idealizadas, fomentando la internalización de los imaginarios culturales.

La regulación cultural de los comportamientos sociales, los roles de género y las estructuras familiares ejerce profundos efectos en la imaginación de las personas. Los imaginarios de género se construyen socialmente a través de normas y expectativas culturales, delineando las percepciones de masculinidad, feminidad y fluidez de género. Además, la herencia cultural y las tradiciones dictan el imaginario colectivo, influyendo en los conceptos de pertenencia, herencia y legado. Las normas en torno a los estándares de belleza, la imagen corporal y la apariencia física están arraigadas en los imaginarios culturales, impactando la autoestima y la percepción corporal de las personas.

La interacción entre la cultura y lo imaginario también se extiende a los rituales y ceremonias. Los ritos de paso, las ceremonias religiosas y las celebraciones comunitarias infunden significado simbólico y trascendencia en la vida de las personas, contribuyendo a la construcción de imaginarios personales. El aspecto ceremonial de las prácticas culturales refuerza la sensación de experiencias imaginarias compartidas y de identidad comunitaria, enfatizando la interconexión de los individuos dentro de su entorno cultural.

Comprender el papel de la cultura en la formación de los imaginarios es esencial para comprender las dinámicas matizadas de la formación de la identidad y las experiencias subjetivas. Al reconocer las influencias culturales arraigadas en el imaginario, profesionales y académicos pueden adoptar enfoques más sensibles a la cultura en las intervenciones psicoanalíticas y terapéuticas. Este reconocimiento fomenta la apreciación de la diversidad de los imaginarios humanos y los fundamentos contextuales que contribuyen a su complejidad.

5. Críticas de los profesionales del psicoanálisis:

A través de sus experiencias clínicas, los psicoanalistas han planteado críticas que invitan a la reflexión y enriquecen el discurso en torno a lo Imaginario. Una crítica significativa gira en torno a la posible simplificación excesiva de la subjetividad humana dentro del marco Imaginario. Los psicoanalistas argumentan que, si bien lo Imaginario ofrece un modelo convincente para comprender la formación de la identidad, puede pasar por alto las complejidades y variaciones de las experiencias subjetivas individuales. Además, han destacado los desafíos de aplicar el concepto de lo Imaginario en entornos terapéuticos. Enfatizan la necesidad de lograr un equilibrio entre reconocer la importancia de los constructos imaginarios en la configuración de la psique de los pacientes y evitar interpretaciones reduccionistas. Asimismo, han participado en animados debates sobre la interacción entre los órdenes Imaginario y Simbólico, destacando las interacciones dinámicas y a menudo intrincadas entre estos dos registros. Sus reflexiones críticas impulsan una reconsideración de las complejidades involucradas en la co-constitución de lo Imaginario y lo Simbólico dentro del contexto psicoanalítico. Además, los psicoanalistas llaman la atención sobre la naturaleza cambiante de lo imaginario en la sociedad contemporánea. Expresan su preocupación por el impacto de la cultura digital, las redes sociales y las realidades virtuales en la construcción de representaciones imaginarias y sus efectos subsiguientes en la autopercepción individual.

6. Desafíos de la psicología cognitiva:

La psicología cognitiva presenta un conjunto único de desafíos y críticas al yuxtaponerse con los conceptos y constructos del Orden Imaginario dentro de la teoría lacaniana. Esta intersección impulsa una exploración más profunda de los procesos cognitivos que subyacen a la percepción, el razonamiento y la toma de decisiones humanas, y su posible impacto en la formación y el funcionamiento del ámbito imaginario. Uno de los principales desafíos surge del énfasis que la psicología cognitiva otorga al papel del procesamiento de la información, las representaciones mentales y los sesgos cognitivos en la configuración del comportamiento y las experiencias humanas. Este enfoque a menudo difiere de la perspectiva psicoanalítica, que se centra en las pulsiones inconscientes, los deseos y la influencia de las experiencias de la primera infancia. Al profundizar en estos paradigmas diferentes, podemos obtener información invaluable sobre las complejidades que surgen al intentar reconciliar la comprensión cognitiva de la mente con la conceptualización lacaniana del Orden Imaginario. Además, examinar el fenómeno de la disonancia cognitiva y sus implicaciones proporciona una perspectiva a través de la cual analizar las tensiones que surgen de las representaciones mentales conflictivas y las discrepancias entre las autoimágenes idealizadas y las experiencias reales. Esto exige un análisis matizado de cómo los individuos gestionan y mitigan la disonancia cognitiva en el marco de lo imaginario, arrojando luz sobre las complejidades de la negociación de la identidad y la autoilusión dentro de este contexto teórico. Además, el escrutinio de los mecanismos cognitivos detrás de la percepción y la memoria revela preguntas fundamentales sobre la autenticidad y la estabilidad de las imágenes construidas dentro del registro imaginario. Comprender los límites y la falibilidad de la cognición humana en la construcción y retención de imágenes mentales y autorrepresentaciones inyecta una capa de escepticismo e indagación crítica en los fundamentos mismos del imaginario lacaniano. Además, la aplicación de los principios de la psicología cognitiva, como la formación y categorización de conceptos, expone la naturaleza multifacética de las construcciones imaginarias y su interacción con las representaciones simbólicas y los esquemas sociales. Esta integración dilucida la compleja red de influencias y procesos que contribuyen a la configuración del registro imaginario, trascendiendo el ámbito puramente psicoanalítico e invitando al diálogo y el análisis interdisciplinarios. Además, explorar los fundamentos cognitivos de la regulación emocional y los procesos afectivos ofrece una perspectiva innovadora sobre la dinámica de lo imaginario, lo que impulsa a explorar cómo los individuos gestionan y gestionan el panorama emocional dentro de este marco teórico. Descifrar cómo la psicología cognitiva ilumina la interacción entre la cognición y la afectividad dentro de lo imaginario demuestra el potencial enriquecedor de los encuentros interdisciplinarios, ampliando nuestra comprensión de la psique humana y sus múltiples funciones.

7. Consideraciones e implicaciones éticas:

Al profundizar en las implicaciones éticas del Orden Imaginario, es imperativo explorar cómo este constructo se relaciona con la autonomía individual, la formación de la identidad y las normas sociales. Una de las consideraciones éticas clave se refiere al impacto potencial del Orden Imaginario en la autonomía y la autodeterminación del individuo. La naturaleza del Orden Imaginario, como una esfera de ilusiones y desconocimientos, plantea interrogantes sobre hasta qué punto los individuos pueden ejercer el libre albedrío y tomar decisiones autónomas. Además, el proceso de identificaciones e idealizaciones dentro del Orden Imaginario implica dilemas éticos relacionados con las influencias culturales, los estereotipos y las dinámicas de poder. Estas consideraciones son particularmente pertinentes en sociedades diversas y multiculturales, donde la construcción de identidades está vinculada a normas sociales, raciales y de género. Asimismo, examinar las implicaciones éticas del Orden Imaginario requiere un análisis crítico de las prácticas e intervenciones terapéuticas empleadas en entornos clínicos. Los psicoanalistas y profesionales de la salud mental deben gestionar éticamente las complejidades del trabajo con los constructos imaginarios de sus clientes, garantizando que las intervenciones no perpetúen narrativas dañinas ni refuercen ideologías opresivas. Asimismo, surgen inquietudes éticas en el contexto de la investigación sobre el Orden Imaginario, lo que impulsa a los académicos a reflexionar sobre el posible impacto de su trabajo en los participantes y en la sociedad en general. Esta reflexión ética se extiende a la difusión del conocimiento y las ideas relacionadas con el Imaginario, enfatizando la responsabilidad de presentar estos conceptos de una manera que respete la dignidad y la diversidad de las experiencias humanas. Al concluir esta discusión, es evidente que abordar las consideraciones e implicaciones éticas del Orden Imaginario exige una comprensión matizada de las dinámicas de poder, las sensibilidades culturales y la complejidad de la subjetividad humana.

EL ORDEN REAL - MÁS ALLÁ DE LA PERCEPCIÓN

Contexto histórico y fundamento filosófico

1. Orígenes de lo real en la filosofía clásica:

La filosofía clásica, originada en la antigua Grecia con pensadores influyentes como Platón y Aristóteles, sentó las bases para nuestra comprensión del concepto de lo real. Dentro de esta tradición filosófica, la noción de «lo real» se entrelazaba con la búsqueda de la verdad y el conocimiento últimos. Platón, en su famosa Alegoría de la Caverna, presentó una alegoría convincente que profundizaba en la naturaleza de la realidad y la percepción, sentando las bases para futuras exploraciones de lo real. Además, las indagaciones metafísicas de Aristóteles sobre la naturaleza del ser y la existencia influyeron profundamente en los debates posteriores sobre lo real. Las obras de estos filósofos antiguos marcaron un punto de partida significativo en el camino intelectual hacia la comprensión del enigmático concepto de lo real.

Para la comprensión clásica de lo real era fundamental la idea de que la realidad existía más allá de la percepción sensorial: una esencia perdurable que trascendía las meras apariencias. Los filósofos de esta época se esforzaron por distinguir entre el mundo material y la verdadera naturaleza de la realidad. Las preguntas sobre la existencia de una realidad separada e inmutable, independiente de la cognición humana, se convirtieron en ejes de investigación. Formular una comprensión coherente de lo real requería abordar cuestiones filosóficas fundamentales sobre la naturaleza de la existencia, la consciencia y la relación entre el observador y lo observado.

Las contribuciones fundamentales de los filósofos presocráticos, como Parménides y Heráclito, enriquecieron el diálogo sobre lo real en el pensamiento clásico. Parménides, conocido por su exploración del concepto de «ser», planteó ideas sobre la naturaleza inmutable e inmutable de la realidad. En contraste, Heráclito enfatizó el carácter siempre cambiante y dinámico del mundo. La yuxtaposición de estas perspectivas impulsó profundas reflexiones sobre las complejidades de definir lo real, lo que marcó el inicio de un discurso de larga data sobre la naturaleza de la realidad.

Además, la influencia de la filosofía helenística contribuyó a moldear la comprensión evolutiva de lo real, en particular a través de las obras de los filósofos estoicos y epicúreos. Estas escuelas filosóficas profundizaron en los conceptos de percepción, conocimiento y la naturaleza del cosmos, contribuyendo a una comprensión cada vez más matizada de lo real.

2. La influencia del pensamiento de la Ilustración

Durante la Ilustración, se produjo un cambio crucial en el panorama filosófico e intelectual del pensamiento occidental. Este período, que abarca desde finales del siglo XVII hasta el siglo XVIII, presenció el auge del racionalismo, la ciencia empírica y un profundo énfasis en el poder de la razón humana. La influencia del pensamiento ilustrado en el concepto de lo real es fascinante y significativa, ya que moldeó nuestra comprensión de la realidad, la verdad y la existencia humana.

Filósofos de la Ilustración como René Descartes, Immanuel Kant y John Locke sentaron las bases para redefinir nuestra percepción del mundo y nuestro lugar en él. El enfoque dualista de Descartes, que separaba la mente del cuerpo, tuvo profundas implicaciones para la comprensión de lo real. Su famosa afirmación, «Cogito, ergo sum» (Pienso, luego existo), subrayó la supremacía de la conciencia individual y sentó las bases para explorar la naturaleza de la realidad desde una perspectiva subjetiva.

El idealismo trascendental de Kant revolucionó el discurso filosófico al cuestionar la dicotomía tradicional entre apariencias y cosas en sí. Su concepto del plano nouménico, inaccesible a la percepción humana, introdujo una nueva dimensión a la noción de lo real. La filosofía kantiana obligó a sus contemporáneos y a las generaciones posteriores a lidiar con las limitaciones de la cognición humana y la naturaleza elusiva de la realidad objetiva.

Además, el empirismo de Locke postulaba que todo conocimiento se origina en la experiencia sensorial, lo que configura fundamentalmente la comprensión de lo que constituye lo real. Su defensa de la teoría de la tabula rasa (pizarra en blanco) implicaba que los seres humanos nacen carentes de ideas innatas, lo que enfatizaba el papel de los estímulos ambientales en la construcción de nuestras percepciones de la realidad.

El énfasis de la Ilustración en la razón, el escepticismo y la indagación empírica impregnó el clima intelectual, fomentando el análisis crítico de doctrinas arraigadas y la autoridad institucional. Engendró un espíritu de investigación que buscaba escudriñar los dogmas establecidos, incluyendo aquellos relativos a la naturaleza de lo real. El legado del pensamiento ilustrado sigue resonando en el discurso filosófico contemporáneo, a medida que los académicos entablan diálogos continuos sobre la naturaleza de la verdad, la objetividad y los parámetros de la comprensión humana.

3. Desarrollos filosóficos del siglo XIX:

El siglo XIX, marcado por un alejamiento de las perspectivas racionalistas y empiristas tradicionales, fue testigo del auge del existencialismo, el idealismo y la fenomenología, cada uno de los cuales contribuyó a una reevaluación de la existencia humana, la conciencia y la naturaleza de la realidad misma. La filosofía existencialista, ejemplificada por las obras de Søren Kierkegaard y Friedrich Nietzsche, enfatizó la libertad individual, la elección y las preocupaciones generales de la existencia humana. Sus ideas revolucionarias desafiaron las concepciones existentes de la moralidad, la verdad y el papel del individuo en la sociedad. Simultáneamente, filósofos idealistas como Georg Wilhelm Friedrich Hegel y Arthur Schopenhauer buscaron comprender la naturaleza de la realidad a través de la lente de la mente, postulando que la realidad última es producto del intelecto humano y sus constructos. Estos movimientos filosóficos divergentes sentaron las bases para los cambios de paradigma del siglo XX que redefinirían los límites del conocimiento y la comprensión. El siglo XIX también presenció el surgimiento de la fenomenología, impulsada por Edmund Husserl y posteriormente perfeccionada por Martin Heidegger. Este enfoque buscaba descubrir las estructuras de la experiencia y la percepción conscientes, profundizando en la esencia del ser y los fenómenos que constituyen nuestra comprensión del mundo. Como tal, el siglo XIX puede considerarse un crisol de desarrollos filosóficos diversos y a menudo contradictorios, sentando las bases para las transformaciones radicales que se desarrollarían en las décadas posteriores. La interacción entre el existencialismo, el idealismo y la fenomenología no solo reformuló cuestiones fundamentales sobre la realidad y la conciencia humana, sino que también proporcionó un terreno fértil para la exploración del concepto de lo real, con profundas implicaciones tanto para la filosofía como para otras disciplinas intelectuales.

4. Cambios de paradigma del siglo XX:

El siglo XX fue testigo de cambios de pensamiento sin precedentes, que llevaron a una reevaluación de los paradigmas establecidos y al surgimiento de nuevos marcos conceptuales que buscaban descifrar las complejidades de la existencia humana. Uno de los desarrollos más notables fue el surgimiento del existencialismo, un movimiento filosófico que abordó la naturaleza fundamental de la existencia humana y la inherente falta de sentido del universo. Impulsado por figuras célebres como Jean-Paul Sartre y Albert Camus, el existencialismo planteó preguntas inquisitivas sobre la agencia individual, el libre albedrío y la naturaleza de la existencia auténtica.

Simultáneamente, el siglo XX también presenció el auge de la fenomenología, una escuela de pensamiento que priorizaba la experiencia subjetiva de la conciencia como fuente principal de investigación filosófica. A través de la obra pionera de Edmund

Husserl y de autores posteriores como Martin Heidegger y Maurice Merleau-Ponty, la fenomenología buscó dilucidar las estructuras esenciales de la conciencia y la percepción humanas, transformando radicalmente las concepciones tradicionales de la realidad y la verdad.

El siglo XX marcó un cambio radical respecto al dualismo cartesiano entre mente y cuerpo, gracias a los avances en psicología y ciencias cognitivas que impulsaron una comprensión más profunda de la interconexión entre los fenómenos mentales y la corporeidad. Esta perspectiva holística, encapsulada en el floreciente campo de la cognición corpórea, desafió dicotomías arraigadas y subrayó la inseparabilidad de la cognición de los contextos físicos y ambientales en los que opera.

Además, los tumultuosos acontecimientos geopolíticos del siglo XX, incluidas dos guerras mundiales y la Guerra Fría, impulsaron la introspección intelectual sobre la naturaleza del poder, la violencia y la ética. Filósofos como Hannah Arendt y Michel Foucault exploraron las complejas intersecciones de la política, las estructuras de poder y la naturaleza de la libertad humana, revelando las dinámicas que sustentan el orden y el control social.

5. La intersección de la filosofía y el psicoanálisis:

La indagación filosófica ofrece un marco para conceptualizar la naturaleza de la realidad, la verdad y la existencia, mientras que el psicoanálisis profundiza en las profundidades del inconsciente, examinando las complejidades del comportamiento humano y la psicopatología. Al recorrer este terreno, encontramos momentos cruciales donde estas disciplinas convergen y divergen, ofreciendo perspectivas únicas sobre la naturaleza de lo real. En el centro de esta intersección se encuentra la exploración del inconsciente, un concepto central tanto para el pensamiento filosófico como para el psicoanalítico. Si bien filósofos como Sigmund Freud y Jacques Lacan se han inspirado en las tradiciones filosóficas para formular sus ideas, también han desafiado y ampliado los límites del discurso filosófico tradicional. La integración de la teoría psicoanalítica en el discurso filosófico ha suscitado debates sobre la subjetividad, el lenguaje y la construcción de la realidad. Por otro lado, la filosofía ha influido en el psicoanálisis al proporcionar un marco conceptual para comprender la naturaleza del ser, el conocimiento y la ética. Esta relación recíproca ha fomentado una indagación dinámica sobre la naturaleza de la psique humana y su interacción con lo percibido y lo real.

Concepto lacaniano de lo real

1. Lo real en el marco lacaniano:

En el marco de Jacques Lacan, lo real no es sinónimo de realidad empírica, ni puede limitarse a la percepción sensorial o la comprensión racional. En cambio, lo real ocupa una posición única y enigmática como aquello que trasciende las construcciones simbólicas e imaginarias. Es crucial reconocer que, mientras que la realidad pertenece al mundo observable y tangible, lo real abarca los aspectos subconscientes, indescriptibles e inquietantes que eluden la representación lingüística. Esta distinción ejemplifica la complejidad de la construcción lacaniana del sujeto humano, subrayando el fundamento de la vida psíquica en el dominio impenetrable de lo real. Además, esta perspectiva subraya la tensión dialéctica entre el ego simbólicamente mediado y las experiencias crudas e inasimilables que constituyen lo real. Fundamentalmente, lo real se caracteriza por una carencia o vacío, que se manifiesta en encuentros disruptivos y traumáticos que desafían la coherencia simbólica. Esta disyunción radical impulsa a los individuos a una confrontación con los límites del lenguaje y el significado, desenredando la apariencia de la realidad y sumergiéndolos en un encuentro desestabilizador con lo real. Como tal, lo real emerge como una fuente constante de disrupción y contradicción, resistiendo los intentos de captura conceptual y contención lingüística. Además, Lacan postula que el acceso a lo real está plagado de dificultades, ya que se aprehende solo tangencialmente a través de fisuras y rupturas en el tejido del orden simbólico. En consecuencia, lo real asume una naturaleza elusiva y paradójica, a menudo aflorando en momentos de crisis o intersticios de colapso psíquico. En esencia, lo real opera como una fuerza disruptiva que fractura la coherencia del orden simbólico, obligando a los sujetos a confrontar las estructuras subyacentes de fantasía e ilusión que rigen su existencia. Al fundamentar el psicoanálisis en el terreno enigmático de lo real, Lacan posibilita una profunda reconfiguración de la comprensión tradicional de la identidad, el deseo y la experiencia subjetiva, ofreciendo perspectivas invaluables sobre el funcionamiento de la psique humana.

2. Lo real versus la realidad:

A menudo utilizados indistintamente, los términos «real» y «realidad» en realidad habitan esferas dispares dentro de los discursos filosóficos, psicoanalíticos y culturales. Mientras que «realidad» se refiere al mundo cotidiano y tangible, y a las experiencias que se perciben y comparten colectivamente, lo «real» lo trasciende y profundiza en las verdades subyacentes y fundamentales que desafían las nociones convencionales de existencia. Por lo tanto, es imperativo delimitar la diferencia entre lo real y la realidad. En la teoría lacaniana, lo real abarca los aspectos inasibles e insimbolizables de la existencia que eluden la representación lingüística, mientras que la realidad está constituida por el mundo visible y material, sujeto a la interpretación y a las construcciones culturales. Además, lo real opera más allá de los confines del lenguaje y la percepción, enfatizando su naturaleza inherentemente enigmática e inefable. Esta diferenciación se alinea con la noción lacaniana de que lo real permanece primordial y prelingüístico, anclado en las experiencias auténticas e inmediatas que evaden la apropiación simbólica. Además, es esencial comprender que la realidad depende de los contextos sociales, históricos y lingüísticos, mientras que lo real persiste como una fuerza inmutable que se resiste a la asimilación en el orden simbólico. En contraste con la maleabilidad y la susceptibilidad de la realidad a la interpretación, lo real significa una verdad perdurable e inalterable, independientemente de la perspectiva individual o social. Esta disparidad ilumina la brecha fundamental entre estos conceptos y subraya la importancia crucial de reconocer sus dominios contrastantes para comprender las complejidades de la existencia humana.

3. Principios y características fundamentales:

En el psicoanálisis lacaniano, lo real se define por su resistencia a la simbolización y a la captura lingüística, lo que lo hace inherentemente elusivo y difícil de comprender. Esta opacidad se ve agravada por la ausencia de una representación conceptual, lo que convierte a lo real en una construcción enigmática que desafía los modos tradicionales de comprensión. Es crucial reconocer que lo real no se ajusta a las nociones convencionales de realidad; en cambio, constituye una dimensión que existe más allá de las construcciones simbólicas e imaginarias.

Un principio fundamental de lo real es su manifestación en eventos o experiencias traumáticas que se resisten a la asimilación en el orden simbólico. Estas manifestaciones a menudo surgen de encuentros con la naturaleza inherentemente disruptiva de lo real, que altera los sistemas simbólicos establecidos y genera disonancia en la psique del individuo. Dichas perturbaciones sirven como recordatorios de la brecha insalvable entre la representación lingüística y la esencia inefable de lo real.

Lo real está intrínsecamente entrelazado con la constitución existencial del sujeto humano, moldeando e influyendo profundamente en la experiencia subjetiva. Permea momentos de profunda intensidad emocional, donde los límites que delimitan el Yo y la realidad externa se difuminan, y la confrontación directa con los aspectos crudos y sin filtros de la existencia se hace palpable. Esta cualidad experiencial de lo real subraya su profunda influencia en el tejido de la conciencia humana, poniendo al descubierto la vulnerabilidad y la precariedad intrínsecas inherentes a nuestras realidades vividas.

Lo real opera como una fuerza disruptiva que desafía los intentos de sistematizar o racionalizar su esencia. Su potencial disruptivo se evidencia en instancias de alteridad radical, donde el encuentro con los aspectos inasimilables de la existencia resalta la disyunción fundamental entre el orden simbólico y el núcleo inefable de lo real. En consecuencia, lo real persiste como una presencia inquebrantable, resistiendo toda forma de categorización reductiva o encapsulamiento conceptual.

4. La elusividad de lo real:

Lo real, inherentemente resistente a la categorización y la representación lingüística, evade continuamente una definición o representación directa. Intangible y más allá de la percepción sensorial, lo real permanece enigmático, desafiando los modos convencionales de comprensión. Su resistencia a la simbolización lo vuelve profundamente elusivo, dando lugar a continuos debates y exploraciones en círculos filosóficos y psicoanalíticos. Además, la noción de elusividad está arraigada en los principios fundamentales de lo real, desempeñando un papel fundamental en la conformación de su naturaleza indescriptible e inalcanzable. El mismo acto de intentar encapsular lo real, paradójicamente, refuerza su elusividad, perpetuando así el ciclo de la búsqueda intelectual. En este sentido, la cualidad enigmática de lo real sirve como un recordatorio constante de las limitaciones inherentes a la comprensión y la representación humanas. Además, la elusividad de lo real se entrecruza con su relación con los órdenes simbólico e imaginario, lo que agrava aún más su opacidad. Por lo tanto, ahondar en las complejidades de lo real exige reconocer la inutilidad de comprenderlo por medios convencionales. En consecuencia, recorrer el terreno de lo real exige una comprensión matizada de su carácter enigmático y de cómo se resiste a los métodos convencionales de investigación. A pesar de los desafíos inherentes que plantea su naturaleza elusiva, la búsqueda de la comprensión de lo real sigue siendo una tarea intelectualmente estimulante y enriquecedora.

5. Interacciones con los órdenes simbólico e imaginario:

Como se planteó previamente, el Orden Simbólico representa el entorno del lenguaje, el derecho y la cultura, que media nuestra comprensión del mundo y estructura nuestras interacciones sociales. El lenguaje, como sistema simbólico, no solo facilita la comunicación, sino que también moldea nuestras percepciones y constriñe nuestros pensamientos dentro de una red de significantes y significados. Este orden desempeña un papel crucial en la formación de la subjetividad y la construcción de significado en la sociedad.

Por el contrario, el Orden Imaginario abarca el ámbito de las imágenes, la identificación y las identificaciones imaginarias. Se caracteriza por la etapa del espejo, en la que el individuo forma un sentido cohesivo de sí mismo mediante la identificación con la imagen reflejada. Esta etapa genera una relación dualista con el ego idealizado y perpetúa la búsqueda de unidad y completitud. La potente influencia de las imágenes visuales y el deseo de plenitud subrayan la importancia del Orden Imaginario en la configuración de las experiencias subjetivas.

En la interacción de estos órdenes, lo real emerge como aquello que elude la simbolización y se resiste a integrarse en los registros simbólicos e imaginarios. Altera la coherencia del orden simbólico y rompe la unidad ilusoria de lo imaginario, introduciendo elementos de inestabilidad y experiencias inasimilables en la realidad subjetiva del individuo. Lo real opera como una fuerza disruptiva que rompe los marcos simbólicos e imaginarios establecidos, confrontando a los individuos con las limitaciones de sus esquemas perceptuales y conceptuales.

Los órdenes simbólico e imaginario no existen de forma aislada, sino que se entrecruzan y colisionan continuamente con lo real, generando momentos de ruptura y disonancia en el paisaje psíquico del sujeto. Estos encuentros con lo real se manifiestan en experiencias traumáticas, rupturas de las normas culturales y encuentros con los aspectos inefables de la existencia que desafían la representación simbólica.

6. Perspectivas fenomenológicas sobre lo real

Con raíces en las obras de fenomenólogos como Edmund Husserl y Martin Heidegger, la fenomenología profundiza en las estructuras fundamentales de la conciencia y las formas en que los individuos perciben e interactúan con el mundo. Dentro de lo real, la fenomenología proporciona un marco para examinar cómo lo real se manifiesta en las experiencias vividas de los individuos, ofreciendo una comprensión matizada que trasciende las observaciones empíricas tradicionales. La indagación fenomenológica sitúa lo real como un aspecto integral de la existencia humana, moldeando nuestras realidades subjetivas e influyendo profundamente en nuestras percepciones de nosotros mismos y de los demás. Desde esta perspectiva, lo real no es un mero constructo externo, sino que está íntimamente ligado a la esencia del ser-en-el-mundo. Las exploraciones fenomenológicas resaltan aún más la interacción entre el sujeto y lo real, enfatizando las formas en que lo real permea la conciencia, evocando profundas respuestas afectivas y existenciales. Además, la fenomenología desvela el enigma intrínseco de lo real, confrontando las paradojas y ambigüedades inherentes que desafían la reducción a meras formulaciones conceptuales o lingüísticas. La naturaleza enigmática de lo real se hace evidente a través de reflexiones fenomenológicas, invitando a una contemplación más profunda de sus profundidades insondables y su capacidad para perturbar los modos convencionales de comprensión. Además, los análisis fenomenológicos arrojan luz sobre la dimensión temporal de lo real, iluminando su carácter dinámico y elusivo. A medida que los individuos atraviesan sus experiencias vividas, lo real emerge como una fuerza a la vez restrictiva y liberadora, desafiando nociones preconcebidas e impulsando una reevaluación continua de la naturaleza de la existencia. Los compromisos fenomenológicos con lo real proporcionan un rico tapiz de perspectivas, desvelando los hilos entrelazados de la subjetividad, la temporalidad y el significado ontológico.

7. La influencia de lo real en el psicoanálisis:

En el ámbito del psicoanálisis, el concepto de lo real cobra una profunda relevancia al confluir con los principios fundamentales de la conciencia humana y las experiencias subjetivas. Dentro del marco establecido por Freud y posteriormente ampliado por Lacan, la presencia de lo real se reconoce como un elemento esencial del proceso analítico. La exploración de lo real en el psicoanálisis profundiza en la subjetividad humana, desentrañando deseos reprimidos, experiencias traumáticas y la alienación fundamental inherente a la condición humana. Sirve como una lente para comprender las fuerzas inconscientes que configuran la conducta y el bienestar mental.

La práctica psicoanalítica se enfrenta con frecuencia a manifestaciones de lo real en forma de recuerdos traumáticos, miedos irracionales y sueños enigmáticos que se resisten a una interpretación sencilla. Estas manifestaciones desafían a los analistas a explorar el nebuloso terreno de lo real, impulsándolos a confrontar las limitaciones inherentes del lenguaje y la comprensión racional. La influencia de lo real en el psicoanálisis exige un enfoque dinámico para abordar las profundas complejidades psicológicas, trascendiendo los modos convencionales de comprensión y análisis.

A lo largo de la historia del psicoanálisis, los clínicos han lidiado con el enigma de lo real, intentando integrar su fuerza disruptiva en el proceso terapéutico. La influencia de lo real permea la relación terapéutica, manifestándose a menudo en momentos de ruptura, resistencia e imprevisibilidad. Estos momentos sirven para subrayar la inevitable confrontación con lo real, impulsando a los analistas a interactuar con los aspectos crudos y sin filtros de la experiencia humana que desafían la representación simbólica y la articulación lingüística.

La influencia de lo real se extiende a los conceptos fundamentales de transferencia y contratransferencia, iluminando la dinámica de proyección, identificación y resonancia emocional dentro de la díada terapéutica. Su impacto penetrante desafía al analista a gestionar la frontera entre la interacción empática y la presencia inquebrantable de lo real, fomentando una comprensión matizada de la compleja interacción entre las fuerzas conscientes e inconscientes en el encuentro analítico.

La interacción entre lo real y la praxis psicoanalítica trasciende los confines del consultorio, permeando los discursos culturales y los fenómenos sociales. Subraya la relevancia y la utilidad del psicoanálisis para dilucidar las dimensiones multifacéticas de la subjetividad humana y la interacción de las realidades internas y externas.

8. Desafíos en el abordaje de lo real:

La búsqueda de la comprensión del concepto de lo real está plagada de desafíos multifacéticos que atraen por igual a académicos, investigadores y profesionales. En el centro de estos desafíos reside la naturaleza intrínseca de lo real, tal como se postula en el marco lacaniano, que desafía la comprensión y la asimilación directas. Uno de los principales obstáculos al abordar lo real es su esencia etérea y enigmática, que lo hace resistente a la conceptualización dentro de los paradigmas convencionales. Esta misma resistencia se opone firmemente a los intentos de acorralar lo real en marcos lingüísticos o simbólicos establecidos, lo que dificulta los esfuerzos por articular y comprender su verdadera naturaleza. Además, la interrelación de lo real con los órdenes simbólico e imaginario dificulta aún más su aislamiento para el estudio y el análisis, lo que requiere un discernimiento matizado y la desentraña de sus interrelaciones. Además de los desafíos teóricos, los profesionales del psicoanálisis a menudo encuentran impedimentos significativos al intentar aplicar el concepto de lo real a la práctica clínica. La naturaleza elusiva e inquietante de lo real plantea considerables dificultades para traducir sus fundamentos teóricos en estrategias terapéuticas prácticas. Además, la reticencia de las personas a confrontar lo real dentro de sí mismas y en el entorno terapéutico presenta barreras sustanciales para su utilización efectiva en intervenciones terapéuticas. Otro desafío crítico surge de la escasez de metodologías empíricas y enfoques de recopilación de datos adaptados para captar las complejidades dinámicas de lo real. La naturaleza inherentemente subjetiva y experiencial de lo real se resiste a las medidas cuantitativas convencionales y exige metodologías de investigación innovadoras capaces de encapsular sus complejidades. Junto a estas complejidades, las consideraciones éticas en torno a la confrontación de lo real en entornos clínicos y no clínicos requieren una negociación meticulosa. Lograr un equilibrio entre honrar la autonomía de las personas y fomentar una interacción beneficiosa con lo real presenta un dilema ético persistente en los ámbitos de la investigación y la práctica. Abordar con éxito estos desafíos requiere un esfuerzo interdisciplinario concertado, que fomente el diálogo entre campos como la filosofía, la psicología, la sociología y la literatura. Consolidar el conocimiento existente, explorar las fronteras de la investigación y perfeccionar los enfoques metodológicos son vitales para superar estos desafíos en la búsqueda constante para abordar el terreno enigmático de lo real.

Barreras para comprender lo real

1. Limitaciones cognitivas y conciencia:

La cognición humana desempeña un papel fundamental en la configuración de nuestra comprensión del mundo. Sin embargo, las limitaciones cognitivas pueden obstaculizar significativamente nuestra capacidad de comprender la naturaleza elusiva del orden real. Estas limitaciones, arraigadas en las limitaciones inherentes a la cognición humana, se manifiestan de diversas maneras, impactando nuestra conciencia e interpretación de lo real.

Una limitación cognitiva importante es la tendencia de las personas a basarse en esquemas mentales y nociones preconcebidas al procesar nueva información. Este atajo cognitivo, si bien es eficaz en la vida cotidiana, puede conducir a una simplificación excesiva y distorsión al afrontar los aspectos enigmáticos de lo real. Además, el fenómeno de la disonancia cognitiva, en el que las personas tienen dificultades para conciliar creencias o experiencias contradictorias, crea barreras internas que impiden una conexión genuina con lo real.

La limitada capacidad de la mente humana para percibir y retener grandes cantidades de información supone una barrera formidable para comprender lo real. Nuestra atención selectiva y sobrecarga cognitiva contribuyen a filtrar elementos de la realidad, lo que puede llevarnos a pasar por alto o malinterpretar aspectos cruciales de lo real. Además, la influencia generalizada del sesgo de confirmación, la inclinación a favorecer la información que coincide con nuestras creencias, impide nuestra capacidad de abordar lo real con apertura mental y objetividad.

La conciencia de estas limitaciones cognitivas es crucial para comprender las complejidades de lo real. Implementar prácticas que fomenten la atención plena, el pensamiento crítico y la humildad intelectual puede mitigar el impacto de estas barreras. Al fomentar una profunda conciencia de las limitaciones inherentes a la cognición humana, las personas pueden cultivar una comprensión más matizada y amplia de lo real.

2. Influencias culturales en la interpretación:

Las costumbres, creencias y prácticas de una sociedad pueden dotar a los individuos de una perspectiva específica a través de la cual perciben la realidad. Estos filtros culturales a menudo dictan lo que se considera aceptable o tabú, influyendo en cómo los individuos perciben y procesan la realidad. Además, las normas culturales pueden llevar a los individuos a adoptar actitudes particulares hacia ciertos conceptos, volviéndolos más o menos receptivos a la interacción con la realidad. Por ejemplo, en algunas culturas, la noción de confrontar lo desconocido e incognoscible puede ser aceptada y celebrada, mientras que en otras, puede ser vista con sospecha y aprensión.

El lenguaje dentro de una cultura puede moldear profundamente la comprensión de lo real por parte de sus miembros. Distintas lenguas pueden tener distintas capacidades para expresar o incluso conceptualizar lo real, lo que genera disparidades en la comprensión entre las distintas comunidades lingüísticas. Esta influencia lingüística se extiende más allá del vocabulario básico para abarcar sutilezas como modismos, metáforas y matices que colorean nuestra percepción de lo real. Además, las narrativas culturales y las tradiciones narrativas pueden enmarcar y contextualizar las experiencias de lo real, afectando la forma en que las personas interpretan y se relacionan con los aspectos inefables de la existencia.

Otro aspecto vital de la influencia cultural en la interpretación se relaciona con la construcción social de la realidad. Los valores culturales y las estructuras sociales moldean la comprensión colectiva de lo real o lo irreal, configurando los límites de la aceptabilidad y la credibilidad. En sociedades donde el consenso comunitario tiene una influencia sustancial, las interpretaciones y construcciones culturales predominantes de la realidad se consideran autoritarias, lo que puede sofocar perspectivas alternativas sobre lo real.

3. El lenguaje como obstáculo:

El lenguaje, a pesar de ser una herramienta fundamental para la comunicación y la expresión cognitiva, presenta un obstáculo significativo al intentar comprender el concepto de lo real. Las palabras y los símbolos, por su propia naturaleza, tienen una capacidad inherentemente limitada para encapsular la profundidad y complejidad de lo real. Esta limitación surge de la subjetividad inherente y la dependencia contextual del lenguaje, así como de su incapacidad para captar la esencia de experiencias que trascienden la representación lingüística. La insuficiencia del lenguaje se hace particularmente evidente al abordar la naturaleza inefable de lo real, ya que desafía la categorización o la articulación verbal sencillas.

La estructura y la semántica del lenguaje pueden, inadvertidamente, imponer restricciones a nuestra comprensión de lo real. El lenguaje se basa en distinciones dicotómicas y delimitaciones categóricas, que pueden no estar en consonancia con la naturaleza fluida e indeterminada de lo real. Como resultado, los intentos de articular lo real a menudo conducen a una representación reduccionista que no logra captar los matices y complejidades inherentes al concepto. Este reduccionismo puede contribuir a la distorsión o simplificación excesiva de lo real, obstaculizando una comprensión genuina.

La influencia de las normas culturales y sociales en el lenguaje exacerba aún más su papel como obstáculo para la comprensión de lo real. Las convenciones lingüísticas se ven moldeadas por marcos sociales e interpretaciones colectivas, que pueden moldear sutilmente los límites del discurso aceptable y restringir la exploración de conceptos que desafían los paradigmas imperantes. Esta influencia arraigada de las normas lingüísticas culturales puede disuadir sutilmente a las personas de interactuar con los aspectos ambiguos y enigmáticos de lo real, reforzando estructuras lingüísticas preconcebidas que pueden resultar inadecuadas para abordar lo inefable.

A pesar de estos desafíos, reconocer las limitaciones del lenguaje para abordar lo real abre caminos a modos alternativos de expresión e interpretación. Adoptar la metáfora, la alegoría y las formas de comunicación no verbal ofrece una vía para trascender los límites del lenguaje y acceder a perspectivas más matizadas de lo real. Además, fomentar un enfoque multidisciplinario que integre perspectivas lingüísticas de diversos contextos culturales e históricos puede enriquecer y ampliar el marco lingüístico a través del cual se contempla lo real, buscando una comprensión más integral e inclusiva de este profundo concepto filosófico.

4. Respuestas emocionales a lo incognoscible:

La contemplación de lo incognoscible, particularmente en el marco del Orden Real, a menudo evoca una multitud de respuestas emocionales que pueden resultar desconcertantes e intrigantes. Cuando las personas se enfrentan a los límites de su comprensión o a la existencia de fenómenos que desafían la categorización o la explicación racional, pueden experimentar una gama turbulenta de emociones. Una de estas respuestas es una sensación de desorientación e inquietud, derivada del deseo humano inherente de comprensión y control. La comprensión de que ciertos aspectos de la realidad pueden eludir para siempre puede invocar sentimientos de vulnerabilidad e inseguridad, desafiando creencias profundamente arraigadas sobre la naturaleza de la existencia. Además, el encuentro con lo incognoscible puede provocar una profunda sensación de asombro y maravilla, al enfrentarse cara a cara con los misterios infinitos que impregnan la realidad. Este asombro puede conducir a una mayor humildad existencial y reverencia por la enigmática grandeza del mundo. Además, las respuestas emocionales a lo incognoscible pueden abarcar un espectro de miedo y fascinación, con individuos que oscilan entre la aprensión ante lo desconocido y una curiosidad insaciable por explorar sus profundidades. Es en este entramado emocional donde se entrelazan los contornos del Orden Real, invitando a la introspección y a la exploración de las facetas fundamentales de la experiencia humana. Al ahondar en las complejidades de las respuestas emocionales a lo incognoscible, nos vemos impulsados a desentrañar la relación entre la cognición, el afecto y los misterios inefables que residen más allá de los límites de la comprensión.

5. El papel de la negación en la evitación:

La negación, como mecanismo de afrontamiento, desempeña un papel importante para evitar la comprensión y la aceptación de los aspectos inaccesibles de lo real. Ante eventos, ideas o emociones que desafían nuestra comprensión o amenazan nuestra sensación de seguridad, la negación permite a las personas rechazar o negar estas difíciles verdades. El psicoanálisis freudiano sostiene que la negación es un mecanismo de defensa empleado por el ego para proteger al individuo de la ansiedad o la angustia. Puede manifestarse como una negativa rotunda a reconocer la evidencia, la minimización de la importancia de la información o la racionalización de realidades incómodas.

En el contexto de la comprensión de lo real, la negación puede obstaculizar nuestra capacidad de afrontar las limitaciones inherentes a nuestras percepciones y conocimientos. Al negar la existencia de lo incognoscible, las personas crean una barrera psicológica que las protege de la incomodidad que conlleva el reconocimiento de sus límites cognitivos. Esta maniobra defensiva impide la exploración y el reconocimiento de las complejidades e incertidumbres que se entrelazan con lo real. Además, la negación puede contribuir a la perpetuación de conceptos erróneos e ilusiones que distorsionan nuestra comprensión de la realidad.

Los factores sociales y culturales también influyen en la propensión a la negación al afrontar la inaccesibilidad de lo real. La negación colectiva puede darse en culturas, grupos o sociedades al enfrentarse a verdades incómodas o inquietantes. El fenómeno del pensamiento colectivo, en el que el deseo de conformidad y cohesión conduce a la supresión de puntos de vista disidentes, puede reforzar la negación a mayor escala. Además, los tabúes y las normas sociales pueden desalentar implícitamente la exploración de conceptos desafiantes y elusivos, fomentando aún más un estado de negación colectiva.

6. Perspectivas filosóficas sobre lo inaccesible:

En el marco de la fenomenología, pensadores como Edmund Husserl y Martin Heidegger exploraron la naturaleza de la conciencia humana y su conexión intrínseca con el mundo que nos rodea. Postularon que nuestra interacción con la realidad se caracteriza por actos intencionales de percepción, mediante los cuales moldeamos e interpretamos los objetos de nuestra experiencia. Sin embargo, este proceso inherentemente subjetivo también introduce posibles barreras para la aprehensión de lo real. El análisis fenomenológico nos invita a considerar cómo nuestras preconcepciones y sesgos pueden obstaculizar nuestra comprensión de los aspectos auténticos e inmediatos de la existencia.

Dentro del existencialismo, figuras eminentes como Jean-Paul Sartre y Simone de Beauvoir abordaron las limitaciones que la conciencia impone a nuestra capacidad de comprender los aspectos absolutos de la realidad. Sus obras afirman que la condición humana está plagada de ansiedad, derivada de la conciencia de nuestra finitud fundamental y de los límites de nuestro conocimiento. Esta angustia existencial, argumentan, se erige como una barrera para penetrar en las profundidades de lo real, relegando ciertas dimensiones de la existencia a la categoría de inaccesibles. Por lo tanto, la perspectiva existencial nos alerta sobre los obstáculos inherentes que plantea nuestra posición subjetiva en el mundo.

Al recurrir a la epistemología, el estudio del conocimiento, nos encontramos con análisis críticos de las condiciones bajo las cuales se puede alcanzar la comprensión genuina. Filósofos como Immanuel Kant enfatizaron el papel de las facultades cognitivas humanas y sus limitaciones en la configuración de nuestra comprensión de la realidad. Las ideas de Kant nos incitan a contemplar las limitaciones impuestas por la estructura de la cognición humana, subrayando cómo estos marcos innatos pueden volver ciertas facetas de lo real elusivas o insondables. Además, los filósofos contemporáneos lidian con las implicaciones del pensamiento posmoderno, que desafía las nociones tradicionales de verdad, buscando revelar la naturaleza construida y contingente del conocimiento. Las críticas posmodernas inyectan una capa adicional de complejidad en nuestra búsqueda por recorrer el terreno de lo real, haciéndose eco de la afirmación de que algunos aspectos de la realidad pueden eludir perpetuamente nuestra comprensión.

7. Las normas sociales y la resistencia a lo real:

A lo largo de la historia, las creencias y valores sociales han influido en la forma en que las personas comprenden e interactúan con el mundo que las rodea. Estas normas suelen crear un marco dentro del cual las personas interpretan sus experiencias y, como resultado, pueden actuar como facilitadores y como obstáculos para comprender la realidad.

Un aspecto importante a considerar es el impacto del condicionamiento social en la percepción individual de la realidad. La sociedad suele imponer ciertas expectativas y estándares que moldean a las personas para que se ajusten a las normas imperantes, lo que puede dificultar su capacidad de interactuar con la realidad sin filtros. Además, el miedo a desviarse de estas normas establecidas puede generar aversión a confrontar los aspectos desconocidos o insondables de la existencia.

Además, el énfasis social en la racionalidad y el empirismo puede, inadvertidamente, impedir que las personas reconozcan las dimensiones más enigmáticas de lo real. Este sesgo hacia los fenómenos mensurables y cuantificables puede desalentar la exploración de los elementos misteriosos e inefables de la experiencia humana. Como resultado, las personas pueden tener dificultades para comprender las incertidumbres y complejidades existenciales que trascienden los límites de la comprensión científica tradicional.

Las presiones y expectativas sociales pueden contribuir a la construcción de ilusiones colectivas que oscurecen la realidad. Al adherirse a las narrativas e ideales sociales, las personas pueden aferrarse a realidades inventadas que les impiden afrontar la inquietud inherente a lo real. Estas ilusiones sirven como amortiguadores contra el malestar existencial, perpetuando así una sensación de desapego de los aspectos genuinos y puros de la existencia.

La resistencia a lo real dentro de las estructuras sociales también se extiende al ámbito de las relaciones interpersonales. Las convenciones sociales y las etiquetas a menudo rigen las interacciones, a veces impidiendo intercambios genuinos y auténticos. Esta apariencia de conformidad social puede impedir que las personas entablen diálogos honestos y vulnerables, inhibiendo su capacidad de confrontar y aceptar la crudeza de la verdad.

8. Caminos para superar las barreras:

Una vía importante para superar las barreras comunes que impiden a las personas comprender lo "Real" implica desarrollar una mayor conciencia de las limitaciones perceptivas y comprender cómo estas influyen en nuestras interpretaciones de la realidad. Esto exige reconocer las influencias subjetivas en la percepción y esforzarse por adoptar un punto de vista más objetivo. Además, se pueden implementar estrategias cognitivas para mejorar la conciencia y el discernimiento. Esto puede implicar prácticas como la meditación consciente o la terapia cognitivo-conductual, que buscan cultivar la conciencia del momento presente y abordar patrones de pensamiento distorsionados. Asimismo, las influencias culturales desempeñan un papel fundamental en la configuración de nuestra comprensión del mundo. Al acoger la diversidad cultural y buscar la exposición a diversas perspectivas, las personas pueden ampliar sus marcos cognitivos y desarrollar una comprensión más integral de lo "Real". El lenguaje, al ser una herramienta de comunicación e interpretación, también puede constituir una barrera para percibir lo "Real". Superar esto requiere una reflexión crítica sobre las limitaciones inherentes del lenguaje y explorar modos de expresión alternativos que trasciendan las fronteras lingüísticas. Aceptar la inteligencia emocional es otro componente esencial para comprender la dimensión enigmática de lo "Real". Comprender y procesar las emociones permite a las personas afrontar la incomodidad y la incertidumbre que suelen acompañar los encuentros con lo real. Además, reconocer los mecanismos de defensa psicológicos, como la negación y la represión, permite superar estas barreras y asimilar gradualmente los aspectos elusivos de la realidad. Las perspectivas filosóficas ofrecen una vía para contemplar la naturaleza de la existencia y la verdad. La indagación filosófica anima a las personas a cuestionar las ideas preconcebidas y a ir más allá de las limitaciones de las normas sociales. Además, las conformidades sociales pueden obstaculizar nuestra capacidad de conectar con lo real. Por lo tanto, fomentar el pensamiento crítico y desafiar los constructos sociales es esencial para superar estas barreras.

Lo real en la práctica psicoanalítica

1. La función de lo real en entornos terapéuticos:

En entornos terapéuticos, el concepto de lo real desempeña un papel fundamental para comprender y abordar los problemas profundos que enfrentan las personas. Lo real representa la experiencia cruda y sin filtros que a menudo escapa al lenguaje y la comprensión consciente. Los terapeutas gestionan las complejidades de lo real para ahondar en la esencia misma de las dificultades de sus pacientes, así como para facilitar transformaciones profundas. Es esencial reconocer que lo real opera más allá de las meras manifestaciones o síntomas superficiales, y reside en los sentimientos, miedos y deseos no articulados que sustentan la psique de una persona. Comprender la función de lo real en entornos terapéuticos requiere explorar su impacto en el proceso terapéutico. Cuando los pacientes se enfrentan a lo real en terapia, a menudo se desencadena una profunda conmoción emocional, impulsándolos a lidiar con sus ansiedades y dilemas existenciales más profundos. El rol del terapeuta en este contexto es proporcionar un entorno seguro y de apoyo para que el paciente interactúe con lo real, fomentando un espacio donde pueda explorar su vulnerabilidad sin juicios. Esto permite a los pacientes confrontar verdades ocultas sobre sí mismos, lo que les brinda la posibilidad de una profunda comprensión y crecimiento personal. Además, la función de lo real se extiende a la propia relación terapéutica. Los terapeutas deben gestionar las complejidades de la transferencia y la contratransferencia, reconociendo que estos fenómenos están profundamente entrelazados con el encuentro del paciente con lo real. La sintonía del terapeuta con la experiencia de lo real del paciente es crucial para guiar el proceso terapéutico hacia una mayor autoconciencia y sanación. A medida que los terapeutas interactúan con lo real, experimentan un proceso transformador, evolucionando en su capacidad para comprender y procesar las complejidades de la existencia humana.

2. Transferencia y encuentro con lo real:

La transferencia, en el ámbito del psicoanálisis, se refiere a la redirección de los sentimientos y deseos del paciente hacia el terapeuta. En el contexto de lo real, la transferencia adquiere mayor relevancia al iluminar los intentos del paciente por comprender la verdad inmediata que representa lo real. A medida que los pacientes transitan el inconsciente, a menudo transfieren al terapeuta emociones no resueltas, especialmente vinculadas a experiencias tempranas, creando una potente fusión de realidades pasadas y presentes. Este fenómeno permite un encuentro directo con lo real, sirviendo como crisol para el surgimiento de verdades suprimidas y recuerdos reprimidos.

El rol del terapeuta en la gestión de la transferencia en el marco de lo real es multifacético. Debe negociar con sensibilidad las proyecciones del paciente, manteniendo los límites para asegurar que el espacio terapéutico siga siendo propicio para una exploración genuina. Al fomentar un entorno donde el paciente se sienta seguro para confrontar las verdades crudas y sin filtros que se encuentran en lo real, el terapeuta puede guiar al individuo hacia perspectivas transformadoras y un profundo crecimiento psicológico.

En esta delicada danza entre la transferencia del paciente y la respuesta del terapeuta, técnicas como la interpretación, la reflexión y la clarificación sirven como instrumentos para la travesía de lo real. Al dirigir suavemente la atención del paciente hacia las emociones y los significados subyacentes incrustados en la transferencia, el terapeuta facilita un análisis consciente de lo real, catalizando así el potencial para un auténtico autodescubrimiento y la integración emocional.

Sin embargo, transitar la transferencia en el terreno de lo real no está exento de desafíos. La intensidad y volatilidad de las emociones evocadas pueden poner a prueba la propia interacción del terapeuta con lo real, lo que requiere autoconciencia, resiliencia emocional y una profunda comprensión de las propias reacciones contratransferenciales. Además, las consideraciones éticas cobran gran importancia, lo que subraya la responsabilidad de mantener la integridad profesional y priorizar el bienestar del paciente en medio de las turbulentas corrientes de las revelaciones de lo real.

A pesar de estas complejidades, el encuentro con lo real a través del vehículo de la transferencia encierra una inmensa promesa terapéutica, ofreciendo a las personas una profunda oportunidad de conectarse auténticamente con su yo más íntimo y embarcarse en un viaje de profunda transformación personal.

3. Técnicas para interactuar con lo real:

Trabajar con lo real en el contexto de la práctica psicoanalítica requiere una comprensión matizada y un conjunto diverso de técnicas. El terapeuta debe guiar hábilmente al paciente para que confronte su propia verdad y experiencias, a menudo frente a la resistencia o la incomodidad. Una técnica fundamental consiste en crear un entorno seguro y de apoyo donde el paciente se sienta lo suficientemente seguro como para explorar aspectos previamente ocultos o reprimidos de su realidad. Esto se puede lograr mediante la escucha empática, la validación sin prejuicios y un compromiso inquebrantable con la confidencialidad.

Además, los terapeutas pueden emplear estrategias interpretativas para ayudar a los pacientes a reconocer y procesar lo real. Al explorar pensamientos y sentimientos inconscientes, el terapeuta ayuda al paciente a comprender las realidades subyacentes que pueden haber influido en sus comportamientos y decisiones conscientes. Este proceso a menudo implica el análisis de sueños, fantasías y lapsus lingüísticos, todos los cuales pueden ofrecer valiosas perspectivas de la auténtica experiencia del paciente con lo real.

El uso de la transferencia como herramienta para atravesar lo real es crucial. Los terapeutas deben gestionar con delicadeza la compleja interacción entre su propia presencia y las percepciones y proyecciones del paciente, a la vez que fomentan un entorno propicio para descubrir la verdad. Comprender y abordar las dinámicas de la transferencia permite una exploración más profunda de la realidad genuina y las experiencias vividas del paciente.

Un enfoque holístico también implica la integración de las teorías contemporáneas de la psicología del Yo y las relaciones objetales para comprender cómo el paciente construye y representa internamente su realidad. Al reconocer y apoyar la evolución de las relaciones del Yo con el objeto, los terapeutas pueden ayudarle a procesar y validar sus experiencias reales, promoviendo así la autoconciencia y la sanación.

4. Desafíos en el abordaje de lo real con los pacientes:

Abordar el concepto de lo real en la práctica psicoanalítica plantea numerosos desafíos, especialmente al interactuar directamente con los pacientes. Uno de los principales obstáculos es la resistencia inherente que las personas pueden presentar al enfrentarse a aspectos de la realidad que resultan incómodos o perturban sus percepciones y defensas existentes. La propia naturaleza de lo real, como algo que destruye las ilusiones y altera el orden simbólico, puede provocar una intensa ansiedad y una actitud defensiva en los pacientes. Además, lo real a menudo abarca experiencias traumáticas y material reprimido, lo que lo convierte en un territorio vulnerable y emocionalmente cargado que las personas pueden explorar. Otro desafío radica en el equilibrio entre guiar con delicadeza a los pacientes hacia los encuentros con lo real y respetar sus límites psicológicos y su capacidad para procesar dichos encuentros. Un enfoque demasiado contundente puede generar resistencia, mientras que uno demasiado pasivo puede resultar en un progreso terapéutico ineficaz. Asimismo, las barreras lingüísticas y comunicativas pueden impedir un abordaje eficaz de lo real con los pacientes, especialmente al intentar verbalizar experiencias que superan la comprensión lingüística y racional. Es crucial que los psicoanalistas desarrollen enfoques matizados y sensibles para interactuar con lo real, reconociendo las vulnerabilidades y complejidades únicas de la psique de cada paciente. Además, la interacción dinámica entre la contratransferencia del terapeuta y la transferencia del paciente complica aún más la gestión de lo real en entornos terapéuticos, ya que exige una constante autorreflexión y sintonía con las dinámicas relacionales. Las consideraciones éticas en torno a la introducción de lo real en el espacio terapéutico no pueden pasarse por alto, ya que los terapeutas deben evaluar continuamente el posible impacto en el bienestar del paciente y garantizar el mantenimiento de un entorno seguro y de apoyo.

5. Integración de lo real en los planes de tratamiento:

A medida que la práctica psicoanalítica continúa evolucionando, la incorporación del concepto de lo real en los planes de tratamiento cobra cada vez mayor relevancia. Comprender lo real y su posible impacto en el bienestar psicológico del paciente es esencial para crear estrategias terapéuticas eficaces. La integración de lo real implica una cuidadosa consideración de cómo se manifiestan las creencias, deseos y miedos inconscientes en el proceso terapéutico. Esta integración requiere que los terapeutas gestionen el equilibrio entre reconocer lo real y mantener los límites necesarios para una relación terapéutica saludable.

Incorporar lo real en los planes de tratamiento suele comenzar con una evaluación exhaustiva de la experiencia subjetiva del paciente y su percepción de la realidad. Esto puede implicar explorar sus experiencias tempranas, traumas y ansiedades profundas que han contribuido a la construcción de su realidad psíquica. Al descubrir la relación del paciente con lo real, los terapeutas pueden diseñar intervenciones adaptadas a las necesidades de la persona para abordar los problemas fundamentales que subyacen a su angustia.

Integrar lo real en los planes de tratamiento requiere una comprensión profunda de las dinámicas de transferencia y contratransferencia. Los terapeutas deben examinar críticamente sus propias respuestas a las expresiones de lo real del paciente, a la vez que le ayudan a comprender sus propios encuentros con lo real dentro del espacio terapéutico. Este doble enfoque exige un alto nivel de autoconciencia y perspicacia clínica para gestionar las complejidades inherentes al encuentro terapéutico.

La integración eficaz de lo real en los planes de tratamiento también implica considerar el contexto sociocultural más amplio en el que se desenvuelve el paciente. Las normas y expectativas sociales pueden influir significativamente en la percepción individual de lo real, y abordar estas influencias externas es crucial para un enfoque terapéutico integral. Reconocer el impacto de los factores culturales y sociales permite a los terapeutas desarrollar intervenciones sensibles a las experiencias vividas únicas del paciente.

La integración de lo real en los planes de tratamiento requiere una colaboración continua con el paciente. Es fundamental dialogar con él sobre sus propias experiencias con lo real y empoderarlo para que explore las implicaciones de estos encuentros. Fomentar la participación activa del paciente facilita una exploración más profunda de su mundo interior y apoya el desarrollo de una identidad más auténtica.

6. La influencia de lo real en la dinámica terapeuta-paciente:

Lo real, con su inherente inaccesibilidad y la perturbación del orden simbólico, tiene profundas implicaciones para la relación terapéutica. Es crucial que los terapeutas reconozcan que lo real puede manifestarse de maneras inesperadas durante las sesiones, impactando la dinámica entre ellos y sus pacientes.

Un impacto significativo de lo real en la dinámica terapeuta-paciente es el potencial de desestabilización de la dinámica de poder tradicional. A medida que los terapeutas lidian con sus propios encuentros con lo real, pueden sentirse vulnerables y desorientados, lo que puede cuestionar la autoridad típica asociada al rol terapéutico. Este desplazamiento de la autoridad puede causar confusión y crecimiento en la relación terapéutica, ya que fomenta un diálogo más igualitario y la exploración mutua de las verdades subyacentes.

Lo real puede catalizar reacciones emocionales intensas tanto en terapeutas como en pacientes, alterando los patrones habituales de interacción. Los momentos de Realidad compartida pueden evocar una profunda empatía y comprensión, forjando conexiones genuinas que trascienden los límites de los roles terapéuticos tradicionales. Estos momentos también conllevan el potencial de retraumatización y sobrecarga emocional, lo que requiere una profunda sensibilidad y sintonía por parte del terapeuta.

Lo real influye en los estilos de comunicación entre el terapeuta y el paciente. Tensiones no verbalizadas, traumas indescriptibles y miedos ocultos habitan el espacio entre ellos, exigiendo reconocimiento y gestión. El lenguaje se carga de significados tácitos, lo que requiere una mayor conciencia de las señales no verbales y los mensajes implícitos. El terapeuta debe afrontar el reto de descubrir estos aspectos ocultos, manteniendo al mismo tiempo una presencia segura y contenedora para el paciente.

7. Consideraciones éticas al interactuar con lo real:

Abordar el concepto de lo real en la práctica psicoanalítica exige un análisis cuidadoso de sus implicaciones éticas. Esto es especialmente crucial, ya que la naturaleza de lo real puede evocar profundas respuestas emocionales y vulnerabilidades profundamente arraigadas en los pacientes, lo que exige un alto nivel de responsabilidad ética por parte de los profesionales.

Una de las consideraciones éticas más importantes se refiere al posible impacto de la indagación en lo real sobre el bienestar y la estabilidad del paciente. El descubrimiento de verdades reprimidas o el encuentro con los aspectos perturbadores de la realidad pueden generar una intensa angustia y trastornos psicológicos. Por ello, los terapeutas deben sopesar cuidadosamente los beneficios terapéuticos frente a los posibles riesgos, asegurándose de que la búsqueda de la verdad no agrave el trauma existente ni cree nuevas fuentes de angustia para la persona en tratamiento.

Además, el deber de confidencialidad cobra mayor importancia en el contexto de la exploración de lo real. Los pacientes pueden compartir experiencias profundamente personales y sensibles durante este proceso, y es imperativo que los terapeutas mantengan la máxima discreción y protejan la privacidad de sus pacientes. Garantizar que las revelaciones derivadas de la interacción con lo real no comprometan la autonomía ni los derechos del paciente es fundamental para mantener los estándares éticos en la práctica psicoanalítica.

La dinámica de poder inherente a las relaciones terapeuta-paciente cobra especial relevancia al abordar lo real. Dado el rol del terapeuta como guía a través de las complejidades del subconsciente del paciente, es esencial gestionar esta diferencia de poder con sumo cuidado, evitando cualquier transgresión que pueda conducir a explotación o daño. La conducta ética exige que los terapeutas cultiven un ambiente de confianza, respeto y empoderamiento, que permita a los pacientes interactuar con lo real a su propio ritmo, según sus propias necesidades y límites.

Las dimensiones éticas se extienden a las interpretaciones e intervenciones que emplean los terapeutas en respuesta a lo real. Es imperativo que los profesionales examinen continuamente sus propias motivaciones, sesgos y prejuicios para garantizar que sus intervenciones provengan de una preocupación genuina por el bienestar del paciente, en lugar de estar influenciadas por agendas o deseos personales. Considerar los diversos antecedentes culturales, sociales e individuales de los pacientes es crucial para mitigar la posible imposición de sistemas de valores o creencias en su experiencia de lo real.

8. Éxito y progreso - Métricas de lo real:

Las métricas tradicionales, como los cambios de comportamiento observables o las mejoras autodeclaradas, podrían no captar plenamente el impacto de interactuar con lo real. Lo real suele operar a un nivel subconsciente, influyendo en pensamientos, emociones y percepciones sin que nos demos cuenta. Por consiguiente, evaluar el éxito al abordar lo real requiere un enfoque más matizado.

Una métrica crucial es la integración de lo real en la narrativa del paciente y su autocomprensión. El progreso se puede observar a través de la disposición y capacidad del paciente para afrontar la incomodidad y las perturbaciones causadas por los encuentros con lo real. Esto puede manifestarse como una mayor capacidad de introspección y autorreflexión, así como una mayor tolerancia a la ambigüedad y la intensidad emocional. Además, la reconfiguración de los mecanismos de defensa y las estrategias de afrontamiento para adaptarse a lo real puede indicar un progreso significativo en el trabajo terapéutico.

Otra métrica esencial se refiere al impacto de lo real en la relación terapéutica. A medida que los pacientes lidian con la naturaleza desorientadora de lo real, la dinámica entre el terapeuta y el paciente se ve inevitablemente influenciada. Evaluar los cambios en estas dinámicas, como una mayor confianza, comunicación y apertura, proporciona información sobre la interacción del paciente con lo real y la eficacia del proceso terapéutico.

La aparición de nuevos temas e inquietudes en el discurso del paciente puede servir como indicador de progreso en la interacción con lo real. Una gama más amplia de temas, en particular aquellos que evocan vulnerabilidad y dilemas existenciales, sugiere que el paciente está profundizando en su experiencia auténtica y confrontando lo real de maneras significativas.

Es importante destacar que los contratiempos y los momentos de resistencia también deben considerarse durante el proceso de evaluación. Estas instancias ofrecen oportunidades para una mayor exploración y comprensión de la relación del paciente con lo real, contribuyendo así a la trayectoria general del progreso terapéutico. Además, las dimensiones éticas de la evaluación del éxito en este contexto exigen una consideración integral de los posibles daños, los límites y la preservación de la autonomía y la autonomía del paciente.

Manifestaciones de lo real en la literatura y la cultura

1. La intersección de las narrativas reales y ficticias:

La interacción entre las narrativas reales y ficticias sirve como un reflejo dinámico de la experiencia humana, impulsándonos a confrontar verdades sobre nosotros mismos y el mundo que nos rodea. Al sumergirse en mundos ficticios, los lectores a menudo se encuentran con personajes y situaciones que resuenan profundamente con sus propias experiencias vividas, difuminando la línea entre realidad y ficción. En esta difuminación es donde emerge la esencia de lo real, creando un espacio para la introspección y la exploración. Las narrativas ficticias proporcionan un espejo a través del cual se refracta lo real, ofreciendo perspectivas sobre nuestra conciencia colectiva y nuestra psique individual. A través de una narrativa potente, los autores crean narrativas que entrelazan fluidamente elementos de lo real con la imaginación, evocando respuestas emocionales e incitando a una profunda contemplación. El poder de la ficción reside en su capacidad para encapsular verdades universales en el marco de mundos inventados, invitando a los lectores a interactuar con las complejidades y matices de la condición humana. Además, la intersección de las narrativas reales y ficticias fomenta una profunda comprensión de los dilemas sociales, las dinámicas culturales y las perspectivas históricas. Al profundizar en estas narrativas, las personas adquieren una valiosa perspectiva de la naturaleza multifacética de la realidad y se ven desafiadas a cuestionar sus ideas preconcebidas sobre el mundo. El diálogo entre lo real y la ficción estimula el discurso crítico, la curiosidad intelectual y la comprensión empática, enriqueciendo así nuestra apreciación de las diversas narrativas. Además, esta intersección ofrece la oportunidad de explorar los límites de la verdad y la invención, sirviendo como catalizador para la indagación filosófica y el análisis literario. A través de la lente de las narrativas ficticias, se nos anima a contemplar la naturaleza fluida de la realidad y el impacto de la narración en la conciencia humana. En esencia, la intersección de las narrativas reales y ficticias encapsula la búsqueda atemporal de significado y comprensión, trascendiendo los confines del género o el medio. Es un testimonio de la relevancia de las formas de arte narrativas para iluminar los enigmáticos paisajes de la experiencia humana.

2. El simbolismo y el reflejo de lo real:

Al usar símbolos para representar ideas o conceptos abstractos, autores y artistas pueden impregnar sus obras de significados que resuenen con la experiencia humana. Mediante la cuidadosa selección y colocación de símbolos, los creadores logran evocar emociones, provocar pensamientos y transmitir verdades profundas relacionadas con la naturaleza de la realidad.

En la literatura, el simbolismo suele servir de puente entre los aspectos tangibles e intangibles de la existencia. El uso de elementos simbólicos permite al lector ahondar en la narrativa y descubrir un significado más profundo. Ya sea un motivo recurrente, un objeto cargado de carga metafórica o un personaje alegórico, el simbolismo invita al lector a contemplar los temas y las fuerzas más generales que intervienen en una historia.

La reflexión de lo real a través del simbolismo trasciende los límites de la obra escrita. Las artes visuales, como la pintura y la escultura, aprovechan el poder de los símbolos para expresar verdades fundamentales sobre la condición humana y el mundo en general. Desde las antiguas pinturas rupestres hasta las instalaciones modernas, los artistas han utilizado los símbolos como medio para confrontar e interpretar la realidad en toda su complejidad.

Un aspecto particularmente intrigante del simbolismo es su esencial conexión con los contextos culturales y sociales. Los símbolos suelen tener un significado cultural, proveniente de mitologías, acontecimientos históricos, creencias religiosas y normas sociales compartidas. Por ello, su interpretación puede variar considerablemente según el público y el entorno cultural en el que se sitúan. Esta interacción dinámica entre símbolos y cultura subraya su papel como reflejo de la naturaleza multifacética de lo real en las diversas experiencias humanas.

Al explorar el reflejo de lo real a través del simbolismo, se hace evidente que estas expresiones simbólicas sirven como canales para verdades universales, trascendiendo las perspectivas individuales y conectando con la conciencia colectiva. El lenguaje del simbolismo permite a los creadores abordar preguntas existenciales, lidiar con el enigma del ser y ofrecer una perspectiva de los misterios de la vida. A través de su entrelazada red de significados, el simbolismo actúa como un espejo que ilumina facetas de lo real que de otro modo podrían permanecer elusivas.

3. Literatura moderna - Percepciones evolutivas de lo real:

Los autores modernos se han adentrado en territorios inexplorados al desafiar las percepciones tradicionales y redefinir los límites de la realidad en las obras literarias. Esta evolución está ligada a los cambios sociales, los avances tecnológicos y la naturaleza dinámica de las experiencias humanas. A medida que el mundo experimentaba profundas transformaciones, también lo hacía la representación de lo «real» en la literatura, reflejando los paradigmas cambiantes de la existencia. Los autores modernos han entrelazado hábilmente aspectos de lo real con lo imaginario, desdibujando la dicotomía e invitando al lector a reflexionar sobre la esencia de la verdad y la autenticidad. Los temas explorados en la literatura moderna a menudo ahondan en las complejidades de la identidad, las crisis existenciales y el impacto de las influencias externas en las realidades individuales. La fluidez de perspectivas en la literatura moderna presenta un rico tapiz de lo «real», retratando interpretaciones diversas y a menudo contradictorias que resuenan en el público contemporáneo. Además, la llegada del posmodernismo ha desmantelado las narrativas convencionales, allanando el camino para la narración no lineal y las representaciones fragmentadas de la realidad. Este alejamiento de las formas tradicionales ha fomentado una exploración más matizada de lo «Real», que abarca la ambigüedad y la desilusión como elementos integrales de la experiencia humana. Los autores han aprovechado el poder del lenguaje y la estructura narrativa para capturar la naturaleza elusiva de lo «Real», trascendiendo las limitaciones de la narración lineal para evocar una sensación de desorientación y surrealismo. En este sentido, la literatura moderna continúa expandiendo los límites de lo que constituye lo «Real», ofreciendo una visión caleidoscópica de la existencia que desafía las nociones preconcebidas e invita a la introspección. Al interactuar con las esferas de la incertidumbre y el escepticismo, los autores modernos han arrojado luz sobre la naturaleza multifacética de lo «Real», reformulando su percepción como una entidad enigmática y en constante evolución que desafía la categorización definitiva. A través de sus esfuerzos literarios, estos escritores han fomentado una comprensión más profunda de la realidad como un constructo influenciado por las experiencias subjetivas, las dinámicas culturales y la búsqueda constante de significado en un mundo cada vez más complejo.

4. Representaciones cinematográficas:

El cine ha sido fundamental para retratar las manifestaciones de lo real de maneras que desafían nuestros límites perceptivos. El uso de técnicas cinematográficas, como la cinematografía, el diseño de sonido y la estructura narrativa, permite a los cineastas crear experiencias inmersivas que confrontan al público con la esencia pura de lo real.

En el cine, la representación de lo real a menudo trasciende los límites del realismo tradicional, adentrándose en el surrealismo, el realismo mágico y otros enfoques vanguardistas. Directores y guionistas aprovechan el medio para explorar temas como el existencialismo, la alienación y el enigma de la conciencia humana, ofreciendo al público un viaje introspectivo a las profundidades de la psique.

Un método común para visualizar lo inimaginable es la representación de secuencias de sueños, alucinaciones y estados alterados de conciencia. Estos recursos cinematográficos sirven como canales para representar las percepciones sin filtros de la realidad, difuminando las fronteras entre lo subjetivo y lo objetivo. Mediante el poder evocador de las imágenes y el simbolismo, los cineastas manifiestan los aspectos inefables de lo real, invitando al espectador a comprender las complejidades de la experiencia humana.

El uso de la alegoría y la metáfora en el cine permite explorar verdades existenciales y confrontar dilemas universales. Al tejer narrativas complejas que resuenan con profundas indagaciones filosóficas, los cineastas confrontan al público con las paradojas de la existencia, incitando a la reflexión sobre la naturaleza de la verdad, la percepción y el caos inherente a la vida.

Es crucial reconocer que la representación de lo real en el cine va más allá de la mera alegoría; sirve como vehículo para la crítica social y la reflexión cultural. Muchos cineastas emplean el medio para abordar cuestiones sociopolíticas urgentes, utilizando lo real como espejo para exponer las complejidades de la conciencia colectiva y el profundo impacto de las construcciones sociales en la vida individual.

5. Lo real en la música y las artes escénicas:

La música, con su amalgama de melodía, ritmo y letra, tiene la capacidad de evocar emociones y tocar los aspectos inefables de la experiencia humana. Ya sean las melodías evocadoras de un réquiem o los ritmos rítmicos de una canción de protesta, la música da vida a la esencia sin adornos de nuestra existencia. De igual manera, el mundo de las artes escénicas —que abarca el teatro, la danza y las artes visuales— sirve de lienzo para retratar las complejidades de lo real. Desde los emotivos movimientos de la danza contemporánea hasta la cruda intensidad del arte abstracto, estas formas reflejan la profundidad de la existencia a través de su representación sin filtros de las emociones humanas y las verdades sociales. La interacción entre la interpretación de lo real por parte del artista y la recepción del público crea un intercambio dinámico que moldea la comprensión cultural de la realidad.

6. Interpretaciones transculturales de lo real:

Cada cultura posee su propio marco único para comprender la realidad, moldeado por factores históricos, filosóficos y sociales. A través de la perspectiva de las interpretaciones interculturales, adquirimos una profunda apreciación de la naturaleza multifacética de lo real.

Uno de los aspectos más atractivos de las interpretaciones transculturales es el análisis de los sistemas de creencias y mitologías indígenas. Estas narrativas a menudo encarnan ricas representaciones de lo real, difuminando las fronteras entre lo tangible y lo mítico. En muchas culturas indígenas, lo real no se limita al mundo material, sino que se extiende al espíritu, el folclore y el conocimiento ancestral. Esta visión holística contrasta marcadamente con la comprensión racionalista occidental de la realidad, invitándonos a reconsiderar nuestra percepción de lo real.

Las interpretaciones transculturales arrojan luz sobre el papel del ritual y la tradición en la configuración de la percepción de lo real. Prácticas como ceremonias, danzas y rituales narrativos sirven como canales para conectar con lo real y encarnarlo en diversos contextos culturales. Estos rituales no solo reflejan la interpretación que una sociedad hace de la realidad, sino que también subrayan la interconexión inherente entre el individuo, la comunidad y lo trascendente.

El análisis de las interpretaciones interculturales revela el impacto de la globalización y la interconexión en la alteración de las percepciones de lo real. A medida que las fronteras tradicionales se disuelven y las culturas convergen, diversas interpretaciones de lo real se encuentran, dando lugar a interpretaciones híbridas que desafían los paradigmas preexistentes. Este fenómeno requiere una comprensión matizada de cómo las interacciones interculturales moldean y replantean nuestra comprensión de lo real, lo que subraya la naturaleza dinámica de la realidad en un mundo globalizado.

7. La influencia de los medios de comunicación en las percepciones de lo real:

Los medios de comunicación desempeñan un papel fundamental en la configuración de la percepción de la realidad en la sociedad contemporánea. A través de diversas formas, como la televisión, el cine, las redes sociales y los medios de comunicación, la representación de la realidad está sujeta a interpretación y manipulación.

En la era digital, el alcance generalizado de las plataformas mediáticas ha permitido la rápida distribución de información e imágenes, difuminando la línea entre la verdad y la ficción. El auge de las noticias falsas, la manipulación fotográfica y los bulos virales ha aumentado el escepticismo y la confusión sobre lo que constituye la realidad. En consecuencia, las personas se enfrentan constantemente al reto de discernir entre representaciones auténticas y contenido inventado.

El poder visual de los medios influye significativamente en la percepción social de la realidad. El lenguaje visual empleado en anuncios, películas y publicaciones en redes sociales suele construir representaciones idealizadas o hiperrealistas que influyen en la comprensión individual y colectiva del mundo. Además, la capacidad de los medios para difundir imágenes y narrativas en diversas culturas y grupos demográficos exige examinar cómo estas representaciones se relacionan con los diversos contextos culturales.

La representación mediática de eventos y fenómenos también influye en la percepción pública de la realidad. La cobertura informativa, el cine documental y las dramatizaciones históricas sirven como lentes a través de las cuales el público interpreta y comprende sucesos cruciales del mundo real. Sin embargo, los sesgos, la agenda política y las decisiones editoriales dentro de los medios de comunicación pueden moldear las narrativas de maneras que pueden desviarse de la realidad objetiva.

Esta influencia trasciende los medios tradicionales, ya que la llegada de la realidad virtual (RV) y la realidad aumentada (RA) introduce dimensiones completamente nuevas de narrativa inmersiva. Estas tecnologías ofrecen a los usuarios la posibilidad de construir realidades personales, planteando preguntas fundamentales sobre la naturaleza de lo real y los límites entre las experiencias físicas y simuladas.

La convergencia de los medios y la tecnología continúa redefiniendo los parámetros de la realidad, impulsando a académicos, creadores y consumidores a evaluar críticamente las implicaciones de estos avances. A medida que los medios se entrelazan cada vez más con la vida cotidiana, comprender su multifacética relación con el concepto de lo real es esencial para comprender un panorama informativo en constante evolución.

8. Conclusión – La influencia siempre presente de lo real:

A través de los medios de comunicación, nuestras percepciones de la realidad se median y construyen continuamente. Ya sea a través de los medios de comunicación, las redes sociales, el cine, la publicidad o las plataformas virtuales, la representación de eventos, personas y experiencias impacta significativamente nuestra comprensión de lo real y lo inventado. El poder de las imágenes visuales y la narrativa en los medios modernos tiene la capacidad de moldear y manipular nuestra percepción de lo real, a menudo difuminando la línea entre realidad y ficción.

La omnipresencia de los medios de comunicación implica que estas realidades construidas tienen el potencial de influir en las actitudes, comportamientos e incluso ideologías políticas de la sociedad. El bombardeo constante de información y representaciones de la realidad puede crear una conciencia colectiva que podría no reflejar con precisión la verdad pura, lo que genera malentendidos y conceptos erróneos generalizados. Este fenómeno subraya el profundo impacto de los medios en la construcción e interpretación de la realidad, y enfatiza la necesidad de un consumo y análisis crítico de los medios con los que nos topamos.

Más allá de los medios, la influencia de lo real se extiende a la literatura, el arte y la expresión cultural. Estas formas de representación creativa sirven como espejos de la sociedad, reflejando las complejidades y matices de la experiencia humana. Al ahondar en la psique y las emociones de personajes y narrativas, la literatura y el arte ofrecen profundas perspectivas sobre lo que constituye lo real en diversos contextos. Desde obras literarias clásicas hasta obras maestras del cine moderno, la representación de lo real no solo cautiva al público, sino que también lo desafía a confrontar verdades incómodas y a lidiar con preguntas existenciales.

La proliferación de interpretaciones y representaciones transculturales refuerza la idea de que lo real es un concepto dinámico y multifacético que evoluciona a lo largo de diferentes sociedades y épocas históricas. Esta diversidad de perspectivas enriquece nuestra comprensión de lo real, destacando su adaptabilidad y universalidad. Es importante reconocer que lo real no es estático; más bien, está sujeto a reinterpretación y reimaginación a través de las diversas perspectivas de la cultura, la tradición y las experiencias globales.

Para concluir, la influencia omnipresente de lo real en los medios, la literatura y la cultura reafirma su importancia en la configuración de nuestra conciencia colectiva y percepciones individuales. Para recorrer este panorama de realidades construidas, es necesario permanecer atentos y perspicaces, adoptando una perspectiva crítica en el consumo y la interpretación de la información. Solo así podremos comenzar a desentrañar las complejidades de lo real y su profundo impacto en la psique humana y la sociedad en su conjunto.

El papel de lo real en la formación de la identidad

1. Perspectivas de desarrollo sobre lo real en la identidad:

En las primeras etapas de la vida, las personas se moldean a través de experiencias que influyen en su percepción de sí mismas y de la realidad. Durante la infancia y la niñez temprana, lo real comienza a ejercer su influencia a medida que se desarrollan las capacidades cognitivas y emocionales del niño. El proceso de formación de una identidad cohesiva está vinculado a la negociación entre el mundo externo y la realidad interna. A medida que los niños experimentan momentos de autenticidad sin filtros, se enfrentan a la naturaleza inquebrantable de lo real. Estos primeros encuentros desempeñan un papel fundamental en la formación de la comprensión que el individuo tiene de sí mismo y del mundo. Además, la transición a la adolescencia marca un momento crítico en el desarrollo de la identidad, ya que los adolescentes lidian con las complejidades de lo real en relación con las expectativas sociales, la influencia de los pares y el autodescubrimiento. Este período se caracteriza por una mayor sensibilidad a las discrepancias entre el Yo ideal y la realidad percibida, lo que a menudo conduce a crisis de identidad e introspección existencial. Asimismo, el impacto de lo real continúa desarrollándose a lo largo de la edad adulta, a medida que las personas atraviesan sus relaciones, sus carreras profesionales y su crecimiento personal. La trayectoria de desarrollo de la identidad no solo se ve influenciada por procesos psicológicos internos, sino también por factores externos como las normas culturales, las dinámicas familiares y los constructos sociales. Es en esta interacción donde lo real ejerce su influencia, lo que subraya la complejidad de la formación de la identidad. Reconocer estas perspectivas de desarrollo sobre lo real en la identidad proporciona un marco matizado para comprender la naturaleza multifacética de la existencia humana y la continua negociación entre el Yo auténtico y las influencias sociales.

2. Fracturas de identidad - Cuando lo real se entromete:

En el entramado de la formación de la identidad, la intrusión de lo real puede provocar fracturas fundamentales en la percepción del Yo individual. Este fenómeno es particularmente pronunciado durante etapas clave del desarrollo, donde el conflicto entre las fantasías internalizadas y la realidad externa se hace patente. Las fracturas de identidad ocurren cuando la autoimagen construida por el individuo se ve destrozada por los encuentros con lo real en su estado puro. Estas fracturas se manifiestan como profundas perturbaciones en la cognición, la estabilidad emocional y la dinámica relacional, lo que a menudo resulta en una sensación generalizada de desorientación y alienación. Académicos y profesionales han luchado durante mucho tiempo por dilucidar la compleja interacción entre lo real y las identidades fracturadas, buscando desarrollar una comprensión matizada de esta intersección crucial. Comprender el impacto decisivo de lo real en las fracturas de identidad requiere explorar sus manifestaciones en diversos contextos culturales y socioeconómicos. La reintegración y la sanación de las identidades fracturadas exigen enfoques sensibles y empáticos que honren las experiencias vividas del individuo, a la vez que facilitan una renegociación gradual de su relación con lo real. Es imperativo que tanto profesionales clínicos como académicos consideren las posibles implicaciones de las fracturas de identidad, no solo en el bienestar individual, sino también en las estructuras y normas sociales más amplias. Al abordar los mecanismos mediante los cuales lo real se inmiscuye en la formación de la identidad, profesionales y teóricos están en condiciones de profundizar su comprensión de la subjetividad humana y promover enfoques más holísticos del bienestar psicológico.

3. Lo real en contextos culturales:

La manera en que lo real se manifiesta dentro de los marcos culturales suele determinar los mecanismos de afrontamiento y las estrategias de resiliencia que adoptan las personas. Además, las normas y valores culturales influyen considerablemente en la interpretación y el significado que se atribuyen a las experiencias de lo real.

En diversos contextos culturales, la negociación de lo real adquiere matices únicos. En algunas culturas, la presencia de lo real puede reconocerse e incluso integrarse en la vida cotidiana, mientras que en otras, puede suprimirse o relegarse a un tabú. Estas variaciones dan lugar a enfoques distintos para gestionar el impacto de lo real en la formación de la identidad y el bienestar psicológico.

Un área de particular importancia es la influencia de las orientaciones culturales colectivistas frente a las individualistas en la negociación de lo real. Las sociedades colectivistas suelen enfatizar la interconexión y la armonía grupal, lo que puede llevar a las personas a minimizar las experiencias personales de lo real en favor de mantener la cohesión social. Por el contrario, en las culturas individualistas, puede haber un mayor énfasis en la autonomía personal y la autoexpresión, lo que podría conducir a una mayor interacción con lo real y sus implicaciones para la identidad.

Las narrativas culturales y los sistemas de creencias influyen significativamente en la comprensión y la interacción con lo real. Por ejemplo, en culturas con ricas tradiciones mitológicas, los encuentros con lo real pueden expresarse en lenguaje mítico, lo que ofrece un marco para integrar estas experiencias en una comprensión cosmológica más amplia. Por otro lado, en culturas seculares, la negociación de lo real puede desarrollarse dentro de marcos psicológicos o existenciales, lo que repercute en la construcción de identidades personales y colectivas.

La interacción entre lo real y los contextos culturales también subraya la importancia de considerar las dinámicas de poder y las estructuras sociales. Las comunidades marginadas pueden confrontar lo real a través de la perspectiva de la opresión sistémica, mientras que las narrativas culturales dominantes pueden imponer sus propias interpretaciones de lo que constituye la realidad y las experiencias legítimas.

4. Mecanismos psicológicos de afrontamiento de lo real:

Afrontar el profundo impacto de lo real en la identidad es un proceso complejo y multifacético que requiere la intervención de diversos mecanismos psicológicos. Uno de ellos es el proceso de sublimación, en el que las personas redirigen inconscientemente el intenso malestar derivado de los enfrentamientos con lo real hacia salidas creativas o productivas, encontrando así la manera de dar forma a los aspectos inefables de sus experiencias. Esto les permite trascender la naturaleza abrumadora de lo real y encontrar sentido a sus luchas. De igual manera, la represión emerge como un importante mecanismo de afrontamiento, ya que las personas intentan ocultar aspectos de sus experiencias que amenazan su sentido establecido de identidad. Sin embargo, esto a menudo conduce a tensiones latentes inconscientes y a eventuales estallidos que perturban la narrativa cohesiva de la propia identidad. Además, el concepto de identificación cobra protagonismo, ya que las personas buscan alinearse con símbolos o figuras que ofrecen una apariencia de coherencia y estabilidad en medio del caótico encuentro con lo real. Estas formas de identificación pueden proporcionar un respiro temporal, pero también pueden contribuir a diluir la autenticidad en la autoformación del individuo. Además, mediante la racionalización, las personas intentan imponer la lógica y la razón a los tumultuosos encuentros con lo real, buscando dar un sentido coherente a sus experiencias. Sin embargo, esta maniobra cognitiva a menudo presenta una fachada frágil que deja sin abordar dilemas existenciales más profundos. En el centro del afrontamiento con lo real reside la interacción entre estos mecanismos psicológicos, cada uno con su modo único de negociación y adaptación.

5. Intersecciones con el orden simbólico en la identidad:

El Orden Simbólico, según lo postula la teoría psicoanalítica, representa el entorno del lenguaje, la cultura y las normas sociales que configuran la percepción que los individuos tienen de sí mismos y de los demás. Al explorar las interacciones entre lo real y el Orden Simbólico en el contexto de la formación de la identidad, se hace evidente que estas dos fuerzas están entrelazadas. Las representaciones simbólicas y las construcciones sociales de la identidad a menudo actúan como intermediarios a través de los cuales se filtra e interpreta el impacto de lo real.

Un aspecto clave de esta intersección reside en la negociación de las expectativas sociales y las experiencias individuales. El Orden Simbólico dicta normas, valores y roles que se espera que los individuos cumplan dentro de sus respectivas comunidades. Sin embargo, la intrusión de lo real altera estas expectativas, cuestionando las nociones preconcebidas de identidad y obligando a las personas a confrontar los aspectos crudos y puros de su existencia. Esta colisión entre los constructos sociales y las experiencias vividas auténticas puede conducir a profundas crisis existenciales y conflictos internos, a medida que las personas lidian con la disonancia entre sus identidades percibidas y la fuerza disruptiva de lo real.

Las representaciones simbólicas de la identidad sirven como marco a través del cual las personas interpretan y dan sentido a sus encuentros transformadores con lo real. Al afrontar momentos de crisis, trauma o profundo autodescubrimiento, a menudo recurren a referencias simbólicas arraigadas en el tejido cultural y lingüístico de su sociedad para articular y contextualizar sus experiencias. Estos símbolos, ya sean narrativas, arquetipos o mitos colectivos, proporcionan un modelo para integrar la fuerza disruptiva de lo real en su sentido evolutivo del Yo.

El Orden Simbólico actúa como mecanismo de regulación social del impacto de lo real en la identidad individual y colectiva. Las instituciones sociales, las prácticas culturales y las representaciones lingüísticas proporcionan un medio para contener y normalizar los efectos desestabilizadores de lo real. Al atribuir significado y coherencia a las manifestaciones, por lo demás enigmáticas, de lo real, el Orden Simbólico media la integración de estas experiencias en la narrativa más amplia de la identidad, ofreciendo una apariencia de estabilidad y previsibilidad en medio de la turbulencia de la confrontación existencial.

Así, la interacción entre lo real y el Orden Simbólico en la formación de la identidad encapsula una compleja dinámica de negociación, reinterpretación y adaptación. Es en el discurso de las representaciones simbólicas de la identidad donde la fuerza disruptiva de lo real encuentra contención y expresión, entrelazándose con las expectativas culturales y las experiencias individuales para moldear la identidad humana.

6. Experiencias transformadoras de lo real:

Las experiencias transformadoras derivadas de los encuentros con lo real son momentos cruciales en la formación de la identidad individual. Estas experiencias a menudo desafían la comprensión racional y perturban el orden simbólico imperante, catalizando profundos cambios en la percepción y la autoconciencia. Estos encuentros pueden ocurrir espontáneamente o ser precipitados por intensos eventos emocionales o psicológicos, impulsando a las personas a confrontar verdades que desestabilizan las realidades establecidas.

Una manifestación común de la transformación a través de lo real es la ruptura de los marcos cognitivos familiares, lo que lleva a una reevaluación de las creencias fundamentales sobre uno mismo y el mundo. La desorientación y la angustia existencial resultantes suelen yuxtaponerse con momentos de profunda comprensión y claridad, lo que desafía a las personas a reconceptualizar su lugar en la realidad. Por lo tanto, la transformación catalizada por lo real trasciende la mera reorganización cognitiva; abarca dimensiones viscerales, emocionales y espirituales, subrayando el impacto holístico de estas experiencias.

Estos encuentros transformadores ponen de relieve las fronteras porosas entre los registros consciente e inconsciente, desentrañando deseos, miedos y ansiedades latentes que impregnan la psique. El descubrimiento de aspectos reprimidos o no reconocidos del Yo genera un proceso de integración y reconciliación que enriquece la sensación de plenitud del individuo. En consecuencia, el poder transformador de lo real reside no solo en la disrupción que inflige a las identidades existentes, sino también en el potencial de crecimiento personal, a medida que las personas transitan la interacción entre lo conocido y lo desconocido.

La fuerza transformadora de lo real se entrelaza con las construcciones culturales y sociales, ofreciendo momentos de ruptura y crítica a las narrativas normativas. Al desestabilizar los sistemas de significado arraigados, las personas pueden empoderarse para desafiar las estructuras opresivas, forjar caminos alternativos y redefinir sus roles dentro de marcos sociales más amplios. Esta capacidad de cambio social subraya las profundas implicaciones de las experiencias transformadoras, que trascienden lo individual para desembocar en movimientos y revoluciones colectivas.

Críticas y malas interpretaciones

1. Malentendidos históricos y su impacto:

A lo largo de la historia, el concepto de lo real ha sido objeto de numerosos malentendidos, que a menudo han tenido repercusiones significativas en diferentes esferas de la existencia humana. Uno de estos malentendidos históricos se remonta al discurso filosófico temprano sobre la naturaleza de la realidad y la existencia. La tendencia a confundir lo real con lo concreto y tangible condujo a una interpretación reduccionista, limitando el alcance de lo real a lo perceptible por los sentidos. Esta simplificación excesiva marginó la profunda complejidad y profundidad inherentes a lo real, perpetuando una comprensión distorsionada que prevaleció durante siglos.

La interpretación errónea de lo real en contextos religiosos y espirituales ejemplifica aún más el impacto histórico de los malentendidos. Muchos sistemas de creencias y tradiciones místicas antiguas intentaron encapsular el concepto de lo real en dogmas y doctrinas estrictamente definidos, confinando su naturaleza ilimitada dentro de marcos rígidos. En consecuencia, esta representación restringida impidió a las personas acceder a los aspectos trascendentes e inefables de lo real, imponiendo limitaciones artificiales a sus búsquedas espirituales y existenciales.

Además de los ámbitos filosóficos y espirituales, las interpretaciones históricas de lo real también han dejado huellas perdurables en las estructuras sociales y los paradigmas culturales. La tendencia a equiparar lo real con las dinámicas de poder dominantes o las construcciones sociopolíticas imperantes fomentó un entorno que impidió el diálogo significativo y el progreso. Al combinar lo real con sistemas y jerarquías opresores, las sociedades perpetuaron inadvertidamente las desigualdades y pasaron por alto los matices genuinos de las experiencias y aspiraciones humanas.

2. Objeciones filosóficas y contraargumentos:

Una de las principales objeciones filosóficas al concepto de lo real se deriva de la dificultad inherente a definir y articular su naturaleza. Los críticos argumentan que lo real, por su propia definición, se resiste a la simbolización y la descripción lingüística. Esta ambigüedad ontológica ha generado escepticismo respecto a la viabilidad de incorporar lo real al discurso filosófico.

Otra controversia destacada gira en torno a las implicaciones de reconocer la existencia de lo real. Algunos filósofos postulan que aceptar lo real puede generar tendencias nihilistas, ya que la confrontación con una realidad inmediata e insondable podría resultar en una sensación de desesperación existencial y una pérdida de sentido. En respuesta, los defensores de lo real argumentan que confrontar lo real permite a las personas lidiar con la verdad fundamental y la autenticidad, lo que conduce a una mayor autoconciencia y al potencial de profundas experiencias transformadoras.

Existen controversias sobre la relación entre lo real y el lenguaje. Los críticos cuestionan la posibilidad de transmitir experiencias auténticas de lo real mediante la representación lingüística. Argumentan que el lenguaje, al estar intrínsecamente ligado al orden simbólico, distorsiona o simplifica excesivamente lo real. Sin embargo, sus defensores afirman que, si bien el lenguaje puede no ser capaz de captar la esencia completa de lo real, sí puede ofrecer destellos y expresiones evocadoras que resuenen con la naturaleza inefable de las experiencias vividas.

También surgen debates sobre la relevancia de lo real en el ámbito más amplio de la investigación filosófica. Algunos académicos sostienen que el concepto de lo real, tal como se expone en contextos psicoanalíticos y literarios, tiene una aplicabilidad limitada fuera de estos ámbitos. Cuestionan su relevancia para investigaciones metafísicas, epistemológicas y éticas más amplias. Sus defensores, por el contrario, abogan por la integración de lo real en estos ámbitos, enfatizando su potencial para enriquecer las investigaciones filosóficas al introducir una perspectiva sin adornos sobre la realidad.

En respuesta a estas objeciones, los defensores de lo real han formulado contraargumentos convincentes. Afirman que la naturaleza elusiva de lo real no disminuye su importancia, sino que, más bien, subraya las limitaciones de los modos convencionales de comprensión y representación. Además, sostienen que interactuar con lo real no implica necesariamente sucumbir al nihilismo; más bien, invita a las personas a cultivar una relación más matizada y auténtica con el mundo. Asimismo, sus defensores enfatizan que, si bien el lenguaje puede ser imperfecto, sigue siendo una herramienta vital para explorar y transmitir la profundidad de lo real, aunque sea a través de medios metafóricos y evocativos.

3. Debates psicoanalíticos sobre lo real:

El discurso psicoanalítico ofrece un terreno fértil para la exploración del concepto de «Lo real» de Lacan, lo que genera debates apasionantes e investigaciones críticas. En este ámbito, tanto académicos como profesionales participan en debates multifacéticos sobre la manifestación y la naturaleza elusiva de lo real dentro del marco psicoanalítico. Un aspecto fundamental de estos debates se centra en las implicaciones ontológicas y epistemológicas de lo real en el contexto de la práctica clínica y los fundamentos teóricos. La yuxtaposición de los órdenes simbólico e imaginario con el enigmático terreno de lo real plantea profundas preguntas sobre la naturaleza de la realidad psíquica y el inconsciente.

Los debates psicoanalíticos sobre lo real profundizan en la importancia de las experiencias traumáticas y su conexión con la irrupción de lo real en la existencia subjetiva. Esta exploración examina cómo los eventos traumáticos rompen el tejido del orden simbólico, llevando a los individuos a una confrontación directa con la fuerza inmediata y a menudo abrumadora de lo real. Además, los académicos cuestionan las implicaciones éticas de integrar lo real en las intervenciones terapéuticas; algunos abogan por su reconocimiento y otros advierten contra la retraumatización en el proceso de confrontación con lo real.

Además, el tema del lenguaje y la representación emerge como un punto focal en los diálogos psicoanalíticos sobre Lo real. Críticos y defensores participan en rigurosos debates sobre las limitaciones y posibles distorsiones del lenguaje al confrontar Lo real, analizando fundamentalmente la eficacia de las articulaciones verbales y simbólicas para encapsular una entidad que desafía la categorización y la traducción simbólica.

Las perspectivas psicoanalíticas arrojan luz sobre cómo lo real se entrelaza con los conceptos de deseo y fantasía, impulsando indagaciones sobre las tensiones existenciales entre la búsqueda de lo real y la fascinación por lo imaginario. Estos debates se caracterizan por análisis matizados de las formas en que el deseo interactúa con lo real, lo que arroja luz sobre la compleja interacción entre las pulsiones, el ego y la formidable presencia de lo real.

4. Interpretaciones culturales erróneas comunes:

La influencia generalizada de las narrativas culturales, los sistemas de creencias y los constructos sociales ha llevado a menudo a la apropiación y la incomprensión de los conceptos lacanianos relacionados con lo real. Una interpretación errónea frecuente surge de la tendencia a equiparar lo real con la realidad objetiva o la verdad empírica. Esta simplificación excesiva ignora los fundamentos teóricos matizados de lo real como una dimensión elusiva e inalcanzable que trasciende los registros simbólicos e imaginarios. Además, los medios de comunicación populares y el discurso dominante con frecuencia perpetúan conceptos erróneos sobre lo real, presentándolo como una entidad tangible y concreta en lugar de un constructo psicoanalítico profundamente arraigado en la psique humana. Estas representaciones contribuyen a diluir la complejidad del concepto y disminuyen su potencial para una profunda indagación filosófica y psicológica. Asimismo, la disparidad de contextos culturales y sistemas de valores a menudo conduce a interpretaciones divergentes de lo real, lo que dificulta aún más su comprensión. Estas variaciones dan lugar a multitud de apropiaciones indebidas y simplificaciones excesivas, lo que resulta en una comprensión popular distorsionada de este concepto psicoanalítico. Es crucial reconocer y abordar estas interpretaciones erróneas, ya que repercuten no solo en el discurso académico, sino también en las percepciones sociales más amplias de la realidad, la subjetividad y la identidad. Mediante un análisis riguroso y una reflexión crítica, académicos y profesionales pueden esforzarse por corregir estas interpretaciones erróneas, fomentando una comprensión más completa y precisa de lo real en los contextos académicos y culturales.

5. Lo real en los discursos académicos:

En los discursos académicos, el concepto de lo real ha recibido una atención significativa en diversos campos, como la filosofía, la psicología, los estudios literarios, la crítica cultural y la sociología. Los académicos han participado en rigurosos debates sobre la naturaleza de lo real y sus implicaciones para diferentes disciplinas. La intersección de la teoría lacaniana con la teoría crítica ha sido fundamental para dar forma a estas discusiones, impulsando una reevaluación de los supuestos fundamentales sobre la realidad, la representación y el lenguaje. En el ámbito filosófico, pensadores como Slavoj Žižek y Alain Badiou han abordado las implicaciones de lo real para la ontología, la ética y la teoría política. Sus análisis han impulsado nuevas indagaciones sobre la intersección de lo real con el tiempo, la existencia y las limitaciones de la comprensión humana. La contribución del psicoanálisis a las exploraciones académicas de lo real es inestimable. La obra pionera de Freud sentó las bases para que los teóricos posteriores profundizaran en las manifestaciones subconscientes de lo real, mientras que los desarrollos posfreudianos, especialmente los de Jacques Lacan, sentaron las bases de una nueva ola de investigación interdisciplinaria. Además, la aplicación de los conceptos lacanianos a los estudios literarios ha propiciado una profunda reevaluación de las estrategias narrativas, la intención del autor y la dinámica de respuesta del lector. En la crítica cultural, la noción de lo real ha sido fundamental para deconstruir paradigmas establecidos y descubrir las estructuras de poder subyacentes que configuran las narrativas sociales. Esto ha dado lugar a fructíferas investigaciones sobre las intersecciones de lo real con la raza, el género, la clase y otros marcadores de identidad. Las perspectivas sociológicas sobre lo real se han centrado en su papel en la configuración de creencias colectivas, constructos sociales y prácticas institucionales. Al examinar las formas en que lo real opera dentro de los marcos sociales, los académicos han buscado esclarecer los mecanismos mediante los cuales se perpetúan y se cuestionan las ideologías dominantes. La diversidad de enfoques dentro de los discursos académicos refleja la naturaleza multifacética de lo real y sus ramificaciones de largo alcance.

6. Perspectivas teóricas divergentes:

Diversos marcos filosóficos, psicoanalíticos y culturales ofrecen distintas perspectivas para observar e interpretar la naturaleza de lo real. Dentro del discurso filosófico, diversas escuelas de pensamiento, como la fenomenología, el existencialismo y el postestructuralismo, presentan actitudes contrastantes respecto al estatus ontológico de lo real. Los fenomenólogos enfatizan la experiencia subjetiva de la realidad, postulando que la esencia de lo real solo es accesible a través de las experiencias humanas vividas. En contraste, los pensadores existencialistas profundizan en la confrontación del individuo con su existencia, a menudo vinculando lo real con momentos de intensa revelación o crisis personal. Los postestructuralistas, basándose en la teoría crítica y la deconstrucción, interrogan los fundamentos mismos de la realidad y la verdad, deconstruyendo las interpretaciones convencionales de lo real.

Desde una perspectiva psicoanalítica, las perspectivas freudiana, lacaniana y junguiana aportan interpretaciones matizadas de lo real en la psique humana. El énfasis de Freud en el inconsciente y las pulsiones primarias ofrece una comprensión fundamental de lo real como una fuerza disruptiva que subyace a las percepciones conscientes. Lacan, por su parte, introduce el concepto de lo real como un núcleo inalcanzable y traumático que desafía la simbolización y el lenguaje, moldeando fundamentalmente la psique del sujeto. Por su parte, la conceptualización junguiana de lo real se extiende a imágenes arquetípicas y símbolos universales que conectan con el inconsciente colectivo, ofreciendo una dimensión diferente a la comprensión de lo real en el psicoanálisis.

Las perspectivas culturales enriquecen aún más esta exploración, con diversas tradiciones globales que ofrecen concepciones alternativas de lo real. Ya sean filosofías orientales que enfatizan la interconexión y la impermanencia, o cosmologías indígenas arraigadas en cosmovisiones animistas, estas perspectivas culturales brindan valiosas perspectivas sobre cómo se entiende e integra lo real en las sociedades humanas. Además, los discursos contemporáneos en torno a las realidades virtuales, la inteligencia artificial y los sistemas cibernéticos invitan a reconsiderar lo real en relación con la tecnología y los ámbitos digitales.

7. Distinciones dentro del esquema de orden:

El concepto de lo real, tal como lo expone el psicoanálisis lacaniano, está impregnado de matices que exigen un análisis minucioso. Reevaluar las distinciones dentro del esquema de orden se vuelve imperativo para lograr una comprensión más integral de este complejo marco teórico. Un aspecto esencial de esta reevaluación implica profundizar en las relaciones entre los órdenes Simbólico, Imaginario y Real. Requiere un examen crítico de cómo estos registros se entrecruzan y divergen, configurando las experiencias subjetivas y los constructos sociales.

En el contexto del psicoanálisis lacaniano, el orden simbólico se caracteriza por el lenguaje, la cultura y las reglas y normas que rigen las interacciones humanas. Por su parte, el orden imaginario se refiere a imágenes, reflexiones y formaciones del Yo. Sin embargo, al examinar estas delineaciones, se hace evidente que hay momentos en que estos límites se difuminan, dando lugar a una interacción entrelazada de los órdenes. Estos casos de ambigüedad y entrelazamiento pueden cuestionar las interpretaciones convencionales sobre la singularidad de cada orden.

Reevaluar las distinciones dentro del esquema de orden permite una exploración más profunda de las maneras en que lo real perturba y subvierte lo Simbólico y lo Imaginario. Al examinar detenidamente los casos de ruptura y disonancia, podemos extraer valiosas perspectivas sobre la naturaleza enigmática de lo real. Este proceso revela las tensiones y contradicciones inherentes a la estructura del esquema de orden, arrojando luz sobre las complejas dinámicas en juego.

Por otra parte, esta reevaluación exige cuestionar los supuestos jerárquicos que a menudo sustentan las discusiones sobre el esquema de orden. En lugar de ver los órdenes como capas perfectamente apiladas, resulta esencial considerar la fluidez y la permeabilidad que caracterizan sus interacciones. Este cambio de perspectiva impulsa una reformulación paradigmática, que fomenta una comprensión más fluida y dinámica del tejido de la psique humana y los sistemas sociales.

IMPACTO EN LA PSICOLOGÍA Y LA TERAPIA CONTEMPORÁNEAS

Integración en la terapia cognitivo-conductual

Las teorías de Jacques Lacan han realizado importantes contribuciones al campo de la psicología, en particular por su impacto en enfoques terapéuticos contemporáneos como la Terapia Cognitivo-Conductual (TCC). La integración de los conceptos lacanianos en la TCC ha abierto nuevas vías para comprender y abordar problemas psicológicos complejos. Al incorporar los principios lacanianos, los terapeutas pueden profundizar en las estructuras inconscientes que influyen en las conductas y los patrones de pensamiento, mejorando así la eficacia de las intervenciones de TCC. Un área clave de sinergia reside en la exploración del orden simbólico y sus implicaciones para la reestructuración cognitiva. El énfasis de Lacan en el lenguaje y la significación se alinea con el enfoque de la TCC en identificar y cuestionar los constructos de pensamiento desadaptativos, lo que conduce a una comprensión más profunda y a resultados terapéuticos sostenibles. Además, la incorporación de los conceptos lacanianos en la TCC permite un análisis exhaustivo de la interacción entre los procesos conscientes e inconscientes, enriqueciendo el proceso terapéutico y profundizando en las intervenciones. Esta integración proporciona un marco para que los terapeutas aborden no solo los síntomas superficiales, sino también los significados simbólicos subyacentes arraigados en los patrones cognitivos y conductuales de cada individuo. Además, al reconocer el papel del deseo y del inconsciente en la configuración del comportamiento, los terapeutas pueden promover cambios más holísticos y duraderos en los pacientes que se someten a TCC. Los conceptos lacanianos también ofrecen una perspectiva alternativa sobre la naturaleza de los problemas de salud mental, instando a los terapeutas a considerar las interconexiones entre el lenguaje, la dinámica social y la experiencia subjetiva. Al integrar las perspectivas lacanianas en la TCC, los profesionales de la psicología pueden perfeccionar su enfoque para abordar diversas preocupaciones, como la ansiedad, la depresión, el trauma y las luchas relacionadas con la identidad. De este modo, pueden reconocer las complejidades de la psique humana y brindar una atención más personalizada y empática que resuena a un nivel más profundo con sus pacientes. Esta fusión también anima a los terapeutas a reconsiderar los fundamentos mismos de la formación de síntomas y el malestar psicológico, allanando el camino para un panorama terapéutico más matizado y abarcador.

Influencia en los enfoques de la psicología humanista

La psicología humanista enfatiza el impulso inherente del individuo hacia el crecimiento personal, la autorrealización y el desarrollo de su máximo potencial. La integración de las teorías lacanianas en los enfoques humanistas ha supuesto un cambio de paradigma significativo en la comprensión de la psique humana. Al incorporar los conceptos de Lacan sobre los tres órdenes —Simbólico, Imaginario y Real—, las terapias humanistas se han enriquecido con una comprensión más profunda de los conflictos y dinámicas internas que influyen en la búsqueda individual de autodescubrimiento y autenticidad. El énfasis en la experiencia subjetiva y la exploración del inconsciente se alinean notablemente con los principios lacanianos, contribuyendo a un enfoque más holístico de la terapia humanista.

Las perspectivas lacanianas también han influido en las prácticas humanísticas al arrojar luz sobre la naturaleza de la formación de la identidad humana y el papel del lenguaje y los símbolos en la configuración de la percepción del Yo y de los demás. Esto ha llevado a una reevaluación de las técnicas humanísticas tradicionales, inspirando a los terapeutas a integrar el análisis simbólico y lingüístico para descubrir significados ocultos y revelar patrones inconscientes que obstaculizan el crecimiento personal. Además, el reconocimiento del impacto del orden imaginario en la identidad propia y las relaciones ha impulsado a los terapeutas a profundizar en las complejidades de la autoimagen, permitiendo a los pacientes interactuar con la dinámica de su mundo interior y reconciliarla.

Además, el orden Real, con su naturaleza enigmática y elusiva, ha suscitado la contemplación en la psicología humanista, suscitando debates sobre las limitaciones de la consciencia y la importancia de aceptar los aspectos inefables de la experiencia humana. Como resultado, los profesionales humanistas han utilizado los principios lacanianos para animar a sus pacientes a confrontar los aspectos "reales" de su existencia, fomentando un nivel más profundo de introspección y aceptación de aspectos existenciales que trascienden la comprensión racional.

Adopción en la consejería sistémica y familiar

La incorporación de las teorías lacanianas a la terapia sistémica y familiar representa un cambio de paradigma en la comprensión y el tratamiento de las dinámicas familiares. Al adoptar el concepto del inconsciente, los principios lacanianos sirven como piedra angular para profundizar en la interacción de las psiques individuales dentro de una unidad familiar. Este enfoque anima a los terapeutas a explorar cómo el inconsciente impulsa las interacciones intrafamiliares y configura los patrones relacionales.

El énfasis de Lacan en el orden simbólico ofrece una perspectiva a través de la cual los consejeros familiares pueden descifrar la compleja red de significados y significantes que sustenta la comunicación familiar. Comprender el papel del lenguaje y la metáfora en la configuración de las narrativas familiares es fundamental para descubrir conflictos profundamente arraigados y transmisiones generacionales. Además, la aplicación de conceptos lacanianos como el estadio del espejo y el complejo de Edipo proporciona una profunda comprensión de la formación de las identidades familiares y las dinámicas de poder y deseo dentro de la estructura familiar.

La perspectiva sistémica inherente a la teoría lacaniana subraya la interconexión de los miembros de la familia y la influencia recíproca que ejercen entre sí. Los terapeutas que aprovechan estas perspectivas pueden abordar los desequilibrios relacionales y los patrones de comportamiento arraigados, esclareciendo los intercambios simbólicos subyacentes que perpetúan las dinámicas disfuncionales. Al examinar cómo las fuerzas inconscientes moldean y perpetúan los guiones intergeneracionales, los consejeros sistémicos y familiares están mejor capacitados para facilitar un cambio transformador dentro del sistema familiar, promoviendo relaciones más sanas y el bienestar emocional.

La integración de los conceptos lacanianos en la terapia sistémica y familiar amplía el alcance de las intervenciones terapéuticas. Permite una exploración más profunda de los mitos familiares, las fantasías colectivas y las cargas ancestrales, lo que permite a los profesionales de la salud desentrañar historias familiares complejas y liberar a las personas de las ataduras de sus vínculos inconscientes. Al explorar el terreno simbólico de la dinámica familiar, los profesionales pueden guiar a las familias hacia la reconfiguración de sus historias, fomentando nuevas narrativas que empoderan e integran diversos aspectos del Yo.

Relevancia en la práctica psicoanalítica moderna

Una de las principales contribuciones de la teoría lacaniana a la práctica psicoanalítica moderna reside en su énfasis en el lenguaje y la significación. Lacan postuló que el inconsciente se estructura como un lenguaje, incorporando el concepto del registro simbólico como un componente clave de los procesos mentales. Esta noción ha revolucionado la comprensión de cómo las personas se comunican consigo mismas y con los demás, ofreciendo a los terapeutas un marco para explorar los significados y las motivaciones subyacentes a las conductas y expresiones de sus pacientes.

Las perspectivas lacanianas han esclarecido la dinámica entre la mente consciente y la inconsciente, proporcionando a los profesionales herramientas invaluables para gestionar las complejidades de las emociones y los deseos humanos. La propuesta del inconsciente como depósito de pensamientos y deseos reprimidos ha influido significativamente en las técnicas psicoanalíticas modernas, permitiendo a los terapeutas guiar a sus pacientes hacia una autoconciencia más profunda y la resolución de conflictos internos.

La reinterpretación del complejo de Edipo por parte de Lacan y su formulación del estadio del espejo han influido profundamente en la práctica psicoanalítica contemporánea. Estos conceptos han ampliado la comprensión del desarrollo infantil temprano y sus implicaciones en la formación de la personalidad adulta. Los profesionales han integrado estas ideas en sus enfoques terapéuticos, fomentando una comprensión más holística de las experiencias y dificultades individuales.

Además, la teoría lacaniana ha impulsado una reevaluación de la relación tradicional terapeuta-paciente, animando a los terapeutas a reconocer las dinámicas de poder inherentes y los fenómenos de transferencia que intervienen en el entorno terapéutico. Esta conciencia crítica ha allanado el camino para prácticas más éticas y empáticas, lo que ha propiciado alianzas terapéuticas más sólidas y mejores resultados de tratamiento.

Contribución a la comprensión del inconsciente

El concepto de inconsciente, tal como lo articula Lacan, trasciende las perspectivas freudianas tradicionales, enfatizando los aspectos lingüísticos y simbólicos de los procesos inconscientes. Según la teoría lacaniana, el inconsciente se estructura como un lenguaje, caracterizado por una red de significantes y significados que configuran los pensamientos, emociones y comportamientos del individuo. Esta conceptualización ha proporcionado una sólida base teórica para explorar las complejidades del inconsciente.

Uno de los principios clave de la teoría lacaniana es la idea de que el inconsciente no es un depósito de deseos y recuerdos reprimidos, como postula el psicoanálisis tradicional, sino un espacio de conflicto y contradicción. Esta desviación de la teoría freudiana ha suscitado profundos debates y ha ampliado el discurso sobre la naturaleza del inconsciente. El énfasis de Lacan en el papel del lenguaje y los símbolos en la configuración de los procesos inconscientes también ha ofrecido nuevas vías para comprender cómo se construye y representa el significado en el inconsciente.

La teoría lacaniana ha contribuido a una comprensión más profunda del inconsciente al destacar la importancia del Otro inconsciente. El concepto del Otro, fundamental en el pensamiento lacaniano, se refiere a los marcos sociales y culturales externos que influyen en la construcción individual de la realidad y la identidad. Desde esta perspectiva, el inconsciente no solo se ve moldeado por dinámicas intrapsíquicas, sino también por fuerzas socioculturales externas, lo que conduce a una comprensión más matizada y completa de los procesos inconscientes.

El concepto de inconsciente en la teoría lacaniana ha dado lugar a enfoques terapéuticos innovadores que buscan desentrañar las estructuras simbólicas y lingüísticas que sustentan los conflictos y las dinámicas inconscientes. Al explorar los significados simbólicos arraigados en manifestaciones inconscientes como sueños, síntomas y lapsus lingüísticos, los terapeutas han logrado conectar profundamente con sus pacientes, arrojando luz sobre sus patrones y luchas ocultos.

Papel en el desarrollo personal y la autorrealización

Un aspecto clave de la teoría lacaniana es su énfasis en el lenguaje y la comunicación como factores que moldean la subjetividad. Según Lacan, la construcción del Yo se produce mediante procesos lingüísticos y simbólicos que influyen en nuestras relaciones, deseos y aspiraciones. Esta perspectiva ha abierto el camino a una reevaluación de cómo las personas perciben y organizan su trayectoria de desarrollo personal. Al reconocer el papel del lenguaje y el discurso en la formación de la autopercepción, las personas pueden comprender mejor sus luchas y paradojas internas, lo que en última instancia conduce a una forma más auténtica de autorrealización.

La teoría lacaniana también ha arrojado luz sobre la importancia de los deseos y fantasías inconscientes en el desarrollo personal. La exploración de los impulsos inconscientes y las emociones reprimidas puede desentrañar las capas de la psique de un individuo, ofreciendo una profunda comprensión de su comportamiento y decisiones. A través de una perspectiva lacaniana, se anima a las personas a confrontar los aspectos ocultos de su mente, facilitando un proceso transformador que se alinea con los principios de la autorrealización. Al reconocer e integrar estos elementos inconscientes, las personas pueden embarcarse en un viaje hacia el crecimiento personal holístico y el autodescubrimiento genuino.

El concepto de la "etapa del espejo" en la teoría lacaniana tiene implicaciones para el desarrollo personal y la autorrealización. Esta etapa enfatiza el papel de las percepciones e identificaciones externas en la formación de la autoimagen. En el contexto del desarrollo personal, comprender cómo las experiencias tempranas de reflejo y reconocimiento contribuyen a la formación de la propia identidad puede ayudar a las personas. Trazar su camino hacia la autorrealización de forma más consciente. Al deconstruir y reevaluar estas identificaciones iniciales, las personas pueden liberarse de las limitaciones de las expectativas externas y las normas sociales, forjando un sentido de identidad más auténtico y pleno.

Transformación de las técnicas terapéuticas

La incorporación de los principios lacanianos a la terapia contemporánea ha conllevado una transformación significativa en las técnicas terapéuticas. Al reimaginar la naturaleza del inconsciente y enfatizar el papel del lenguaje, la teoría lacaniana ha dado lugar a enfoques innovadores que se alejan de los métodos psicoterapéuticos tradicionales.

Una de las transformaciones centrales reside en la forma en que los terapeutas abordan la interpretación de las experiencias de los pacientes. En lugar de centrarse únicamente en el contenido manifiesto de sus narrativas, los profesionales formados en el pensamiento lacaniano son expertos en reconocer los significantes latentes presentes en el lenguaje. Este cambio interpretativo permite una exploración más profunda de los procesos inconscientes que configuran los pensamientos, emociones y comportamientos del individuo. En consecuencia, las sesiones terapéuticas suelen implicar un análisis de los significados simbólicos subyacentes a expresiones y acciones aparentemente mundanas.

Las técnicas terapéuticas derivadas de la teoría lacaniana subrayan la importancia de la propia relación terapéutica. A diferencia de enfoques más directivos, como los del psicoanálisis freudiano tradicional, el terapeuta con base lacaniana busca crear un espacio dinámico para el desarrollo del habla y las asociaciones del paciente, sin imponer interpretaciones predefinidas. Este énfasis en la libre asociación y la coconstrucción de significado entre el analista y el analizando fomenta un entorno terapéutico colaborativo y exploratorio.

La aplicación de los conceptos lacanianos ha propiciado una reevaluación de los objetivos de la terapia. Mientras que las teorías tradicionales suelen enfatizar la reducción de síntomas o la adaptación a las normas sociales, la terapia de orientación lacaniana se centra en fomentar la conciencia de la propia subjetividad y explorar las estructuras que sustentan el sentido de identidad individual. Esta reorientación de los objetivos terapéuticos ha dado lugar a un mayor énfasis en animar a los pacientes a interactuar críticamente con su experiencia subjetiva y los constructos sociales, promoviendo en última instancia el crecimiento personal y la autorrealización.

Comparación con las teorías tradicionales

Para apreciar plenamente el impacto de la teoría lacaniana en la psicología y la terapia contemporáneas, es esencial realizar un análisis comparativo con las teorías tradicionales que han dominado estos campos durante décadas. Una de las comparaciones más destacadas reside en contrastar el psicoanálisis lacaniano con el psicoanálisis freudiano, que sirve como marco fundacional para muchos enfoques terapéuticos tradicionales. Si bien el énfasis de Freud en las experiencias de la primera infancia y la primacía de las pulsiones sexuales ha guiado tradicionalmente las intervenciones terapéuticas, Lacan ofrece una perspectiva única al centrarse en el papel estructurante del lenguaje y el orden simbólico en la configuración de la subjetividad humana.

La comparación se extiende a las teorías conductuales y cognitivas, que han subrayado la importancia de las conductas observables y los procesos mentales conscientes para la comprensión y el tratamiento de los problemas psicológicos. En contraste, la teoría lacaniana profundiza en los registros inconscientes, desafiando las tendencias reduccionistas de los enfoques puramente conductuales o cognitivos. Esta yuxtaposición resalta la profunda desviación que la teoría lacaniana representa de los paradigmas psicológicos convencionales.

En comparación con las teorías humanísticas y existencialistas que enfatizan el crecimiento personal, la autorrealización y la búsqueda de sentido, la teoría lacaniana introduce una dimensión crítica al esclarecer la carencia y la alienación inherentes a la estructura de la subjetividad. Al analizar la interacción entre lo imaginario, lo simbólico y lo real, la teoría lacaniana profundiza nuestra comprensión de las complejidades y contradicciones de la psique humana, enriqueciendo así el discurso sobre la realización personal y la autenticidad existencial.

Además, los conceptos lacanianos se yuxtaponen con las teorías sistémicas y familiares, que priorizan las dinámicas interpersonales y los patrones relacionales dentro de los sistemas sociales. Mientras que los enfoques sistémicos enfatizan la interrelación de los individuos dentro de sus contextos, la teoría lacaniana descubre las corrientes inconscientes subyacentes que influyen en estas interacciones dinámicas, proporcionando una comprensión más profunda de las dinámicas familiares y sistémicas.

Trayectorias futuras en terapia

Las futuras trayectorias de la terapia con base lacaniana incitan a la reflexión sobre posibles avances e integraciones con paradigmas psicológicos emergentes. Los desarrollos prospectivos podrían implicar una armonización más matizada de los conceptos lacanianos con los hallazgos neurocientíficos, lo que fomentaría una comprensión más profunda de los correlatos neuronales de los procesos inconscientes. Además, el floreciente campo de las intervenciones digitales en salud mental ofrece oportunidades para integrar las perspectivas lacanianas en plataformas tecnológicas innovadoras, ampliando así el alcance de las perspectivas psicoanalíticas a un público más amplio.

La evolución de las modalidades terapéuticas podría ser testigo de la integración de los principios lacanianos con enfoques somáticos y corporales, reconociendo las manifestaciones corpóreas de las dinámicas inconscientes y promoviendo la sanación holística. Esta incorporación no solo amplía el alcance de la influencia lacaniana, sino que también allana el camino para la colaboración interdisciplinaria entre el psicoanálisis, la neurociencia y la psicología somática. Además, la esencia subyacente de las dinámicas interpersonales en la relación terapéutica exige la exploración de los constructos lacanianos en la terapia de pareja y familiar, evaluando su aplicabilidad para abordar los conflictos relacionales y la interacción inconsciente entre individuos.

Finalmente, prever las trayectorias futuras de la terapia de inspiración lacaniana requiere un esfuerzo concertado para abordar su accesibilidad e inclusión, impulsando iniciativas que faciliten el acceso de las perspectivas psicoanalíticas a las poblaciones marginadas y las comunidades desatendidas. Al analizar las críticas y el potencial de la teoría lacaniana, se hace evidente que su relevancia reside en los esfuerzos colaborativos para conectar las complejidades teóricas con las aplicaciones pragmáticas, trascendiendo así los límites de la terapia tradicional y abrazando el panorama cambiante de la práctica psicológica.

INFLUENCIA EN EL PENSAMIENTO MODERNO

Psicoanálisis y más allá

A partir de las teorías de Jacques Lacan, la influencia del psicoanálisis trasciende el ámbito de la terapia individual y la clínica, permeando diversas disciplinas y campos. Este amplio impacto se manifiesta en el ámbito académico mediante la integración de conceptos psicoanalíticos en diversas ramas de la psicología, la sociología y la antropología, sin limitarse a su ámbito tradicional de la psicoterapia. Además, el énfasis inherente en las motivaciones y deseos inconscientes del pensamiento lacaniano ha resonado profundamente entre los académicos que buscan desentrañar las complejidades del comportamiento y la cognición humanos.

Más allá del ámbito académico, la influencia del psicoanálisis lacaniano ha permeado la cultura popular, como lo demuestra su incorporación al arte, la literatura y el cine. La noción del inconsciente como depósito de emociones reprimidas e impulsos conflictivos ha impulsado creaciones artísticas que buscan ahondar en las profundidades de la psique humana. Esta integración de temas psicoanalíticos en las expresiones creativas sirve para subrayar el profundo impacto de las ideas de Lacan en los discursos sociales más amplios en torno a la identidad, el deseo y el significado.

La aplicación de los principios lacanianos a problemáticas contemporáneas ha expandido las fronteras del psicoanálisis, demostrando su relevancia para abordar los desafíos sociales en constante evolución. Conceptos como el estadio del espejo y el orden simbólico han proporcionado marcos profundos para comprender fenómenos relacionados con la autoimagen, la representación y las interacciones sociales, enriqueciendo así los diálogos sobre la imagen corporal, las redes sociales y las relaciones interpersonales.

Además de sus ramificaciones intelectuales y culturales, el alcance del psicoanálisis lacaniano se extiende al ámbito de la teoría crítica, donde se ha convertido en una herramienta fundamental para analizar las estructuras de poder, el lenguaje y la subjetividad. Al desentrañar las maneras en que el lenguaje construye nuestra realidad y moldea nuestra subjetividad, la teoría lacaniana ha desempeñado un papel fundamental en la crítica de las ideologías y jerarquías dominantes, contribuyendo así a la expansión de los discursos críticos en diversos ámbitos del conocimiento.

Impacto en la filosofía contemporánea

En la actualidad, la influencia de las teorías de Jacques Lacan en la filosofía contemporánea ha sido profunda y multifacética. Una de las áreas clave donde las ideas lacanianas han tenido un impacto significativo es la investigación filosófica sobre la subjetividad y la construcción del Yo. El concepto lacaniano del sujeto dividido y el papel del lenguaje como fuerza estructurante en la formación de la identidad individual han suscitado intensos debates en el ámbito filosófico. Además, su énfasis en el inconsciente y su relación con el lenguaje ha propiciado un replanteamiento de las nociones tradicionales de conciencia y racionalidad.

Los conceptos lacanianos también han resonado en diversas escuelas de pensamiento de la filosofía contemporánea. Los filósofos existencialistas han abordado las ideas lacanianas sobre la naturaleza de la existencia humana y la experiencia de la alienación, mientras que los fenomenólogos han explorado las implicaciones de la comprensión lacaniana de la percepción y la constitución de la realidad. Además, los pensadores postestructuralistas y deconstruccionistas se han inspirado en las ideas de Lacan sobre la interacción de los significantes y la naturaleza elusiva del significado, lo que ha dado lugar a reinterpretaciones innovadoras del lenguaje, la textualidad y la interpretación.

La elucidación de Lacan sobre el orden simbólico y su papel en la mediación de nuestras relaciones con los demás ha impulsado la investigación sobre la intersubjetividad y la dinámica de la interacción social. Los filósofos han cuestionado las implicaciones de la teoría lacaniana para comprender las relaciones de poder, las formaciones ideológicas y la construcción de normas sociales. Además, lo real, como dominio más allá de la simbolización, ha suscitado reflexiones sobre las limitaciones de la representación lingüística y los enigmáticos contornos de la realidad.

El impacto continuo de la filosofía lacaniana también se percibe en la exploración de la ética y la teoría política. El énfasis de Lacan en el deseo, la carencia y el goce ha generado reflexiones críticas sobre la naturaleza de la subjetividad ética y los desafíos de la agencia moral. Además, su reconceptualización del inconsciente ha provocado reevaluaciones de la libertad, la responsabilidad y la constitución del sujeto en el contexto de los marcos políticos contemporáneos.

Lacan en los estudios culturales

El marco conceptual de Lacan ofrece una perspectiva convincente para comprender la compleja interacción entre el lenguaje, la simbolización y la subjetividad en producciones culturales como la literatura, el cine, las artes visuales y la performance. La aplicación del psicoanálisis lacaniano a los estudios culturales ha facilitado una comprensión más profunda de las formas en que se construye y negocia el significado en los textos culturales. Uno de los principios centrales de la teoría lacaniana, la noción del orden simbólico, ha sido fundamental para redefinir el estudio de la cultura. Al enfatizar el papel del lenguaje y los símbolos en la configuración de las subjetividades individuales, el análisis lacaniano ha esclarecido las maneras en que los artefactos culturales transmiten significado y contribuyen a la construcción de identidades. Además, el concepto de inconsciente, tal como lo delineó Lacan, ha ampliado el alcance interpretativo de los estudios culturales, permitiendo a los académicos profundizar en las dimensiones latentes y simbólicas de los productos culturales. Esto ha llevado a una reconfiguración de los modos tradicionales de interpretación, fomentando un enfoque más matizado y multidimensional para el análisis de los textos culturales. El pensamiento lacaniano también ha generado una reevaluación de la relación entre la producción cultural y la formación de normas y valores sociales. Al priorizar el papel de las fantasías, los deseos y las motivaciones inconscientes en las manifestaciones culturales, el análisis lacaniano ha replanteado la comprensión de los artefactos culturales como espacios de disputa, negociación y resistencia. Este cambio ha impulsado una reexaminación crítica de las narrativas y representaciones dominantes, fomentando una interacción más interrogativa y reflexiva con los productos culturales. Además, el énfasis de Lacan en el proceso de identificación y su conexión con la formación del Yo ha ofrecido nuevas perspectivas sobre las formas en que los individuos interactúan con el arte y las expresiones culturales. Esto ha impulsado una reconceptualización de la agencia y la participación del público en los procesos de construcción de significado cultural, desafiando las nociones convencionales de consumo pasivo.

Arte y literatura

El concepto de Orden Simbólico proporciona una perspectiva para interpretar y analizar las expresiones artísticas y literarias. En el arte, lo simbólico se refiere al uso de elementos visuales para transmitir significados más profundos, a menudo inconscientes. Los artistas utilizan símbolos y significantes visuales para evocar emociones e ideas complejas, a menudo recurriendo al inconsciente colectivo, tal como lo teorizó Carl Jung. Esta interacción de símbolos y su interpretación refleja la comprensión de Lacan del lenguaje y el inconsciente como elementos centrales de la experiencia humana. Desde las pinturas alegóricas renacentistas hasta las obras modernistas y posmodernistas, la exploración de lo simbólico en el arte revela la relevancia de los conceptos lacanianos.

De igual manera, en la literatura, lo simbólico adquiere una profunda significación. Los autores emplean símbolos, metáforas y alegorías para transmitir temas y motivos que trascienden las narrativas superficiales. La teoría lacaniana enriquece nuestra comprensión de estos recursos literarios, destacando su conexión con los deseos inconscientes, las normas sociales y la construcción de la identidad. La interacción entre lo consciente y lo inconsciente, el significante y el significado, se convierte en un terreno fértil para el análisis literario. Al profundizar en la dimensión simbólica de las obras literarias, comprendemos las complejidades y contradicciones de la existencia humana.

El énfasis de Lacan en el papel del lenguaje en la formación de la subjetividad encuentra profunda resonancia en los debates sobre teoría y crítica literaria. El giro lingüístico en los estudios literarios, influenciado por el estructuralismo y el posestructuralismo, se alinea con la visión lacaniana del Orden Simbólico como el entorno del lenguaje y la cultura. Comprender cómo el lenguaje estructura el significado y configura las identidades nos permite analizar los textos con mayor conciencia de las dimensiones lingüísticas y simbólicas en juego. Por lo tanto, la intersección de la teoría lacaniana y los estudios literarios abre nuevas vías para interpretar y abordar diversas tradiciones literarias.

Teoría de los medios

La influencia del marco teórico de Jacques Lacan se ha extendido a la teoría de los medios, ofreciendo profundas perspectivas sobre la dinámica del imaginario en la cultura popular. En la sociedad contemporánea, el papel de los medios en la configuración de las percepciones y narrativas colectivas es innegable. A través de la teoría lacaniana, podemos discernir cómo el orden imaginario permea una amplia gama de medios, como el cine, la televisión, la publicidad, las redes sociales y el entretenimiento digital.

Un aspecto central de la aplicación de los conceptos lacanianos en la teoría de los medios es la exploración de la construcción de imágenes e identidades idealizadas. El imaginario, tal como lo expuso Lacan, encapsula la ilusión y la fantasía, que a menudo encuentran una vívida expresión en artefactos culturales populares. Desde la representación de personajes arquetípicos hasta el fomento de estilos de vida aspiracionales, los medios interactúan con el imaginario para moldear deseos y creencias, ejerciendo así una influencia significativa en los individuos y las sociedades en general.

La interacción entre lo imaginario y la mirada en la representación mediática es un punto central del análisis lacaniano. El acto de mirar y ser mirado, tal como se retrata y experimenta en las narrativas mediáticas, subraya el papel fundamental de lo imaginario en la construcción y perpetuación de las normas y valores sociales. Este análisis no solo enriquece nuestra comprensión de la dinámica mediática, sino que también ofrece una perspectiva crucial para analizar las relaciones de poder y las formaciones identitarias en la cultura popular.

Al profundizar en estudios de caso específicos en diferentes plataformas mediáticas, se hace evidente cómo los principios lacanianos iluminan los mecanismos subyacentes que impulsan los comportamientos del consumidor, las tendencias culturales y la perpetuación del imaginario simbólico. Mediante una aplicación rigurosa del pensamiento lacaniano, académicos y profesionales de la teoría de los medios pueden analizar minuciosamente la interacción entre lo imaginario, lo simbólico y lo real, revelando así las implicaciones más profundas de las representaciones mediáticas y su resonancia en las audiencias.

Teoría social crítica

El poder es una fuerza omnipresente en las sociedades, que configura relaciones, instituciones y experiencias individuales. En el contexto de la teoría social crítica, el análisis de las dinámicas de poder es fundamental para comprender y deconstruir los sistemas de opresión existentes. A partir de las teorías lacanianas, se hace evidente que el poder opera dentro de los órdenes simbólico, imaginario y real, influyendo y perpetuando las jerarquías y desigualdades sociales.

Dentro del orden simbólico, el poder se manifiesta a través del lenguaje, el discurso y las normas sociales. El lenguaje sirve como herramienta no solo para la comunicación, sino también para la difusión de ideologías que mantienen las diferencias de poder. El concepto de lo simbólico de Lacan destaca cómo los constructos lingüísticos contribuyen a la construcción de dinámicas de poder social, reforzando ciertas identidades y marginando otras. Mediante el análisis del discurso, los teóricos críticos iluminan las formas en que se utiliza el lenguaje para mantener estructuras hegemónicas y perpetuar injusticias sistémicas. Además, el orden imaginario se intersecta con el poder mediante la formación de representaciones e imágenes culturales. Los medios de comunicación, el arte y la cultura popular desempeñan un papel fundamental en la construcción y difusión de percepciones imaginarias que normalizan los desequilibrios de poder. El análisis crítico de estos productos culturales revela las dinámicas de poder subyacentes, exponiendo los mecanismos mediante los cuales las narrativas dominantes se sostienen perpetuando ilusiones e identidades idealizadas.

En el orden real, el poder opera a un nivel palpable y material, regulando el acceso a recursos, oportunidades y derechos. Al comprender lo real como aquello que escapa a la simbolización, reconocemos cómo el poder puede manifestarse a través de experiencias encarnadas de desigualdad e injusticia. Al examinar las intersecciones entre lo real y las dinámicas de poder, la teoría social crítica se esfuerza por abordar las opresiones sistémicas arraigadas en la propia estructura social. Además, la exploración de lo real permite analizar cómo se manifiestan las relaciones de poder a través de las experiencias vividas, arrojando luz sobre el impacto de las diferencias de poder en las comunidades marginadas. Al interactuar con los marcos lacanianos, la teoría social crítica revela la naturaleza multifacética del poder y su influencia generalizada en los tres órdenes, impulsando acciones dirigidas a desafiar las estructuras de poder opresivas y promover el cambio social.

Intersecciones con estudios de género e identidad

Los estudios de género e identidad han abordado desde hace tiempo cuestiones de representación, dinámicas de poder y la construcción de la identidad. Las teorías de Lacan proporcionan una base sólida para examinar estas cuestiones, ya que enfatizan el papel del lenguaje, el simbolismo y las normas culturales en la configuración de las identidades individuales. La noción del «estadio del espejo» es central en el pensamiento lacaniano, que postula que la autopercepción de un individuo está fundamentalmente ligada a imágenes externas e ideales sociales de identidad. Esto tiene profundas ramificaciones para las identidades de género, ya que arroja luz sobre cómo las construcciones y expectativas sociales configuran nuestra comprensión de la masculinidad, la feminidad y las expresiones no binarias. Además, el concepto lacaniano del «falo» va más allá del determinismo biológico para encapsular el poder simbólico asociado con el género y la sexualidad. Al interrogar al falo como significante de autoridad y privilegio, los estudios de género e identidad pueden desentrañar las dinámicas de dominación y subyugación dentro de las jerarquías sociales. Además, la teoría lacaniana ofrece valiosas perspectivas sobre la formación del deseo y la negociación de las subjetividades sexuales. La interacción entre los órdenes simbólico, imaginario y real arroja luz sobre las formas en que los individuos transitan sus deseos, fantasías y conflictos internos relacionados con el género y la identidad sexual. Además, el psicoanálisis lacaniano ha sido fundamental para criticar las estructuras heteronormativas y expandir el discurso sobre las experiencias LGBTQ+. Al situar el género y la identidad dentro del marco más amplio de los tres órdenes, académicos y activistas han podido desafiar las narrativas esencialistas y abogar por comprensiones más inclusivas de la identidad humana. En general, la intersección de la teoría lacaniana con los estudios de género e identidad enriquece nuestra comprensión de la compleja interacción entre las construcciones sociales, el desarrollo psicológico y las experiencias subjetivas. Impulsa el diálogo continuo y la indagación crítica sobre la naturaleza multifacética de los yoes con género, impulsando así la evolución del pensamiento moderno.

Lo real en los discursos de ciencia y tecnología

Al considerar la influencia del pensamiento lacaniano en los discursos modernos en torno a la ciencia y la tecnología, es crucial profundizar en la noción de lo «real» propuesta por Jacques Lacan. Si bien tradicionalmente se ha explorado en los ámbitos del psicoanálisis y la filosofía, el concepto de lo real también ha encontrado resonancia en las esferas de la ciencia y la tecnología, impulsando una reevaluación de los paradigmas y marcos tradicionales. El diálogo interdisciplinario entre la teoría lacaniana y los discursos científicos ha dado lugar a perspectivas convincentes sobre la naturaleza de la realidad, la percepción humana y las limitaciones de nuestra comprensión.

Un área importante de intersección reside en las ciencias cognitivas y la neurología. Al interactuar con conceptos lacanianos como lo «real inalcanzable» y lo «real traumático», los investigadores en estos campos han profundizado en la comprensión de las complejidades de la conciencia y la percepción humanas. El reconocimiento de las lagunas y distorsiones inherentes a la cognición humana, tal como lo expone la teoría lacaniana, ha inspirado nuevos enfoques para el estudio y la interpretación de las funciones cerebrales, transformando en última instancia el discurso sobre la naturaleza de la realidad y las experiencias fenomenológicas.

El impacto del pensamiento lacaniano se extiende al campo de la inteligencia artificial y la robótica. La exploración de lo «real» como una dimensión más allá de la representación simbólica ha desafiado los modelos tradicionales de IA, impulsando un cambio hacia una comprensión más matizada de las interacciones hombre-máquina. Además, las perspectivas lacanianas han generado reflexiones críticas sobre las implicaciones éticas de los avances tecnológicos, en particular respecto a los deseos y temores humanos inherentes al desarrollo y la implementación de tecnologías de vanguardia.

La influencia de lo real permea los debates sobre física cuántica y cosmología, incitando a la reflexión sobre la propia estructura del universo. Las nociones lacanianas de lo real como una entidad elusiva e inasible han catalizado debates sobre los límites de la comprensión humana y el potencial de modos alternativos de percibir aspectos fundamentales de la existencia. En consecuencia, la integración del pensamiento lacaniano en los discursos científicos y tecnológicos ha fomentado una rica red de investigación, impulsando colaboraciones interdisciplinarias y ampliando los límites del conocimiento y la comprensión.

Conclusión y diálogo continuo con el pensamiento lacaniano

El diálogo continuo con el pensamiento lacaniano continúa evolucionando y expandiéndose hacia nuevas y diversas áreas de estudio. La aplicación de conceptos lacanianos como lo real, lo Simbólico y lo Imaginario ha sido fundamental para redefinir perspectivas tradicionales en campos que abarcan desde la literatura y los estudios culturales hasta la teoría de los medios y el análisis social crítico. Además, las intersecciones interdisciplinarias entre el pensamiento lacaniano y los estudios de género e identidad resaltan la versatilidad, adaptabilidad y el impacto de las teorías de Lacan. Estos diálogos no son meros ejercicios académicos, sino contribuciones vitales para el continuo perfeccionamiento de nuestra comprensión de la subjetividad humana y la sociedad.

Por otra parte, el diálogo continuo con el pensamiento lacaniano ha allanado el camino para una exploración más profunda de las complejidades de las dinámicas de poder, en particular en la teoría social crítica. Al ofrecer un marco que profundiza en los impulsos y deseos inconscientes que sustentan las estructuras sociales, el pensamiento lacaniano fomenta un análisis más matizado y profundo de las relaciones de poder. Esto tiene profundas implicaciones para los esfuerzos por abordar críticamente y desafiar los sistemas imperantes de opresión y control.

La relevancia del pensamiento lacaniano en el panorama contemporáneo se extiende también a la interpretación del arte y la literatura. Al esclarecer las funciones simbólicas del lenguaje y las representaciones, el pensamiento lacaniano proporciona un marco enriquecedor para el análisis de expresiones y narrativas artísticas complejas. Permite comprender mejor cómo se construye, interpreta y cuestiona el significado, enriqueciendo así nuestro encuentro con los artefactos y textos culturales.

A la luz de las multifacéticas contribuciones y los diálogos continuos con el pensamiento lacaniano en diversas disciplinas, se hace evidente que el potencial transformador de la teoría lacaniana perdura gracias a su capacidad para inspirar una reinterpretación y aplicación continuas. A medida que surgen nuevas preguntas y se cuestionan los paradigmas existentes, el pensamiento lacaniano se mantiene como un marco sólido para abordar las complejidades de la existencia humana, las estructuras sociales y la interacción de las realidades. El diálogo continuo con el pensamiento lacaniano presenta un terreno dinámico y fértil para futuras exploraciones, colaboraciones e innovaciones, asegurando su legado en la configuración de la investigación intelectual moderna.

50 AFIRMACIONES SOBRE LOS TRES ÓRDENES LACANIANOS

En el escenario del espejo y la formación del ego

El ego se forma a través de una imagen que el niño toma como un yo unificado, aunque su experiencia sea fragmentada.

La identificación con la imagen especular da al sujeto una ilusión de coherencia.

El ego imaginario es un desconocimiento: una versión alienada de uno mismo.

El júbilo del niño ante el espejo esconde una dependencia fundamental de una imagen externa.

La etapa del espejo muestra que el Yo se construye sobre una forma externa más que sobre una esencia interna.

Sobre las relaciones imaginarias y la rivalidad

Las relaciones imaginarias están regidas por la dualidad: yo contra el otro.

La rivalidad y la agresión surgen de la identificación del sujeto con las imágenes y la amenaza que representan los demás.

Lo Imaginario crea relaciones marcadas por la competencia más que por el reconocimiento mutuo.

La imagen del otro se experimenta como idealizada u hostil.

Las fantasías pueblan el Imaginario, ofreciendo escenas en las que el sujeto escenifica identidades deseables o amenazantes.

Sobre las limitaciones e ilusiones de lo imaginario

Lo Imaginario no puede captar la verdad del deseo porque está ligado a imágenes, no a estructuras.

El conocimiento del ego es engañoso porque se basa en las apariencias.

Lo Imaginario da coherencia al sujeto, pero sólo enmascarando la división.

La neurosis surge a menudo cuando el sujeto se aferra al dominio imaginario.

Es necesario atravesar lo Imaginario para que el sujeto pueda entrar en el orden de la palabra y de la ley.

Sobre el lenguaje y la estructura

Lo Simbólico precede al sujeto; uno nace en la red del lenguaje.

El habla estructura el inconsciente porque el inconsciente está hecho de significantes.

Las palabras representan al sujeto antes de poder representarse a sí mismas.

El orden simbólico organiza relaciones más allá de las imágenes.

El significado no surge de las cosas sino de las diferencias entre los significantes.

Sobre la ley, la prohibición y la función paterna

La ley que prohíbe el incesto es el fundamento de lo Simbólico.

La función paterna introduce un límite que hace posible el deseo.

El Nombre del Padre es un significante clave que estabiliza el lugar del sujeto en el orden Simbólico.

La metáfora paterna sustituye el deseo de la madre por un significante regulador.

La psicosis se produce cuando el significante paterno queda excluido y no logra ocupar su lugar en lo Simbólico.

Sobre el deseo, la demanda y la carencia

El deseo surge de la brecha entre lo que uno demanda y lo que necesita.

Lo Simbólico introduce la falta, que se convierte en el motor del deseo.

Cada significante implica otro significante, dejando al deseo infinitamente metonímico.

Lo que uno dice nunca es idéntico a lo que quiere, porque el deseo se esconde detrás de la cadena de significantes.

El sujeto está representado por un significante para otro significante, nunca plenamente presente en el habla.

Sobre el sujeto y el inconsciente

El inconsciente habla en lo Simbólico a través de deslices, chistes y sueños.

El sujeto emerge donde aparece el significante; es un efecto del lenguaje.

La castración simbólica introduce al sujeto en el orden del deseo.

El análisis funciona reordenando la relación del sujeto con el significante.

Lo Simbólico revela la verdad estructural detrás de las ilusiones imaginarias.

Sobre lo real más allá de la representación

Lo real es lo que se resiste a la simbolización; no puede ser capturado por el lenguaje.

A diferencia de lo Imaginario, lo real no es una imagen; a diferencia de lo Simbólico, no es un significante.

Lo real es lo imposible: lo que no deja de regresar.

Lo real se encuentra como un límite donde la articulación se rompe.

La ansiedad surge cuando lo real se acerca demasiado al sujeto.

Sobre el trauma, la inestabilidad y lo imposible

El trauma marca la intrusión de lo real donde la mediación simbólica falla.

Lo real surge como una brecha o ruptura dentro del orden Simbólico.

La fantasía funciona como una pantalla que protege al sujeto de lo real.

Lo real aparece a través de momentos de encuentro donde el significado se derrumba.

Lo real no es lo mismo que la realidad; es lo que la realidad intenta cubrir.

Sobre el anudado de los tres órdenes

Los tres órdenes son distintos, pero están interrelacionados, cada uno de ellos necesario para la estructura psíquica.

Lo real ancla los otros órdenes resistiendo tanto a la imagen como al símbolo.

Lo Simbólico vincula lo Imaginario en una red que le da significado.

Cuando el nudo se afloja o se rompe, el sentido de la realidad del sujeto se vuelve inestable.

El psicoanálisis pretende reconectar lo imaginario, lo simbólico y lo real para que el deseo pueda sostenerse sin colapsar.

www.ingramcontent.com/pod-product-compliance
Lightning Source LLC
LaVergne TN
LVHW050635051026
849532LV00002B/403